INFÂNCIAS, PROTEÇÃO E AUTONOMIA

O EXERCÍCIO DE DIREITOS POR CRIANÇAS E ADOLESCENTES

LYGIA MARIA COPI

Ana Carolina Brochado Teixeira
Prefácio

INFÂNCIAS, PROTEÇÃO E AUTONOMIA
O EXERCÍCIO DE DIREITOS POR CRIANÇAS E ADOLESCENTES

Belo Horizonte

FÓRUM
CONHECIMENTO JURÍDICO
2022

© 2022 Editora Fórum Ltda.

É proibida a reprodução total ou parcial desta obra, por qualquer meio eletrônico, inclusive por processos xerográficos, sem autorização expressa do Editor.

Conselho Editorial

Adilson Abreu Dallari
Alécia Paolucci Nogueira Bicalho
Alexandre Coutinho Pagliarini
André Ramos Tavares
Carlos Ayres Britto
Carlos Mário da Silva Velloso
Cármen Lúcia Antunes Rocha
Cesar Augusto Guimarães Pereira
Clovis Beznos
Cristiana Fortini
Dinorá Adelaide Musetti Grotti
Diogo de Figueiredo Moreira Neto (*in memoriam*)
Egon Bockmann Moreira
Emerson Gabardo
Fabrício Motta
Fernando Rossi
Flávio Henrique Unes Pereira

Floriano de Azevedo Marques Neto
Gustavo Justino de Oliveira
Inês Virgínia Prado Soares
Jorge Ulisses Jacoby Fernandes
Juarez Freitas
Luciano Ferraz
Lúcio Delfino
Marcia Carla Pereira Ribeiro
Márcio Cammarosano
Marcos Ehrhardt Jr.
Maria Sylvia Zanella Di Pietro
Ney José de Freitas
Oswaldo Othon de Pontes Saraiva Filho
Paulo Modesto
Romeu Felipe Bacellar Filho
Sérgio Guerra
Walber de Moura Agra

FÓRUM
CONHECIMENTO JURÍDICO

Luís Cláudio Rodrigues Ferreira
Presidente e Editor

Coordenação editorial: Leonardo Eustáquio Siqueira Araújo
Aline Sobreira de Oliveira

Rua Paulo Ribeiro Bastos, 211 – Jardim Atlântico – CEP 31710-430
Belo Horizonte – Minas Gerais – Tel.: (31) 2121.4900
www.editoraforum.com.br – editoraforum@editoraforum.com.br

Técnica. Empenho. Zelo. Esses foram alguns dos cuidados aplicados na edição desta obra. No entanto, podem ocorrer erros de impressão, digitação ou mesmo restar alguma dúvida conceitual. Caso se constate algo assim, solicitamos a gentileza de nos comunicar através do *e-mail* editorial@editoraforum.com.br para que possamos esclarecer, no que couber. A sua contribuição é muito importante para mantermos a excelência editorial. A Editora Fórum agradece a sua contribuição.

Dados Internacionais de Catalogação na Publicação (CIP) de acordo com ISBD

C783i	Copi, Lygia Maria
	Infâncias, proteção e autonomia: o exercício de direitos por crianças e adolescentes / Lygia Maria Copi. - Belo Horizonte : Fórum, 2022. 230p. ; 14,5cm x 21,5cm
	Inclui bibliografia. ISBN: 978-65-5518-455-6
	1. Direito Civil. 2. Direitos Humanos. 3. Direito das Infâncias. I. Título.
2022-2328	CDD 347 CDU 347

Elaborado por Odilio Hilario Moreira Junior - CRB-8/9949

Informação bibliográfica deste livro, conforme a NBR 6023:2018 da Associação Brasileira de Normas Técnicas (ABNT):

COPI, Lygia Maria. *Infâncias, proteção e autonomia*: o exercício de direitos por crianças e adolescentes. Belo Horizonte: Fórum, 2022. 230p. ISBN 978-65-5518-455-6.

Aos meus pais, por terem me educado para a liberdade;
Ao Luiz, pelo amor que emancipa e engrandece.

Aprendo com abelhas do que com aeroplanos.
É um olhar para baixo que eu nasci tendo.
É um olhar para o ser menor, para o
insignificante que eu me criei tendo.
O ser que na sociedade é chutado como uma
barata – cresce de importância para o meu olho.
Ainda não entendi por que herdei esse olhar
para baixo.
Sempre imagino que venha de ancestralidades
machucadas.
Fui criado no mato e aprendi a gostar das
coisinhas do chão –
Antes que das coisas celestiais.
Pessoas pertencidas de abandono me comovem
tanto quanto as soberbas coisas ínfimas.
(Manuel de Barros)

SUMÁRIO

PREFÁCIO 13

INTRODUÇÃO 17

PARTE I
DISCURSOS SOBRE INFÂNCIA(S) NA TENSÃO ENTRE PROTEÇÃO E EMANCIPAÇÃO

CAPÍTULO 1
A INFÂNCIA COMO DISPOSITIVO: DISCURSOS CIENTÍFICOS PROTECIONISTAS SOBRE A INFÂNCIA E A EMERGÊNCIA DA PERSPECTIVA EMANCIPATÓRIA...25

1.1   A história da infância entre (in)visibilidade e controle........................27

1.2   A infância moderna sob o prefixo da negação: o discurso da psicologia do desenvolvimento, os aportes emancipadores da sociologia da infância e as repercussões no direito............................31

1.3   Mídia, tecnologia e o "desaparecimento da infância": as transformações das vivências infantis na contemporaneidade e os desafios impostos ao direito...40

1.4   Conclusões parciais...44

CAPÍTULO 2
NARRATIVAS JURÍDICAS SOBRE A INFÂNCIA NO PARADIGMA PROTECIONISTA: MENORIDADE E INCAPACIDADE COMO SINÔNIMOS DE PROTEÇÃO 47

2.1   A perspectiva a tutelar do direito de menores do século XX: a salvação da infância pobre através da repressão e da perda da liberdade...48

2.2   A abordagem do direito civil da modernidade: o amparo através da incapacidade e da exclusão de crianças e adolescentes da vida civil..57

2.3   A versão patriarcal do direito de família institucional: a proteção através da dominação paterna...68

2.4   Conclusões parciais...76

CAPÍTULO 3

NARRATIVAS JURÍDICAS SOBRE A INFÂNCIA NO PARADIGMA EMANCIPATÓRIO: AUTONOMIA COMO MEIO DE PROTEÇÃO 79

3.1 A doutrina da proteção integral no cenário internacional de direitos humanos: para além dos "velhos" direitos em vista à autonomia 80

3.2 A doutrina da proteção integral na Constituição Federal de 1988 e no Estatuto da Criança e do Adolescente: tensões, contradições e alguns resquícios da perspectiva tutelar 90

3.3 O direito civil constitucional: em defesa da personalização do instituto da capacidade de agir em relação a crianças e adolescentes 96

3.4 O direito de família democrático: a autoridade parental em prol da promoção da subjetividade e da autonomia dos filhos 102

3.5 Conclusões parciais 107

PARTE II

SÍNTESE ENTRE PROTEÇÃO E EMANCIPAÇÃO: REPERCUSSÕES DO PRINCÍPIO DA AUTONOMIA PROGRESSIVA EM MATÉRIA DE EXERCÍCIO DE DIREITOS POR CRIANÇAS E ADOLESCENTES

CAPÍTULO 4

A VINCULAÇÃO ENTRE DIREITO E INFÂNCIA(S) 113

4.1 Crianças e adolescentes como sujeitos de direitos: qual é o alcance da titularidade de direitos sem a possibilidade de exercício? 114

4.2 Melhor interesse de crianças e adolescentes: a quem cabe defini-lo? 119

4.3 O princípio da autonomia progressiva de crianças e adolescentes: a resposta que concilia modelos protecionistas e liberacionistas 125

4.4 Conclusões parciais 135

CAPÍTULO 5

O PRINCÍPIO DA AUTONOMIA PROGRESSIVA E O EXERCÍCIO DE DIREITOS POR CRIANÇAS E ADOLESCENTES 137

5.1 O princípio da autonomia progressiva como fundamento de derrotabilidade das regras de capacidade do Código Civil e a questão da segurança jurídica 141

5.2 Condições para o afastamento das regras de capacidade de agir em relação a crianças e adolescentes 146

5.2.1 A capacidade para discernir..148

5.2.2 Violação do melhor interesse pela atuação ou pela não atuação do representante ou do assistente 151

5.3 O princípio da autonomia progressiva pode autorizar o exercício de quais direitos por crianças e adolescentes? 153

5.4 Tensões familiares e o exercício de direitos existenciais por crianças e adolescentes: experiências jurídicas estrangeiras e horizontes para o direito brasileiro..159

5.4.1 Direito à morte digna..161

5.4.2 Direito à autodeterminação de gênero..169

5.4.3 Direito à interrupção voluntária da gravidez....................................173

5.5 Tensões familiares e o exercício de direitos patrimoniais por crianças e adolescentes: experiências estrangeiras e horizontes para o direito brasileiro 177

5.6 Conclusões parciais...182

CAPÍTULO 6
RECONSTRUÇÕES NECESSÁRIAS PARA A EFETIVAÇÃO DO PRINCÍPIO DA AUTONOMIA PROGRESSIVA.............................185

6.1 No âmbito familiar: limites à autoridade parental.............................186

6.2 Nos âmbitos judicial e extrajudicial: acesso à justiça, à figura do defensor de crianças e adolescentes e à mediação familiar intergeracional 190

6.3 No âmbito educacional: por uma educação emancipatória e participativa 200

6.4 No âmbito político: inclusão de crianças e adolescentes nos processos deliberativos 204

APONTAMENTOS CONCLUSIVOS...211

REFERÊNCIAS...215

PREFÁCIO

O processo de exercício de direitos e manifestação de vontade por crianças e adolescentes é algo cada vez mais latente. Inúmeros fatores sociais, econômicos e tecnológicos estão provocando a necessidade de se revisitar a infância e a adolescência para que seus sujeitos possam participar ativamente das situações nas quais estão inseridos.

O instituto da capacidade jurídica, por refletir uma vertente patrimonialista que pressupõe um sujeito de direito formal, não se amolda mais às relações jurídicas contemporâneas. Com a constitucionalização do direito civil, a pessoa humana concreta recebe um novo tratamento, muito mais adequado, para que ela possa ocupar o centro das relações jurídicas subjetivas. Assim, é mandatório que se considerem as pessoas concretas e contextualizadas, com suas vicissitudes, vulnerabilidades e inseridas em cada situação jurídica, em verdadeiro diálogo entre norma e realidade.

Assim também deve ser com crianças e adolescentes nas relações jurídicas das quais participam, ainda que, sob a perspectiva da proteção, o direito de família brasileiro não tenha priorizado manifestações da personalidade e autodeterminação dos filhos, as quais devem ser levadas em conta pelos pais no exercício da parentalidade. Por exemplo, a autoridade parental já não deve se concretizar desconsiderando as subjetividades dos filhos menores de 18 anos; muito pelo contrário: os pais devem estar atentos às individualidades dos filhos para que o processo educacional seja personalizado de acordo com as suas necessidades, em verdadeiro diálogo com os valores familiares.

A Convenção dos Direito das Crianças, que inaugura a doutrina da proteção integral, conjuga heteroproteção e autoproteção, por meio de instrumentos de autonomia jurídica, que significam meios de defesa contra atuações abusivas em relação aos seus interesses. São exemplos desse novo parâmetro (i) a oitiva e a participação de crianças e adolescentes em procedimentos judiciais e administrativos que lhes digam respeito e (ii) o princípio da autonomia progressiva.

Essa é a toada central da obra que hora se apresenta ao público, que propõe uma releitura do direito infantojuvenil a fim de se ressaltar a importância do princípio da autonomia progressiva, na medida em que o Brasil não se amoldou de forma adequada aos ditames da Convenção pois, "o ECA garante a participação de crianças e adolescentes apenas em demandas que envolvam a colocação em família substituta (e não em todas os procedimentos que lhes afetem) e não prevê a flexibilização do regime de incapacidades em decorrência da autonomia progressiva".

A aplicação cega e irrestrita do regime das incapacidades pressupõe fechar os olhos para a realidade da unicidade de cada pessoa. É necessário conjugá-lo com o princípio da autonomia progressiva, que implica o reconhecimento de que cada pessoa é única e amadurece em momentos e de maneiras diferentes. Logo, é uma ficção jurídica o regime das incapacidades fixar um critério único para todos alcançarem a capacidade, na medida em que maturidade é gradual e está condicionada a experiências individuais.

O princípio da autonomia progressiva, previsto pelo art. 5º da Convenção, estabelece que a pessoa que não atingiu a maioridade pode exercer seus direitos subjetivos, na medida da evolução de suas capacidades. Não se trata aqui de uma reflexão retórica, mas da possibilidade de aplicação direta desse princípio pelo magistrado, quando notar a presença de condições materiais na criança ou no adolescente para se expressar, entender e assumir as consequências das suas escolhas, ou seja, ser capaz de responder pelas manifestações de vontade. É possível, portanto, o afastamento das regras do regime das incapacidades para a aplicação do princípio da autonomia progressiva, sob o fundamento da doutrina da proteção integral e do princípio do melhor interesse da criança.

A fim de se evitar a discricionariedade nesses casos, já que a autora não propõe o fim do regime das incapacidades, mas sua não aplicação em casos concretos específicos – ou, nas suas palavras, a derrotação desse regime –, ela sugere parâmetros de aplicação, de modo que "o afastamento das regras de capacidade aplicadas à infância e à adolescência fique condicionada à reunião de dois elementos: (a) capacidade para discernir da pessoa menor de dezoito anos; (b) violação do melhor interesse pela atuação ou não atuação dos representantes ou assistentes".

A fim de fazer um teste de aplicação das premissas estabelecidas, a autora analisou 3 situações jurídicas existenciais: direito à morte digna, direito à autodeterminação de gênero e direito à interrupção voluntária de gravidez. Concluiu, por meio desse estudo, que "a proteção a crianças e adolescentes é reforçada quando lhes é garantida maior autonomia jurídica", ou seja, a heteroproteção não é sinônimo de realização de seus melhores interesses, sendo este um dado reflexivo imprescindível para a realização do projeto constitucional para crianças e adolescentes.

Conquanto a doutrina brasileira se debruce há algum tempo sobre a possibilidade da relativização do regime das incapacidades em situações jurídicas existenciais, a autora vai além, propondo a extensão de tal aplicação também para situações jurídicas patrimoniais em que se verifiquem os elementos anteriormente descritos. Sua ideia se fundamenta nas críticas à divisão estanque entre situações existenciais e patrimoniais, na medida em que umas podem repercutir nas outras, razão pela qual ela propõe que, em contratações cujo objeto requeira prestação pessoal por crianças e adolescentes, estes devem participar e consentir. "Ainda, defende-se que a anulabilidade dos negócios jurídicos celebrados por crianças e adolescentes menores de dezesseis anos seja resposta menos artificial e mais atenta à autonomia progressiva".

Família, sociedade e Estado devem estar imbuídos do espírito de que o verdadeiro propósito do cuidado dirigido à população menor de idade é a emancipação. Para que ela seja real, ela compõe um processo de aprendizado, que pressupõe inclusão, participação, acompanhamento, erros e acertos... manifestar vontade de forma responsável por crianças e adolescentes deve fazer parte uma agenda da mais alta relevância das entidades intermediárias, para que elas possam contribuir para vivências de experiências de maturidade, autonomia e responsabilidade para protagonizar a própria história.

As reflexões ora desenvolvidas percorreram o roteiro norteador da tese de doutoramento da Professora Lygia Copi, desenvolvida na UFPR sob a arguta orientação do Prof. Elimar Szaniawski. A pesquisadora defendeu a ideia de levarmos a sério o princípio da autonomia progressiva de crianças e adolescentes – tal qual se espera que seja feito com um princípio previsto em uma convenção internacional ratificada pelo Brasil. Isso significa que, na medida em que esses sujeitos tenham maturidade suficiente para se autodeterminar, sua vontade possa produzir efeitos jurídicos, tanto na órbita existencial quanto patrimonial.

Esta é a coluna dorsal da obra – corajosa e necessária – que tenho a enorme alegria em prefaciar, pois ela é grande em importância, na temática e no caminho de pesquisa trilhado. Acompanho com carinho e admiração os passos de Lygia, defensora dos direitos humanos, principalmente dos vulneráveis. Na sua trajetória acadêmica, busca meios para a implementação da igualdade substancial, defendendo a importância de maior equilíbrio entre os gêneros e, também, de um caminho mais emancipatório de crianças e adolescentes. Esse é um cuidado necessário não apenas com o futuro, mas um resguardo da grandeza e da autenticidade da infância e da adolescência, para que a pessoa humana – independentemente da sua idade – possa protagonizar sua história e ganhar relevo. Afinal, é o direito que deve servir à pessoa e não o contrário.

Crianças e adolescentes agradecem!

Belo Horizonte, 21 de fevereiro de 2022.

Ana Carolina Brochado Teixeira

Graduada em Direito pela Pontifícia Universidade Católica de Minas Gerais (1999). Mestra em Direito pela Pontifícia Universidade Católica de Minas Gerais (2004). Doutora em Direito pela UERJ (2009). Atualmente é professora do Centro Universitário UNA e advogada. Tem experiência na área de Direito, com ênfase em Direito de Família, Sucessões e Biodireito, atuando principalmente nos seguintes temas: direito de família, criança e adolescente, autoridade parental, convivência familiar e relações parentais.

INTRODUÇÃO

As pessoas compreendidas como mais vulneráveis estiveram, historicamente, impedidas de exercer seus direitos de modo autônomo na esfera civil e tiveram, com isso, sua liberdade restringida. O regime de incapacidades, cujo objetivo declarado é de proteção, permitiu a exclusão jurídica de mulheres, de pessoas com deficiência e de crianças e adolescentes. O contraponto à ideia que vincula incapacidade e proteção surgiu a partir do desenvolvimento e da prática dos direitos humanos – movimento esse que demanda alterações no direito interno dos Estados e requer a releitura de institutos clássicos em vista à inclusão dos mais diversos grupos.

Em relação à população infantojuvenil, o sistema de incapacidades positivado no Código Civil brasileiro mantém a totalidade das crianças e dos adolescentes em um regime de menoridade jurídica, sem prever particularidades em relação ao grau de amadurecimento do sujeito ou à natureza do ato a ser praticado. Independentemente da aptidão daqueles que ainda não atingiram dezoito anos, suas decisões não são juridicamente vinculantes – e tantas vezes sequer entendidas como relevantes –, uma vez que o regime adotado opera sob a rigidez do binômio capaz-incapaz e prevê a aplicação da representação e da assistência como regra inexorável.

Este sistema inflexível codificado revela-se menos tendente a promover justiça nos casos concretos e mais propenso a manter a infância e a adolescência em um lócus de controle e de submissão em relação aos pais. Funciona, então, como aparato do dispositivo infância[1] e, fundamentado no objetivo declarado de proteção, ignora

---

[1] Por vezes será utilizada a expressão *infância*, no trabalho, para abranger tanto crianças como adolescentes. Tal opção ancora-se na Convenção sobre os Direitos da Criança, que utiliza

as potencialidades específicas dos sujeitos infantis ao tratar de modo igualitário pessoas em situações desiguais.

A Convenção sobre os Direitos da Criança (1989) – ao instituir a participação de crianças e adolescentes em todas as decisões que lhes afetem, bem como a possibilidade de exercerem seus direitos de acordo com sua autonomia progressiva – contraria o modelo clássico de incapacidades, ainda aplicado na maior parte dos ordenamentos jurídicos ocidentais.

No Brasil, a ratificação na íntegra da Convenção não teve como consequência a compatibilização do direito interno neste tocante, a despeito de sua hierarquia de norma supralegal. Os tribunais, por consequência, na quase totalidade dos casos, deixam de efetivar o princípio da autonomia progressiva ao decidir temáticas envolvendo direitos de crianças e adolescentes, independentemente de sua natureza existencial ou patrimonial.

Na manualística jurídica, predomina a defesa da aplicação do regime de incapacidades aos menores de dezoito anos, sob a fundamentação de que crianças e adolescentes, de modo geral, não têm a maturidade necessária para tomar decisões vinculantes de modo autônomo nem para participar ativamente das questões jurídicas que lhes envolvem. Essa argumentação genérica é amparada por teorias da psicologia que sustentam que o processo de amadurecimento tende a ser homogêneo e que a infância e a adolescência são períodos de incompletude e de plena dependência, diante do que seria justificável a plena submissão desses indivíduos às decisões de seus pais – pessoas adultas, logo, presumivelmente maduras e racionais, que irão lhes proteger de possíveis violações a direitos.

Ignora-se, no entanto, que o desenvolvimento pessoal é progressivo, heterogêneo e dependente das condições ambientais, educacionais e sociais às quais a pessoa está submetida. Esta argumentação também descuida da possibilidade de a criança ou o adolescente ter seus direitos violados exatamente por quem deveria tutelá-los.

É oportuno alertar, desde já, que não se defende o abandono do regime de incapacidades disposto no Código Civil. Propõe-se, todavia, que o critério etário de capacidade de agir possa ser derrotado caso constatado que a criança ou o adolescente reúne o desejo e as condições de exercer seus direitos subjetivos de forma autônoma. Assim,

---

a expressão *criança* para se referir tanto a pessoas menores de 12 anos como àquelas entre 12 e 18 anos.

INTRODUÇÃO | 19

propugna-se que o princípio da autonomia progressiva funcione como critério de abertura do regime de incapacidades, em situações em que a pessoa menor de dezoito anos apresente autonomia suficiente para tomar decisões jurídicas vinculantes sobre a própria vida.

A defesa de um critério de derrotabilidade do regime de incapacidades não macula a proteção de que a população infantojuvenil necessita. Ao contrário, permite que seus membros tenham instrumentos para defender seus interesses quando estes colidem com os dos seus pais ou de outros responsáveis. A garantia aos menores de dezoito anos do direito à participação, bem como de uma esfera de autonomia jurídica proporcional à sua autonomia progressiva, favorece a satisfação do seu melhor interesse, rompe com a lógica *adultocêntrica* do direito ocidental e reduz a assimetria de poder entre sujeitos infantis e sujeitos adultos.[2] Revela-se, ainda, como uma resposta aos desafios que a infância contemporânea reserva ao direito, dada a inserção de crianças e adolescentes na vida pública através da tecnologia.

Diante disso, a presente obra tem como escopo, primeiramente, responder à seguinte pergunta: *há fundamentos jurídicos que respaldam a não aplicação da representação e da assistência em relação a crianças e adolescentes em vista à sua autoproteção e à promoção do seu melhor interesse?*

Para tanto, será necessário compreender a tensão entre narrativas jurídicas protecionistas e emancipadoras, que seguem em disputa no cenário atual. De um lado, o Código Civil reproduz a sistemática patrimonialista e redutora da codificação anterior, mantendo crianças e adolescentes como incapazes em todos os casos. De outro, as narrativas do direito civil-constitucional e do direito de família democrático se aliam à narrativa internacional de direitos humanos, cristalizada na Convenção dos Direitos da Criança, a qual define que os menores de dezoito anos fazem jus à participação nas questões que lhes afetam e ao exercício de seus direitos na medida da evolução das suas capacidades.

No campo doutrinário nacional, são diversos os autores que defendem a flexibilização do instituto da capacidade de agir para crianças e adolescentes em vistas à promoção de sua autonomia individual, especificamente em relação a direitos existenciais. Identifica-se, apesar

---

[2] Elias afirma que, em sociedades como as nossas, dificilmente se encontra outro tipo de relação em que a diferença de poder seja tão grande como naquela entre pais e filhos. De acordo com o autor, esta relação é caracterizada pelo domínio, especialmente no início da vida das crianças, quando estas se encontram completamente submetidas ao poder dos pais (ELIAS, Norbert. *La civilización de los padres y otros ensayos*. Bogotá: Editorial Norma S.A., 1998. p. 418-419).

disso, a lacuna doutrinária em relação à procedimentalização do reconhecimento da autonomia progressiva a pessoas com menos de dezoito anos. Verifica-se que as questões abaixo ainda não foram suficientemente respondidas:

(i) Quais requisitos autorizam crianças e adolescentes a participar nas questões jurídicas que lhes dizem respeito e a exercer diretamente seus direitos?

(ii) O exercício da autonomia progressiva limita-se às situações jurídicas existenciais ou abrange também aquelas de natureza patrimonial?

(iii) Em termos processuais, como promover a participação de crianças e adolescentes na tomada de decisões jurídicas, garantindo o respeito às suas capacidades individuais?

(iv) Quais mudanças são necessárias – nos âmbitos judicial, familiar, escolar e social – para que seja efetivado o princípio da autonomia progressiva?

Posto isso, este estudo terá por objeto demonstrar que a satisfação do melhor interesse de crianças e adolescentes depende do reconhecimento de uma parcela de autonomia à população infantojuvenil, através da garantia de instrumentos autoprotetivos. Nesse sentido, apresentar-se-á uma proposta para assegurar a capacidade de agir àqueles que não atingiram a maioridade, porém sem descuidar de suas vulnerabilidades e da necessidade de segurança jurídica.

Esta análise se justifica na medida em que o avanço das propostas conservadoras em relação à infância ameaça os direitos que por décadas foram objeto de celebração. O Estatuto da Criança e do Adolescente, reconhecido internacionalmente como uma das legislações mais avançadas em matéria de proteção à população infantojuvenil, é alvo de constantes ataques.[3] O conservadorismo inseriu a infância como um dos pontos centrais de sua pauta: defende-se o *homeschooling*, sob o fundamento de que os pais têm o direito de educar livremente seus filhos a partir de suas próprias crenças;[4] defende-se a redução da maioridade

---

[3] Como exemplo, o atual presidente da República, Jair Bolsonaro, afirmou em agosto de 2018, que "o ECA tem que ser rasgado e jogado na latrina" por supostamente estimular a "vagabundagem e a "malandragem infantil" (BOLSONARO diz que ECA deve ser "rasgado e jogado na latrina". *O Globo*. Disponível em: https://oglobo.globo.com/brasil/bolsonaro-diz-que-eca-deve-ser-rasgado-jogado-na-latrina-23006248. Acesso em: 10 jun. 2020).

[4] Alexandre Guilherme da Cruz Alves Junior e Flávio Vilas-Bôas Trovão demonstram que o *homeschooling*, nos Estados Unidos, surgiu como uma resposta conservadora e religiosa à secularização e à ciência (ALVES JUNIOR, Alexandre Guilherme da Cruz; VILAS-BÔAS, Flávio. A educação entre a religião e a política: Conservadorismo cristão e o homeschooling.

penal como solução em matéria de segurança pública;[5] defende-se o fim da educação sexual e de gênero como forma de manutenção dos valores morais e religiosos;[6] defende-se a não obrigatoriedade de vacinação infantil, a partir da ideia de que os pais sempre sabem o que é melhor aos seus filhos;[7] defende-se, inclusive, que crianças possam usar armas de fogo como meio de *proteção*.[8]

A defesa de que os pais têm o direito de livremente tomar decisões em relação aos seus filhos, sem que os interesses destes sejam considerados, favorece a cruzada conservadora em relação à infância e o retrocesso em matéria de proteção. Não há dignidade assegurada ao adolescente transgênero impedido de retificar seu prenome por não ter a autorização de seus pais. Não há privacidade garantida à criança que tem sua imagem frequentemente exposta pelos pais em suas redes sociais a despeito de se dizer contrária a essa conduta. Não há efetivo direito

---

Transversos: Revista de História, Rio de Janeiro, n. 17, p. 36-60, dez. 2019). No Brasil, a defesa a esse modelo de educação deita sobre as mesmas bases fundamentalistas. Entre as prioridades dos cem primeiros dias do governo de Jair Bolsonaro estava a regulamentação do *homeschooling* (BOLSONARO assina projeto de lei que pretende regulamentar a educação domiciliar no Brasil. *G1*. Disponível em: https://g1.globo.com/educacao/noticia/2019/04/11/bolsonaro-assina-projeto-de-lei-que-pretende-regulamentar-a-educacao-domiciliar-no-brasil.ghtml. Acesso em: 3 out. 2020).

[5] Tramita atualmente no Senado Federal a Proposta de Emenda Constitucional nº 115/2015, cujo objetivo é alterar a redação do art. 228 da Constituição Federal. A PEC pretende estabelecer que "são penalmente inimputáveis os menores de dezoito anos, sujeitos às normas da legislação especial, ressalvados os maiores de dezesseis anos, observando-se o cumprimento da pena em estabelecimento separado dos maiores de dezoito anos e dos menores inimputáveis, em casos de crimes hediondos, homicídio doloso e lesão corporal seguida de morte" (Disponível em: https://www25.senado.leg.br/web/atividade/materias/-/materia/122817).

[6] Uma das pautas do Poder Executivo Federal é de remover educação sexual e de gênero, pela suposta sexualização precoce nas escolas. Em setembro de 2019, o sítio eletrônico do jornal *Folha de S.Paulo* divulgou que o Presidente Jair Bolsonaro requereu ao MEC projeto de lei para proibir educação de gênero no país (Disponível em: https://www1.folha.uol.com.br/cotidiano/2019/09/bolsonaro-pede-a-mec-projeto-de-lei-para-proibir-ideologia-de-genero.shtml. Acesso em: 3 out. 2020). A intentada tem se mostrado infrutífera. O Supremo Tribunal Federal, em junho de 2020, declarou em decisão unânime a inconstitucionalidade de lei municipal de Cascavel-PR que vedava a adoção de políticas de ensino que se referissem a "ideologia de gênero", "gênero" ou "orientação de gênero" (Disponível em: http://www.stf.jus.br/portal/cms/verNoticiaDetalhe.asp?idConteudo=446545. Acesso em: 3 out. 2020).

[7] A saúde de crianças e adolescentes tem sido colocada em risco desde a ascensão de movimentos antivacina, que reflete o resgate da perspectiva de filhos como *propriedade* de seus pais.

[8] Durante a campanha presidencial de 2018, Jair Bolsonaro afirmou que "Encorajo, sim [o uso arma de fogo por crianças]. Não podemos mais ter uma geração de covardes, de ovelhas, morrendo nas mãos de bandidos sem reagir. A realidade é muito diferente da teoria que está aí" (DECRETO de Bolsonaro facilita prática de tiro por crianças e adolescentes. *Veja*. Disponível em: https://veja.abril.com.br/politica/decreto-de-bolsonaro-facilita-pratica-de-tiro-por-criancas-e-adolescentes/. Acesso em: 3 out. 2020).

à educação e à convivência social a criança e o adolescente submetidos a *homeschooling* para não terem acesso a informações contrárias às crenças dos pais, sem terem a possibilidade de participar ativamente na tomada da decisão.

A suposta proteção no direito da infância através dos institutos da representação e da assistência, até o momento, favoreceu a cisão entre crianças e seus direitos. Sob o argumento protetivo, elas muitas vezes têm seus direitos subtraídos por serem incapazes juridicamente de exercê-los e impedidas de participar ativamente das questões que lhes afetam. É necessário alterar esse quadro em prol de uma proteção de fato *integral*, garantindo à população infantojuvenil mecanismos de autoproteção, pois, conforme afirma Freeman, "direitos sem remédios têm importância simbólica, nada mais".[9] Importante esclarecer que não se parte da premissa de que crianças e adolescentes sejam iguais a adultos, pois não se ignora sua vulnerabilidade. Defende-se, em verdade, que a sua condição de vulneráveis justifica que tenham instrumentos jurídicos para proteger seus próprios direitos quando ameaçados.

Em observância ao método hipotético-dedutivo, que direcionou o desenvolvimento do trabalho, a questão do exercício de direitos por crianças e adolescentes será verificada a partir do embate entre narrativas jurídicas protecionistas e emancipatórias, por meio de uma análise extensiva realizada em toda a primeira parte do estudo. Lançadas estas bases, será apresentada a hipótese de que o princípio da autonomia progressiva autoriza a derrotação das regras de capacidade do Código Civil e permite o exercício autônomo de direitos por pessoas que não atingiram a maioridade como mecanismo de autoproteção e de efetivação do melhor interesse. Com suporte na experiência jurídica de outros países – Espanha, Argentina e Colômbia –, a hipótese de que a garantia de uma maior esfera de autonomia a crianças e adolescentes é um meio de acrescer proteção a tais personagens será testada e, adianta-se, confirmada. A partir disso, e tendo em vista as lacunas presentes na literatura sobre o tema, o trabalho se volta para a identificação de requisitos que autorizam o afastamento dos institutos da representação e da assistência. Será analisada, ainda, a repercussão da hipótese na esfera processual e, por fim, verificados os deveres que recaem aos pais e ao Estado para que a autonomia progressiva seja de fato efetivada no Brasil.

---

[9] FREEMAN, Michael. Why it remains important to take children's rights seriously. *In*: FREEMAN, Michael (Ed.). *Children's rights*: progress and perspectives – Essays from the International Journal of Children's Rights. Boston: Martinus Nijhoff Publishers, 2011. p. 10.

PARTE I

DISCURSOS SOBRE INFÂNCIA(S) NA TENSÃO ENTRE PROTEÇÃO E EMANCIPAÇÃO

CAPÍTULO 1

A INFÂNCIA COMO DISPOSITIVO: DISCURSOS CIENTÍFICOS PROTECIONISTAS SOBRE A INFÂNCIA E A EMERGÊNCIA DA PERSPECTIVA EMANCIPATÓRIA

Sustenta-se, neste capítulo, que a infância se configura como um dispositivo nos termos da teoria foucaultiana. Dispositivo, de acordo com Foucault, é o conjunto heterogêneo formado por discursos, instituições, leis e proposições filosóficas que tem como objetivo promover o controle social através da manipulação das relações de força que operam na sociedade.[10] Trata-se dos operadores materiais do poder, ou seja, dos modos de assujeitamento adotados para a dominação.[11]

Desde a modernidade, a infância pode ser identificada como um dispositivo que apresenta funções estratégicas diversas, mas cujo objetivo principal é de controlar as vivências infantis.[12] Este controle é realizado especialmente por meio de discursos e saberes, que visam à normalização da infância.

Nesse sentido, a infância é reconhecida como um dispositivo na medida em que se tornou um objeto de conhecimento das ciências humanas e sociais, constituindo-se em algo que deve ser "interrogado, investigado, mensurado, classificado e normalizado, possibilitando que se diga sua verdade".[13] A infância, na modernidade, deu origem

---

[10] FOUCAULT, Michel. *Microfísica do poder*. 12. ed. Rio de Janeiro: Graal, 1979. p. 244.

[11] REVEL, Judith. *Michel Foucault*: conceitos essenciais. Tradução de Maria do Rosário Gregolin, Nilton Milanez, Carlos Piovesani. São Carlos: Claraluz, 2005. p. 39-40.

[12] MORUZZI, Andrea Braga. A infância como dispositivo: uma abordagem foucaultiana para pensar a educação. *Conjectura: Filosofia e Educação*, Caxias do Sul, v. 22, n. 2, p. 279-299, 2017.

[13] HILLESHEIM, Betina; GUARESCHI, Neuza Maria de Fátima. De que infância nos fala a psicologia do desenvolvimento? Algumas reflexões. *Psicologia da Educação*, São Paulo,

a saberes e poderes controladores e disciplinadores, que produzem verdade sobre os sujeitos infantis, e sem os quais o modo de produção capitalista encontraria dificuldades para se implantar.[14]

O controle promovido pelo dispositivo infância é realizado de modo contundente pelos saberes produzidos nas esferas da educação e da saúde – notadamente pelos discursos da pedagogia, da psicologia e da psiquiatria. O direito, por sua vez, assume uma posição privilegiada de controle da infância e constitui-se como um dos principais sustentáculos desse aparato de poder, uma vez que absorve os saberes normalizadores produzidos e transforma-os em enunciados obrigatórios.[15]

Pretende-se, neste capítulo, apresentar as bases que fundamentam o *adultocentrismo*, constatado nos discursos científico e jurídico desde a modernidade ocidental, os quais reafirmam a relação de poder e de objetificação exercida pelos adultos sobre as crianças.[16] A compreensão dos fundamentos que sustentam o dispositivo infância – especialmente o conjunto de discursos científicos e de normas jurídicas – é um pressuposto necessário para a reconstrução da relação entre crianças, pais, sociedade e direito. É importante desde já atentar o leitor de que não há neutralidade nesses discursos, os quais, em verdade, carregam em si relações de poder.

Ao se afastar a pretensão de neutralidade dos discursos, desnuda-se a relação entre discurso, poder e saber. Discursos funcionam como baluartes das relações de poder, sendo possível afirmar que estas são operadas através do discurso.[17] Foucault afirma, sobre isso, que "o discurso veicula e produz poder; reforça-o, mas também o mina, expõe, debilita e permite barra-lo".[18] Os discursos reafirmam o sistema de poder, bem como revelam as contradições nele existentes.

---

n. 25, p. 77-92, 2007. p. 87. Disponível em: http://pepsic.bvsalud.Org/scielo.php?script=sci_arttext&pid=S1414-69752007000200005&lng=pt&nrm=iso. Acesso em: 6 fev. 2020.

[14] ARAÚJO, Inês Lacerda. *Foucault e a crítica do sujeito*. Curitiba: Ed. da UFPR, 2001. p. 143-144.

[15] Sobre a sujeição promovida pelo direito, Foucault afirma que "o sistema do direito, o campo judiciário são canais permanentes de relações de dominação e técnicas de sujeição polimorfas" (FOUCAULT, Michel. *Microfísica do poder*. 12. ed. Rio de Janeiro: Graal, 1979. p. 182).

[16] ÁVILA SANTAMARÍA, Ramiro. De invisibles a sujetos de derechos: una interpretación desde el principito. *In*: ÁVILA SANTAMARÍA, Ramiro; CORREDORES LEDESMA, María Belén (Ed.). *Derechos y garantías de la niñez y adolescencia*: hacia la consolidación de la doctrina de protección integral. Quito: Unicef, 2010. p. 207.

[17] FOUCAULT, Michel. *Estratégias, poder-saber*. Organização e seleção de textos de Manuel Barros da Motta. Tradução de Vera Lúcia Avellar Ribeiro. 2. ed. Rio de Janeiro: Forense Universitária, 2006. Coleção Ditos e Escritos IV. p. 253.

[18] FOUCAULT, Michel. *História da sexualidade I*: a vontade de saber. Tradução de Maria Thereza da Costa Albuquerque e J. A. Guilhon Albuquerque. Rio de Janeiro: Graal, 1988. p. 95-96.

A produção discursiva sobre a infância segue essa lógica. Predominam, desde a modernidade, discursos que, sob o propósito declarado de proteção às crianças e aos adolescentes, identificam a infância como menoridade, como um devir, como uma fase marcada pela submissão a adultos. Nas últimas décadas, no entanto, emergiram discursos que se contrapõem a esse viés e defendem uma concepção emancipatória de infância.

As tensões que marcam os discursos sobre a infância são constatadas em diversas áreas do saber – na história, na sociologia, na psicologia, na pedagogia, na medicina, entre outras – e fundamentam discursos jurídicos também conflitantes. Sem a pretensão de esgotar toda essa produção discursiva, analisar-se-ão alguns dos discursos que mais influenciaram as narrativas jurídicas vigentes sobre a infância.

1.1 A história da infância entre (in)visibilidade e controle

O entendimento da noção contemporânea de infância e das repercussões no campo jurídico requer a análise do seu histórico. Não se trata de uma história linear, mas, ao contrário, permeada de contradições e de tensões entre discurso latente e discurso manifesto sobre o espaço das crianças na sociedade. O adultocentrismo presente no direito ocidental é uma decorrência desse histórico complexo de controle e invisibilidade infantil que será adiante apreciado.

Não se ambiciona apresentar a constituição da ideia de infância a partir de marcos históricos definidos e supostamente encadeados. Objetiva-se, com base em duas ideias principais – de que a história da infância é a história de seu controle[19] e de que ela é pautada pelo binômio da visibilidade/invisibilidade –,[20] revelar os paradoxos da apreensão sobre o papel das crianças na sociedade.

A maneira como a infância é atualmente compreendida – como fase da vida em que os sujeitos necessitam ser cuidados e educados por adultos, poupados do trabalho, inseridos no sistema de escolarização e afastados do cenário jurídico em decorrência de sua dependência e vulnerabilidade biopsíquica – não se trata de uma constante. Com efeito, o conceito de infância é menos biológico e mais uma construção

---

[19] GARCÍA MÉNDEZ, Emilio. *Infância e cidadania na América Latina*. Tradução de Angela Maria Tijiwa. São Paulo: Hucitec, 1998. p. 85.

[20] QVORTRUP, Jens. Visibilidades das crianças e da infância. *Linhas Críticas*, Brasília, v. 20, n. 41, p. 23-42, 2014. Disponível em: https://www.redalyc.Org/pdf/1935/193530606003.pdf. Acesso em: 6 fev. 2020.

histórica e social. Ariès foi um dos principais autores a demonstrar isso. Em sua obra *História social da criança e da família*, Ariès apresenta a tese de que a infância, do modo como atualmente entendida, é um produto da modernidade.[21]

Para o autor, a "descoberta da infância" teve início no século XII, e sua consolidação pode ser verificada na iconografia dos séculos XV e XVI. Entretanto, os sinais de seu desenvolvimento tornaram-se numerosos e de fato significativos entre os séculos XVI e XVII.[22] A partir da observação das roupas usadas pelas crianças, Ariès indica que até o século XIII estas eram vestidas, assim que deixavam os cueiros, como homens e mulheres adultas. Nas pinturas medievais, crianças eram ilustradas como adultos em miniaturas, sem feição e corpo infantis. Essa forma de vestir e de representar artisticamente revelava que as crianças eram compreendidas e tratadas de modo indistinto.[23]

Elias, crítico de Ariès, compartilha o entendimento de que no período pré-moderno as crianças faziam parte do contexto social de modo igualitário, pertencendo efetivamente ao mundo dos adultos.[24] Sobre isso, Gélis aponta que as crianças eram compreendidas como um "rebento do tronco comunitário", configurando-se como pessoas "públicas".[25] Como consequência, compartilhavam as tarefas em vistas à sobrevivência e não obtinham cuidados individualizados desde o momento em que não dependiam da amamentação para sobreviver.

O "sentimento de infância" – isto é, a consciência quanto à particularidade da criança em relação ao adulto – surge apenas na passagem para a modernidade, sob forte influência do cristianismo. De acordo com Ariès, é possível afirmar que, antes disso, havia crianças, mas não havia infância. As crianças tinham visibilidade concreta, pois compartilhavam a vida social com os adultos, mas não tinham a

---

[21] Ariès é, sem dúvidas, a principal referência utilizada sobre a história da infância. Sua análise, todavia, não restou imune a críticas. Com efeito, a análise de Ariès é linear, romantizada, eurocêntrica e centrada na infância das classes privilegiadas, ignorando a história das demais crianças. A despeito disso, sua teoria contribui na compreensão da construção da infância a partir do binômio visibilidade-invisibilidade que aqui se pretende.

[22] ARIÈS, Philippe. *História social da criança e da família*. Tradução de Dora Flaksman. 2. ed. Rio de Janeiro: Guanabara, 1986. p. 65.

[23] Ibidem.

[24] ELIAS, Norbert. *La civilización de los padres y otros ensayos*. Bogotá: Editorial Norma S.A., 1998. p. 424.

[25] GÉLIS, Jacques. A individualização da criança. *In*: ARIÈS, Phillipe; DUBY, Georges (Org.). *História da vida privada*: da Renascença ao Século das Luzes. São Paulo: Companhia das Letras, 2009. v. 3. p. 306.

visibilidade que se tem em matéria de proteção e cuidado.[26] Aponta-se, sobre isso, que o alto índice de mortalidade infantil fazia com que as famílias não desenvolvessem sentimento de apego às crianças.[27]

A "descoberta" da infância, que, segundo o autor, ocorreu na passagem da pré-modernidade para a modernidade, apresentava estreita relação com os valores cristãos dominantes da época. A partir do século XV, as crianças passaram a ser objeto de vigilância dos adultos, pais ou professores, como forma de garantir que não seriam moralmente desvirtuadas.[28]

O propósito de moralização fundamentou o isolamento das crianças do restante da sociedade, as quais deixaram de trabalhar ao lado dos adultos e passaram a ocupar um novo local – a escola. O ambiente escolar representava o espaço de preparação da criança para a vida adulta. A utilidade do novo trabalho das crianças (o trabalho escolar) foi, então, adiada para a adultez. Esse adiamento necessitou de justificação, que veio, no século XIX, através do discurso da psicologia do desenvolvimento, segundo o qual a infância é uma fase de capacitação.[29]

Para Gélis, mais do que um símbolo da consciência dos adultos quanto às necessidades infantis, o "sentimento de infância" decorreu das mudanças estruturais pelas quais a sociedade passava, e era o indício "de uma mutação sem precedente da atitude ocidental com relação à vida e ao corpo".[30] Da pré-modernidade para a modernidade, há a substituição do imaginário da vida em comunidade pelo imaginário da vida em famílias nucleares.

---

[26] ARIÈS, Philippe. *História social da criança e da família*. Tradução de Dora Flaksman. 2. ed. Rio de Janeiro: Guanabara, 1986. p. 230-231.

[27] Heywood indica que a indiferença dos adultos em relação à infância nos períodos medieval e moderno teve como consequência postura insensível na criação dos filhos. Os bebês com menos de dois anos, particularmente, sofriam de grande descaso, uma vez que os pais consideravam pouco produtivo investir muito tempo ou esforço em um ser que tinha tamanha probabilidade de morrer com pouca idade (HEYWOOD, Colin. *A history of childhood*. 2. ed. Cambridge: Polity Press, 2018. p. 72).

[28] Nesse momento, a educação das crianças passa a ser paulatinamente realizada dentro das escolas, que se torna um instrumento de passagem da infância para a vida adulta. A popularização do sistema escolar decorreu em grande medida, segundo Ariès, do rigor moral que se instalou no período (ARIÈS, Philippe. *História social da criança e da família*. Tradução de Dora Flaksman. 2. ed. Rio de Janeiro: Guanabara, 1986. p. 231).

[29] QVORTRUP, Jens. Visibilidades das crianças e da infância. *Linhas Críticas*, Brasília, v. 20, n. 41, p. 23-42, 2014. Disponível em: https://www.redalyc.Org/pdf/1935/193530606003.pdf. Acesso em: 6 fev. 2020.

[30] GÉLIS, Jacques. A individualização da criança. *In*: ARIÈS, Phillipe; DUBY, Georges (Org.). *História da vida privada*: da Renascença ao Século das Luzes. São Paulo: Companhia das Letras, 2009. v. 3. p. 318.

O "sentimento de infância" pode ser assim considerado como decorrência das mudanças em relação à estrutura social e familiar. A partir do século XVIII, as famílias começaram a se organizar em torno dos filhos – nesse momento muito menos numerosos que outrora. Há um processo de subjetivação das crianças, decorrente do individualismo burguês. Segundo Gélis, o surgimento do "sentimento de infância" não foi uniforme, mas, apesar da ausência de linearidade, é possível constatar nesse momento uma maior atenção à saúde e à educação das crianças.[31]

Em tal período histórico, crianças tornaram-se propriedade exclusiva da família privada e perderam seu acesso à vida social. Sobre isso, Qvortrup afirma que a maior probabilidade de as crianças sobreviverem teve como consequência a maior proteção dos adultos em relação a elas e a sua afirmação como vulneráveis. Nessa perspectiva, foi-lhes negada qualquer participação relevante na vida social.[32] Méndez aponta que a centralidade da infância no contexto familiar cobrou um preço alto: "perda total de autonomia e origem da cultura jurídico-social que vincula indissoluvelmente a oferta de *proteção* à declaração prévia de algum tipo de incapacidade".[33]

Admitindo a tese de Ariès, segundo a qual o surgimento do "sentimento de infância" ocorreu na modernidade, a afirmação de que a história da infância é a história de seu controle revela-se pertinente. Isso porque a restrição da infância ao espaço doméstico e escolar permitiu o acirramento do controle das crianças pelos pais e pelos educadores.

De acordo com Foucault, este controle dirigia-se especialmente à sexualidade da criança que, para o autor, é o ponto de passagem particularmente denso das relações de poder, inclusive daquelas entre pais e filhos e educadores e educandos. A atividade sexual das crianças, nesse contexto, era definida como perigosa, diante do que pais, famílias, professores, médicos e psicólogos deveriam se encarregar de modo contínuo desse "germe sexual precioso e arriscado, perigoso e em

---

[31] GÉLIS, Jacques. A individualização da criança. *In*: ARIÈS, Phillipe; DUBY, Georges (Org.). *História da vida privada*: da Renascença ao Século das Luzes. São Paulo: Companhia das Letras, 2009. v. 3.

[32] QVORTRUP, Jens. Visibilidades das crianças e da infância. *Linhas Críticas*, Brasília, v. 20, n. 41, p. 23-42, 2014. Disponível em: https://www.redalyc.Org/pdf/1935/193530606003.pdf. Acesso em: 6 fev. 2020.

[33] GARCÍA MÉNDEZ, Emilio. *Infância e cidadania na América Latina*. Tradução de Angela Maria Tijiwa. São Paulo: Hucitec, 1998. p. 85.

perigo".[34] A sexualidade, assim, seria utilizada para diversas manobras, e serviria de apoio às mais variadas estratégias de controle.

Desta forma, é possível apontar a contradição entre visibilidade e invisibilidade que permeia a história da infância ocidental. A visibilidade concreta das crianças – isto é, sua efetiva participação na sociedade – foi verificada em um momento em que suas necessidades individuais eram em grande medida desconsideradas. Com a modernidade, surge a ideia de infância como fase de preparação para a vida adulta, a qual demanda cuidados específicos. Nessa transição, o espaço da criança deixa de ser o social e restringe-se ao doméstico e escolar. A atenção dos adultos para as necessidades infantis e a pretensão de controle fizeram com que as crianças perdessem de modo substancial sua liberdade e sua possibilidade de envolvimento social.

1.2 A infância moderna sob o prefixo da negação: o discurso da psicologia do desenvolvimento, os aportes emancipadores da sociologia da infância e as repercussões no direito

A infância moderna foi constituída socialmente a partir de uma visão negativa, a partir daquilo que lhe falta e que em tese justifica sua subordinação. Isso fica evidente pela própria etimologia das palavras comumente utilizadas para descrever o universo infantil: a palavra "infância" alude ao não falante, àquele cujo discurso não é legítimo, pois não articulado. A palavra "aluno" remete àquele que não tem luz ou conhecimento. A palavra "criança", por sua vez, faz referência àquele que ainda não foi plenamente criado.

O direito, na sua condição específica de regulação da sociedade, estabeleceu crianças e adolescentes como *in*capazes e *in*imputáveis e definiu que a eles certas condutas, como casar, votar, dirigir e trabalhar, são interditadas.[35] Sua suposta incapacidade fática – fruto de uma ideia de homogeneização das experiências infantis – repercutiu na incapacidade jurídica, que se trata de presunção absoluta.

---

[34] FOUCAULT, Michel. *História da sexualidade I*: a vontade de saber. Tradução de Maria Thereza da Costa Albuquerque e J. A. Guilhon Albuquerque. Rio de Janeiro: Graal, 1988. p. 99.

[35] SARMENTO, Manuel Jacinto. Gerações e alteridade: interrogações a partir da sociologia da infância. *Revista Educação e Sociedade*, Campinas. v. 26, n. 91, p. 361-378, 2005. Disponível em: http://www.scielo.br/scielo.php?pid=S0101-73302005000200003&script=sci_arttext&tlng=pt Acesso em: 30 jan. 2020.

Por um lado, esse discurso de negação e de separação entre o mundo dos adultos e o mundo das crianças permite que estas sejam protegidas nos contextos familiar, jurídico, social e político. Por outro, esse mesmo discurso – que assume muitas vezes caráter paternalista, tutelar e autoritário – estabelece relações de dependência e de hierarquia entre crianças e adultos, potencializa a assimetria de poderes entre eles e impede o exercício de uma vida social plena aos menores de dezoito anos.[36]

Conforme indica Qvortrup, a versão extrema da proteção às crianças menospreza a habilidade delas de utilizar sua capacidade e competência, e reafirma a ausência de confiança dos adultos quanto às aptidões que apresentam.[37] Nesse sentido, o paternalismo em relação às crianças se configura como uma "estranha combinação de amor, sentimentalismo, senso de superioridade em relação à compreensão equivocada das capacidades infantis e à marginalização".[38]

No esquema moderno, a infância é um devir. Crianças são consideradas seres incompletos que estão em processo de formação, de modo que sua existência importa porque futuramente se tornarão adultos.[39] Nesta construção, o ser humano referência é o adulto, símbolo da racionalidade e da autonomia. À criança cabe esperar até que atinja a adultez. Esta espera ocorre com a marca da institucionalização:[40] na escola, crianças passam pelo processo de se tornar futuramente úteis à

---

[36] SARMENTO, Manuel Jacinto. Gerações e alteridade: interrogações a partir da sociologia da infância. *Revista Educação e Sociedade*, Campinas. v. 26, n. 91, p. 361-378, 2005. Disponível em: http://www.scielo.br/scielo.php?pid=S0101-73302005000200003&script=sci_arttext&tlng=pt Acesso em: 30 jan. 2020.

[37] QVORTRUP, Jens. Visibilidades das crianças e da infância. *Linhas Críticas*, Brasília, v. 20, n. 41, p. 23-42, 2014. Disponível em: https://www.redalyc.Org/pdf/1935/193530606003.pdf. Acesso em: 6 fev. 2020.

[38] QVORTRUP, Jens. Nove teses sobre a infância como um fenômeno social. Tradução de Maria Letícia Nascimento. *Pro-Posições*, Campinas, v. 22, n. 1 (64), p. 199-211, jan./abr. 2011. p. 210.

[39] Conforme aponta Qvortrup, frases comuns como "crianças são o futuro da sociedade", "crianças são a próxima geração" e "crianças são nosso mais precioso recurso" demonstram que crianças não são pensadas como autênticas contemporâneas dos adultos (QVORTRUP, Jens. Visibilidades das crianças e da infância. *Linhas Críticas*, Brasília, v. 20, n. 41, p. 23-42, 2014. Disponível em: https://www.redalyc.Org/pdf/1935/193530606003.pdf. Acesso em: 6 fev. 2020).

[40] Duas características definem a infância moderna, segundo Qvortrup: a escolarização/institucionalização e o lugar da criança como menor – lugar esse determinado pelo grupo dominante, composto por adultos (QVORTRUP, Jens. Nove teses sobre a infância como um fenômeno social. Tradução de Maria Letícia Nascimento. *Pro-Posições*, Campinas, v. 22, n. 1 (64), p. 199-211, jan./abr. 2011. p. 203-204).

sociedade. O conhecimento, cujos detentores são exclusivamente adultos, é passado dos pais para os filhos e dos professores para os alunos.

Predominou na psicologia, ao longo dos séculos XIX e XX, a tese de que o desenvolvimento é um processo que avança de acordo com etapas comuns a todas as crianças, em que os fatores biológicos e psicológicos são os mais influentes. A partir disso, sustentou-se nesse campo que a infância é um processo universal, que obedece a uma ordem natural e a normas incontroversas que regem sua evolução até a vida adulta e que as crianças se encontram em um estado de imaturidade, caracterizado pela irracionalidade, incompetência, passividade e dependência absoluta.[41]

A análise que será adiante procedida sobre a psicologia do desenvolvimento terá como enfoque a compreensão de suas premissas fundantes a respeito do processo de amadurecimento de crianças e adolescentes, bem como de suas repercussões no direito da(s) infância(s). Duas ressalvas se fazem necessárias nesse ponto. Em primeiro lugar, não serão estudadas as diversas correntes que a compreendem, de modo que a abordagem se limitará aos preceitos gerais a todas elas. Em segundo lugar, a despeito do teor crítico da avaliação que se sucederá a seguir, não se ignoram os méritos desta linha teórica no mapeamento dos aspectos que atravessam o desenvolvimento humano e o processo de aprendizagem.

A principal crítica à psicologia do desenvolvimento está no seu propósito de compreender a infância como processo único e homogêneo. Ao delinear as fases da infância com base em características gerais e supostamente verificáveis em todas as crianças, esta linha teórica afasta as influências sociais que operam nesse processo.[42] Estas etapas, de acordo com a perspectiva em análise, levam inevitavelmente à racionalidade e à vida adulta. A infância seria, então, um conjunto encadeado e linear de fases marcadas por condições biológicas – desenvolvimento da fala, da atividade locomotora, do raciocínio abstrato, entre outras –, cujo objetivo seria a conquista da razão. Defensor desta abordagem, Coelho afirma que "em geral, todas essas percepções sobre crescimento

---

[41] LANSDOWN, Gerison. *La evolución de las facultades del niño*. Florencia: Centro de Investigaciones Innocenti, 2005. p. 26.

[42] Afirmam Piletti e Rossato que: "O sujeito em desenvolvimento se estrutura por meio de mecanismos próprios, que não dependem diretamente de fatores sociais, haja vista que são determinados pela busca de equilíbrio, que dependerá de uma maturação biológica para que ocorra" (PILETTI, Solange Rossato; ROSSATO, Geovanio. *Psicologia do desenvolvimento*. São Paulo: Contexto, 2014. p. 44).

corporal e capacitação intelectual vão sendo acrescentadas à vida das crianças em um fluxo contínuo que obedece a um ritmo constante".[43]

Um autor que se filia à psicologia do desenvolvimento é Freud. Partindo de uma abordagem sobre os aspectos psicossexuais de crianças e adolescentes, afirma que o desenvolvimento psíquico do sujeito é decorrente da atividade mental e do comportamento guiados pela energia libidinal.[44] Defende Freud que, desde o nascimento até os doze/dezoito meses, a criança está na fase oral, em que a boca é o principal instrumento de gratificação libidinal. Subsequente a ela é a fase anal, que teria duração até os três anos de idade e na qual o prazer seria transferido para a zona do ânus. Dos três ou quatro anos até os seis ou sete, a criança passaria pela fase fálica, em que o prazer é obtido através dos órgãos genitais. A fase de latência, que duraria até os onze ou doze anos, tem como marca a identificação da criança com a figura parental do mesmo gênero. Por último, a fase genital abarcaria a adolescência (dos doze aos dezoito anos) e é marcada pelo aumento das pulsões sexuais.[45]

Piaget, por sua vez, se filia à psicologia do desenvolvimento e representa a vertente cognitivo-desenvolvimental. Para o autor, o desenvolvimento desde o nascimento até a vida adulta ocorre em estágios distintos relacionados a idades específicas. De acordo com esta perspectiva teórica, de zero a dois anos de idade, a criança está no estágio sensório-motor, em que desenvolve as habilidades motoras; de dois aos sete anos, a criança se localiza no estágio pré-operacional, no qual desenvolve a linguagem e a socialização; dos sete aos onze anos, trata-se do estágio das operações concretas, em que há o desenvolvimento do raciocínio concreto; e, por fim, dos onze anos até a vida adulta, o indivíduo está no estágio das operações formais, fase em que são criadas ideias e hipóteses de pensamento.[46]

Preconiza Piaget que os estágios de desenvolvimento são vivenciados necessariamente de forma sequencial, de acordo com a evolução dos fatores biológicos. Sobre isso, aponta o autor que a ordem desses estágios é extremamente regular e comparável aos estágios de uma

---

[43] COELHO, Wilson Ferreira (Org.). *Psicologia do desenvolvimento*. São Paulo: Pearson Editora do Brasil, 2014. p. 108.

[44] COELHO, Wilson Ferreira (Org.). *Psicologia do desenvolvimento*. São Paulo: Pearson Editora do Brasil, 2014. p. 100.

[45] CLOUTIER, Richard; DRAPEAU, Sylvie. *A psicologia da adolescência*. Tradução de Stephania Matousek. Petrópolis: Vozes, 2012. p. 37-39.

[46] PILETTI, Solange Rossato; ROSSATO, Geovanio. *Psicologia do desenvolvimento*. São Paulo: Contexto, 2014. p. 44.

embriogênese e que, muito embora a velocidade do desenvolvimento possa sofrer alterações, a ordem evolutiva não é comprometida.[47]

A partir desses importantes exemplos teóricos, verifica-se que a psicologia do desenvolvimento apresenta compromisso com os valores da modernidade de linearidade e homogeneidade. Nesse sentido, a medida do desenvolvimento é a aquisição da racionalidade e o objetivo é a emancipação. Conforme afirmam Hillesheim e Guareschi, a psicologia do desenvolvimento aponta para um sujeito racional, autônomo e civilizado que, para atingir tais condições, submete-se à ordem imposta.[48]

Nesta abordagem, a infância é uma etapa a ser superada, uma vez que o sujeito referência é o sujeito-adulto. Evidenciam-se, assim, as dicotomias entre sujeito-adulto e sujeito-criança, pautadas pela racionalidade/irracionalidade; independência/dependência e capacidade/incapacidade. Diante da presunção de que crianças são irracionais e incapazes, prevalece a suposição geral de que em qualquer hipótese os adultos têm razão e as crianças estão equivocadas.[49]

A psicologia do desenvolvimento defende um entendimento linear de tempo, segundo a qual o desenvolvimento humano se caracteriza pelo acúmulo homogêneo de experiências e conhecimentos fundamentais à adultez. De acordo com Jobim e Souza, essa linearidade "autoriza uma compreensão da infância que lhe atribui uma qualidade de menoridade e, consequentemente, sua relativa desqualificação como estado transitório, inacabado e imperfeito".[50]

Para esta linha teórica, as etapas da infância são verificadas de modo comum nas crianças, independentemente das condições sociais a que estão submetidas. São invisibilizadas as diferenças entre elas e ressaltadas as semelhanças – mais teóricas que factuais – que compartilham, em um processo de neutralização, homogeneização e universalidade.

Com isso, as crianças são compreendidas como meras portadoras de um organismo em desenvolvimento, isto é, categorias desvinculadas

---

[47] PIAGET, Jean. Intellectual evolution from adolescence to adulthood. *Human Development*, v. 51, p. 40-47, 2008.

[48] HILLESHEIM, Betina; GUARESCHI, Neuza Maria de Fátima. De que infância nos fala a psicologia do desenvolvimento? Algumas reflexões. *Psicologia da Educação*, São Paulo, n. 25, p. 77-92, 2007. p. 83. Disponível em: http://pepsic.bvsalud.Org/scielo.php?script=sci_arttext&pid=S1414-69752007000200005&lng=pt&nrm=iso. Acesso em: 6 fev. 2020.

[49] LANSDOWN, Gerison. *La evolución de las facultades del niño*. Florencia: Centro de Investigaciones Innocenti, 2005. p. 26.

[50] SOUZA, Solange Jobim. Ressignificando a psicologia do desenvolvimento: uma contribuição crítica à pesquisa da infância. *In*: KRAMER, S.; LEITE, M. Isabel. *Infância*: fios e desafios da pesquisa. São Paulo: Papirus, 1996. p. 44.

do social, em que condições de classe, gênero e raça não apresentam permeabilidade para sua compreensão. Esta forma de pensar a criança dificulta a realização de diálogo e invisibiliza os aspectos sociais e culturais de onde decorrem sua voz e seu desejo.[51]

A partir de uma noção abstrata do sujeito-criança, o discurso da psicologia sobre a infância origina padrões de normalidade e de anormalidade a partir das idades, os quais se dissociam da realidade em que as crianças se situam. Abre espaço, assim, para a abordagem que prescreve a medicalização da infância.[52] Sobre isso, Abramowicz e Oliveira afirmam:

> A Psicologia medirá a inteligência, prescreverá o desenvolvimento, dividirá as crianças por idades, por capacidade mental, elaborará standarts para observar etapa por etapa da infância até a adolescência. A idade será uma marca, uma categoria prática, fixa e precisa, delimitará os "desviantes", as crianças imaturas, as que não aprendem, as que não se desenvolvem, determinar-se-á as idades da fala, do andar, de viver sem fraldas etc. A idade, o período de desenvolvimento e a etapa da vida poderão ser colocados em um gráfico, haverá a curva da normalidade e aqueles que se desviam. As crianças crescerão tendo o adulto como foco e sob o seu controle.[53]

Essa concepção passou a sofrer críticas especialmente a partir da década de 1970, quando se fortaleceu um movimento dentro das ciências sociais cujo objetivo era de denunciar a tendência de domínio das crianças e de afirmar sua condição de atores sociais, ou seja, de pessoas que interferem ativamente na sociedade. Esta discussão, que repercutiu na Convenção sobre os Direitos da Criança, de 1989, conforme será adiante analisado, teve seu apogeu com a vertente da sociologia da infância. Tal abordagem sociológica indica a necessidade

---

[51] SOUZA, Solange Jobim. Ressignificando a psicologia do desenvolvimento: uma contribuição crítica à pesquisa da infância. *In*: KRAMER, S.; LEITE, M. Isabel. *Infância*: fios e desafios da pesquisa. São Paulo: Papirus, 1996. p. 45.

[52] Corrobora esse raciocínio a afirmação de Coelho: "Poderíamos ver também que nesse arco traçado ao longo da vida de um ser humano o desenvolvimento ocorre com várias matizes. Ora atingindo as cores da normalidade em seus dois aspectos, físico e mental, quando segue em direção à plenitude. Ora seguindo em sentido oposto, quando atingido pela carência de algum tipo de anormalidade sem conseguir alcançar seu propósito" (COELHO, Wilson Ferreira (Org.). *Psicologia do desenvolvimento*. São Paulo: Pearson Editora do Brasil, 2014. p. 106).

[53] ABRAMOWICZ, Anete; OLIVEIRA, Fabiana de. A sociologia da infância no Brasil: uma área em construção. *Revista do Centro de Educação da UFSM*, Santa Maria, v. 35, n. 1, p. 38-52, jan./abr. 2010. p. 40.

de reconstrução do conceito de infância – tradicionalmente caracterizado pela visão ocidental e adultocêntrica – a partir da consideração de que crianças influenciam e são influenciadas pela formação social em que estão inseridas.[54]

Afasta-se do entendimento de crianças como "máquinas triviais", expressão de Luhmann para descrever objetos que transformam *inputs* em *outputs* sem proceder a transformações no ambiente.[55] Ao contrário, na concepção de infância como construção social, compreende-se que a socialização não é um processo passivo de absorção das referências, uma vez que a criança é um sujeito ativo desde seu nascimento.[56] Nessa abordagem, considera-se que crianças, ao interagir com a natureza, com a sociedade e com outros indivíduos, contribuem para a construção do mundo.

Um dos principais contributos da sociologia da infância é demonstrar que crianças não são objetos pertencentes aos pais, nem meros receptáculos de informações oriundas de adultos. A partir da constatação de que crianças interagem na sociedade e nela geram resultados, devem ser consideradas como atores sociais, de modo que o reconhecimento desta condição implica admitir sua capacidade de produção simbólica e cultural.[57]

A despeito da relação imbricada entre infância e sociedade, a produção científica em ciências sociais tende a negligenciar a escuta de crianças, bem como subestimar a capacidade que apresentam de dar sentido às suas ações. É diante disso que a sociologia da infância defende "partir das crianças para o estudo das realidades de infância". Tal afirmação apresenta duas implicações. Primeiramente, implica que a infância é um objeto específico de pesquisa, o qual apresenta autonomia conceitual. O estudo das vivências infantis, assim, não se confunde com o estudo sobre a relação das crianças com os adultos. Em segundo lugar, implica que os personagens infantis devam ser

---

[54] QUINTERO, Jucirema. Sobre a emergência de uma sociologia da infância: contribuições para o debate. *Perspectiva*, Florianópolis, v. 20, p. 137-162, jul./dez. 2002. Número especial. p. 139.

[55] QVORTRUP, Jens. Nove teses sobre a infância como um fenômeno social. Tradução de Maria Letícia Nascimento. *Pro-Posições*, Campinas, v. 22, n. 1 (64), p. 199-211, jan./abr. 2011. p. 206.

[56] PINTO, Manuel. A infância como construção social. *In*: PINTO, M.; SARMENTO, M. (Coord.). *As crianças*: contextos e identidades. Braga: Centro de Estudos da Criança da Universidade do Minho, 1997. p. 45.

[57] SARMENTO, Manuel Jacinto; PINTO, Manuel. As crianças e a infância: definindo conceitos delimitando o campo. *In*: PINTO, M.; SARMENTO, M. (Coord.). *As crianças*: contextos e identidades. Braga: Centro de Estudos da Criança da Universidade do Minho, 1997.

escutados e sua fala deve ser interpretada e analisada no campo das ciências. Com efeito, "interpretar as representações sociais das crianças pode ser não apenas um meio de acesso à infância como categoria social, mas às próprias estruturas e dinâmicas sociais que são desocultadas no discurso das crianças".[58]

Ainda, este entendimento rompe com o discurso hegemônico de infância ao lançar luz às diferenças das vivências infantis em relação à classe social, ao gênero, à etnia e à cultura. Muito embora as crianças possam ser consideradas componentes de uma minoria – uma vez que excluídas da plena participação da vida social –,[59] as diferenças sociais que existem entre elas não podem ser desconsideradas em prol da universalização do conceito de infância. A compreensão das culturas infantis deve ser procedida a partir das condições sociais a que estão submetidas as crianças.[60]

As premissas da psicologia do desenvolvimento deram suporte ao tratamento jurídico conferido à infância ao longo do século XX. A concepção universal e normalizadora, pautada em idades fixas e comportamentos definidos para cada etapa da vida, influenciou a forma como o direito regulamentou a infância. Prova disso, conforme indica Lansdown, está no fato de que, sob a ótica legal, se supõe que qualquer adulto alcançou as condições necessárias para assumir a responsabilidade de suas próprias ações e que toda criança e todo adolescente carecem das competências indispensáveis para atuar de forma autônoma.[61]

Essa tendência generalizante sobre o desenvolvimento individual fundamentou a inserção da infância no quadro da menoridade jurídica e da incapacidade. Na perspectiva linear da psicologia do desenvolvimento, segundo a qual a racionalidade apenas é atingida com a adultez, não se reconhece que crianças e adolescentes possam, em decorrência do contexto em que estão inseridos, apresentar capacidade fática para tomar decisões jurídicas sobre assuntos que lhes afetem. Crianças, assim, são objeto exclusivo de heteroproteção, de modo que não lhes é reconhecido espaço de autoproteção.

---

[58] SARMENTO, Manuel Jacinto; PINTO, Manuel. As crianças e a infância: definindo conceitos delimitando o campo. *In*: PINTO, M.; SARMENTO, M. (Coord.). *As crianças*: contextos e identidades. Braga: Centro de Estudos da Criança da Universidade do Minho, 1997.

[59] QVORTRUP, Jens. Nove teses sobre a infância como um fenômeno social. Tradução de Maria Letícia Nascimento. *Pro-Posições*, Campinas, v. 22, n. 1 (64), p. 199-211, jan./abr. 2011.

[60] SARMENTO, Manuel Jacinto; PINTO, Manuel. As crianças e a infância: definindo conceitos delimitando o campo. *In*: PINTO, M.; SARMENTO, M. (Coord.). *As crianças*: contextos e identidades. Braga: Centro de Estudos da Criança da Universidade do Minho, 1997.

[61] LANSDOWN, Gerison. *La evolución de las facultades del niño*. Florencia: Centro de Investigaciones Innocenti, 2005. p. 13.

A Convenção sobre os Direitos da Criança de 1989, por outro lado, assimilou uma relevante contribuição da sociologia da infância: reconheceu que as crianças, por viverem em ambientes e sob culturas e contextos diferentes, amadurecem de forma desigual e, por consequência, adquirem autonomia em idades distintas.[62] A partir disso, definiu a autonomia progressiva como um dos princípios que deve nortear o tratamento jurídico à infância.

Esta norma, até o momento presente, tem pouca aplicação prática no ordenamento jurídico da grande maioria dos países que ratificou o documento internacional. Identifica-se, na maior parte das nações ocidentais, o legado que o predomínio da psicologia do desenvolvimento ao longo dos séculos XIX e XX deixou. Isso porque o reconhecimento dos direitos relacionados à autonomia dos sujeitos infantis esbarra na concepção paternalista segundo a qual crianças dependem de proteção por serem imaturas em um mundo repleto de perigos. Sob esse raciocínio, a autonomia é apontada como contraditória à necessária proteção da qual as crianças dependem para se desenvolver.

A contribuição da sociologia da infância, neste debate, é de demonstrar que crianças e adolescentes, na condição de atores sociais, não devem ser apenas destinatários da proteção dos adultos, e que podem eles mesmos – através do reconhecimento de uma esfera de autonomia – buscar sua própria proteção, especialmente em casos em que os adultos responsáveis atentam contra sua segurança e dignidade. Evidencia-se, com isso, que proteção e autonomia não são excludentes, mas, ao contrário, mutuamente dependentes.[63]

A garantia de uma esfera de autonomia a crianças e a adolescentes não significa desconsiderar sua condição de vulnerabilidade. Os sujeitos infantis, em decorrência do processo de desenvolvimento biopsíquico que vivem, dependem de cuidado para que possam sobreviver. Conforme explica Barboza, "vulnerabilidade e cuidado se imbricam, necessariamente".[64] A proteção específica definida pela Constituição Federal e pelo Estatuto da Criança e do Adolescente a essa população tem como objetivo assegurar-lhe o cuidado necessário em virtude da condição de vulneráveis.

---

[62] LANSDOWN, Gerison. *La evolución de las facultades del niño*. Florencia: Centro de Investigaciones Innocenti, 2005. p. 9.

[63] SARMENTO, Manuel Jacinto; PINTO, Manuel. As crianças e a infância: definindo conceitos delimitando o campo. *In*: PINTO, M.; SARMENTO, M. (Coord.). *As crianças*: contextos e identidades. Braga: Centro de Estudos da Criança da Universidade do Minho, 1997.

[64] BARBOZA, Heloisa Helena. Vulnerabilidade e cuidado: aspectos jurídicos. *In*: OLIVEIRA, Guilherme de; PEREIRA, Tânia da Silva (Coord.). *Cuidado & vulnerabilidade*. São Paulo: Atlas, 2009. p. 118.

Essa qualidade, no entanto, não afasta a autonomia do sujeito menor de dezoito anos, mas impõe outras exigências ao direito e ao Estado. O reconhecimento da vulnerabilidade de determinado grupo social – a exemplo da população infantojuvenil – exige que o direito "desempenhe papel relevante na busca por instrumentos para reequilibrar as relações jurídicas [...] de modo a preservar a necessária autonomia dos sujeitos vulneráveis".[65] A salvaguarda de uma parcela de autonomia a crianças e a adolescentes é medida que os permite contornar suas próprias vulnerabilidades.

O debate sobre a tensão entre autonomia e proteção ganha novas nuances na infância contemporânea, em que, favorecidas pela inclusão tecnológica e pelo acesso à informação, as crianças são novamente chamadas a adentrar a vida pública. Nesse contexto, as fronteiras entre infância e adultez mostram-se embaçadas, pois, com a queda da hierarquia decorrente da posse do conhecimento, há uma diminuição da autoridade dos adultos sobre as crianças. O desafio do direito, nesse quadro, é de compatibilizar o reconhecimento da autonomia à população infantojuvenil sem descuidar da proteção de que necessária em virtude da vulnerabilidade decorrente pouca idade.

1.3 Mídia, tecnologia e o "desaparecimento da infância": as transformações das vivências infantis na contemporaneidade e os desafios impostos ao direito

Há décadas se fala sobre o "fim da infância", especialmente em virtude das transformações nas vivências de crianças e adolescentes decorrentes da tecnologia. A partir disso, verificar-se-á, neste tópico, que as visões pessimistas em relação à infância revelam certo apego ao modelo de controle e indicam subestimação das capacidades de crianças e adolescentes. Nesse sentido, as inegáveis mudanças nas relações entre infância, família, sociedade e Estado requerem uma perspectiva prospectiva do direito, que abandone o compromisso com os valores do século XIX.

---

[65] BARBOZA, Heloisa Helena; ALMEIDA, Vitor. A tutela das vulnerabilidades na legalidade constitucional. *In*: TEPEDINO, Gustavo; TEIXEIRA, Ana Carolina Brochado; ALMEIDA, Vitor (Org.). *Da dogmática à efetividade do direito civil* – Anais do Congresso Internacional de Direito Civil Constitucional – V Congresso do IBDCivil. Belo Horizonte: Fórum, 2017. p. 50.

Postman, ao analisar o quadro do início da década de 1980, defendeu o "desaparecimento da infância" diante da compreensão de que as crianças estariam a perder "o charme, a maleabilidade, a inocência e a curiosidade" por se comportarem cada vez mais cedo de modo semelhante aos adultos.[66] Para o autor, a linha divisória entre mundo das crianças e mundo dos adultos seria o acesso ao conhecimento. Afirma, sobre isso, que "a subsistência da infância dependia dos princípios da informação controlada e da aprendizagem sequencial".[67] Com o apogeu tecnológico e informacional da pós-modernidade, propiciado no momento da análise pela democratização da televisão, crianças estariam aptas a obter informações com a mesma facilidade que os adultos, e, com isso, de acordo com o autor, haveria a homogeneização entre infância e adultez e a consequente extinção daquela.

A infância que "desaparece", com efeito, é aquela que foi outrora inventada, caracterizada (por adultos) como ingênua, frágil, inocente e dependente.[68] Esse processo, que é lamentado por Postman, revela-se como a "morte" da percepção moderna de infância, pautada no propósito de controle. Assim, somente é possível reconhecer o desaparecimento da infância se esta for identificada exclusivamente pela dominação dos adultos em relação às crianças.

Muito embora o entendimento ora adotado não aceite resumir a infância à submissão, admite-se que os fenômenos da globalização e de desenvolvimento tecnológico e das mídias digitais alteraram de modo fundamental a relação entre crianças e adultos. Conforme afirma Belloni, a tecnologia é, atualmente, elemento natural do universo infantil de socialização e, "mais que nunca, crianças e adolescentes encontram nas mensagens da mídia os valores, símbolos, mitos, ideias com os quais vão construir suas identidades, seus mundos sociais e culturais".[69] O processo de socialização atual é marcado pela pluralidade das forças que influenciam as crianças – antes limitadas aos pais e aos educadores.

De acordo com Ortega e Soto, a geração Z, formada pelos nascidos entre 1994 e 2010, é a primeira que, já nos estágios iniciais de aprendizado e socialização, contou com a internet, o que alterou profundamente

---

[66] POSTMAN, Neil. *O desaparecimento da infância*. Tradução de Suzana Menescal de A. Carvalho e José Laurenio de Melo. Rio de Janeiro: Graphia, 1999. p. 13.

[67] POSTMAN, Neil. *O desaparecimento da infância*. Tradução de Suzana Menescal de A. Carvalho e José Laurenio de Melo. Rio de Janeiro: Graphia, 1999. p. 86.

[68] CASTRO, Lucia Rabello de. A infância e seus destinos contemporâneos. *Psicologia em Revista*, Belo Horizonte, v. 8, n. 11, p. 47-58, jun. 2002. p. 51.

[69] BELLONI, Maria Luiza. *Crianças e mídia no Brasil*: cenários de mudança. Campinas: Papirus, 2014. p. 88-89.

sua forma de aprender. Desde cedo, estes jovens dependem menos dos pais e dos professores para obter informações, utilizam de modo direto fontes de naturezas diversas e recebem dados em abundância. Para os integrantes desta geração – ou ao menos para aqueles que têm melhores condições financeiras e acesso à tecnologia –,[70] o conhecimento não decorre apenas de livros e da escola, de modo que o aprendizado se torna mais autônomo, complexo, não linear e menos hierárquico.[71]

A tecnologia, além de alterar o modo de aprender, ampliou também os papéis desempenhados por crianças e adolescentes, que nesse contexto se tornam consumidoras de informação e de mercadorias, trabalhadoras em potencial, criadoras de conteúdo digital, ativistas ambientais, artistas, entre outros. Além disso, preocupam-se com problemas que anteriormente eram exclusivos de adultos, a exemplo da segurança, do governo e do meio ambiente.[72]

São muitas as crianças e os adolescentes que têm se destacado pela atuação política, ambiental e em direitos humanos, cabendo citar como exemplos Greta Thumberg, ativista ambiental sueca que aos quinze anos discursou na Conferência das Nações Unidas sobre Mudança Climática de 2018, e Malala Yousafzai, que aos dezesseis anos de idade discursou na Assembleia da Juventude na Organização das Nações Unidas em Nova Iorque em defesa da educação, e aos dezessete foi laureada com o prêmio Nobel da Paz (2014).

Com efeito, crianças adquirem importância crescente como atores sociais na sociedade globalizada de consumo. Essa nova realidade não autoriza afirmar que a infância desapareceu. Enseja, porém, a constatação de que outros desafios são inseridos na tensa relação entre crianças, família, sociedade, mercado e direito, haja vista que as experiências infantis são hoje caracterizadas:

> pela confusão entre a vida privada e a vida pública; pela obnubilação das fronteiras entre o mundo adulto e o mundo infantil; por uma maior

---

[70] A pandemia de Covid-19 escancarou a desigualdade tecnológica que atravessa a infância brasileira. De acordo com pesquisa divulgada em 2020 pelo Fundo das Nações Unidas para a Infância (Unicef), 4,8 milhões de crianças e adolescentes do país não têm acesso à internet em casa. No mundo, dois terços dos menores de dezoito anos em idade escolar não têm conexão com a internet em suas residências (Disponível em: https://www.unicef.org/brazil/comunicados-de-imprensa/dois-tercos-das-criancas-em-idade-escolar-no-mundo-nao-tem-acesso-a-internet).

[71] ORTEGA, Iñaki; SOTO, Ivan. *Universidades e Geração Z*. Disponível em: https://www.universidadsi.es/las-universidades-la-generacion-z/. Acesso em: 6 ago. 2020.

[72] BELLONI, Maria Luiza. *Crianças e mídia no Brasil*: cenários de mudança. Campinas: Papirus, 2014. p. 116.

reflexividade; e por um fosso tecnológico entre as gerações que subverte a relação tradicional entre o adulto que sabe e a criança que não sabe.[73]

Nesse quadro, verifica-se a retração da autoridade do adulto sobre a criança, uma vez que pais e professores não mais se configuram como os únicos transmissores do conhecimento. Detentoras de informação, crianças se tornam mais autônomas e frequentemente questionam seus pais e educadores. Constata-se, com isso, que a concepção vertical de tratamento à infância é paulatinamente substituída por outra, pautada pela democratização das relações familiares e dos ambientes educacionais.[74]

Afasta-se, neste estudo, de uma visão pessimista quanto à relação entre infância, tecnologia e mídia. Todavia, não se desconsidera que as novas tecnologias inserem riscos potenciais que se dirigem principalmente às crianças, a exemplo do consumo exagerado, de quadros precoces de ansiedade e depressão e da exposição à pedofilia. Mas, como afastar as crianças do universo digital não parece ser uma possibilidade no cenário atual, cabe de modo especial à pedagogia e ao direito traçar uma linha de abordagem que valorize a autonomia e a participação das crianças ao mesmo tempo em que as defenda de possíveis riscos. Com base no estudo de Belloni, é possível afirmar que crianças não são passivas na sua relação com as informações obtidas no cenário virtual e que cada vez mais se torna necessária uma ação pedagógica que as capacite a atuar digitalmente de modo seguro e crítico.

Diferentemente de Postman, não se compreende que a infância anterior – supostamente inocente e ingênua – fosse de fato melhor que a infância atual. Em verdade, não é factível acreditar que a infância possa ser diferente da sociedade, uma vez que as crianças são partes integrantes e ativas desta. Desta forma, se a sociedade é consumista, as crianças também o são; se sociedade é desigual, a infância também o é; se a sociedade é marcada pela tecnologia e pelas relações digitais, a vivência infantojuvenil também tem essa marca.

Nota-se, na contemporaneidade, o paradoxo entre a crescente participação das crianças na vida social e o conjunto normativo, produto

---

[73] BELLONI, Maria Luiza. Infâncias, mídias e educação: revisitando o conceito de socialização. *Revista Perspectiva*, Florianópolis, v. 25, n. 1, p. 57-82, jan./jun. 2007. p. 58.

[74] De outro lado, essa tendência de maior horizontalidade entre sujeitos-adultos e sujeitos-crianças e de maior participação da população infantojuvenil na sociedade inquieta os setores ultraconservadores, que propõem limitar novamente a infância ao ambiente doméstico. Exemplo disso é o avanço da pauta sobre *homeschooling* no Brasil.

da modernidade, que reduz as crianças à menoridade e à submissão aos pais. A definição de Agamben de contemporâneo revela-se necessária para compreensão de tal contradição:

> [...] contemporâneo não é apenas aquele que, percebendo o escuro do presente, nele apreende a resoluta luz; é também aquele que, dividindo e interpolando o tempo, está à altura de transformá-lo e colocá-lo em relação com os outros tempos, de nele ler de modo inédito a história, de "citá-la" segundo uma necessidade que não provém de maneira alguma de seu arbítrio, mas de uma exigência à qual ele não pode responder. É como se aquela invisível luz, que é o escuro do presente, projetasse sua sombra sobre o passado, e este, tocado por esse facho de sombra, adquirisse a capacidade de responder às trevas do agora.[75]

Há uma carência de respostas adequadas aos problemas que o momento atual impõe em relação à infância. A aplicação de soluções pensadas para outros paradigmas às questões atuais não só não as resolve, como também potencializa sua complexidade. Nesse quadro, revela-se urgente refletir sobre a infância tal como ela se apresenta – heterogênea, desigual, insubmissa, tecnológica –, para que a partir disso seja possível construir respostas coerentes e efetivamente protetivas.

No campo jurídico, em que há forte tensão entre o tratamento conferido internacionalmente pelos direitos humanos em vistas à maior autonomia de crianças e adolescentes e o tratamento conferido pelo direito privado, de tradição oitocentista adultocêntrica e excludente, deve-se priorizar aquele que se mostra apto a atender às exigências do contemporâneo. A despeito disso, conforme será demonstrado adiante, predomina no direito brasileiro a propensão de considerar crianças como partes de seus pais, negando-se nas searas legislativa e jurisprudencial sua autonomia existencial, social e patrimonial.

1.4 Conclusões parciais

1 Com base na teoria foucaultiana, é possível enquadrar a infância como dispositivo, isto é, como aparato para manutenção do poder em sociedades com característica patriarcal. De acordo com Ariès, a infância – identificada atualmente como frágil e vulnerável – é uma construção moderna. Com isso, não pode ser reconhecida como um

---

[75] AGAMBEN, Giorgio. *O que é o contemporâneo? e outros ensaios*. Tradução de Vinícius Nicasto Honesko. Chapecó: Argos, 2009. p. 72.

processo biológico, natural e universal, uma vez que se trata de um fenômeno social que cumpre funções específicas. Na passagem da pré-modernidade para a modernidade, o espaço da criança deixou de ser o social e restringiu-se ao doméstico e escolar. Essa transição garantiu sua maior proteção, cujo preço foi a perda da liberdade e da participação na sociedade.

2 As teorias modernas sobre a infância tendem a ressaltar seu aspecto precário. Nesta lógica, crianças são definidas como seres irracionais, inacabados e plenamente dependentes de adultos. Na psicologia, o destaque está na teoria desenvolvimentista, segundo a qual crianças e adolescentes evoluem de modo homogêneo, a partir de fases etariamente definidas, de modo que as condições ambientais não afetam o desenvolvimento da pessoa. A contraposição a esse entendimento decorre das contribuições da sociologia da infância, que defende que esta fase da vida não pode ser compreendida de modo universal, nem a partir de seus aspectos negativos. Para os autores dessa linha, crianças e adolescentes são pessoas completas e se configuram como atores sociais, que influenciam e são influenciados pela sociedade. Devem, assim, ter sua fala e seus interesses considerados no campo das ciências sociais.

3 O direito sofreu influência da noção moderna de infância e, de modo especial, das conclusões da psicologia do desenvolvimento. Isso se reflete na estipulação de critérios etários rígidos para o exercício de direitos, na tendência de afastar a participação de crianças e adolescentes nas questões jurídicas que lhes afetam e na tradição de excluir os menores de dezoito anos da vida civil. A partir da ideia – colocada como natural e impassível de ser questionada – de que todos aqueles que não atingiram dezoito anos são irracionais e devem se submeter às decisões de adultos, houve a equiparação entre menoridade e incapacidade. Sem dúvidas a psicologia trouxe contribuições à análise da infância, mas se torna necessário ir além dela, incluindo aspectos sociológicos e políticos na abordagem.

4 O arsenal jurídico oriundo da modernidade, ainda presente no ordenamento da maior parte dos países ocidentais, revela-se insuficiente para resolver as questões que atualmente atingem a infância. Isso porque, dada a inserção de crianças e adolescentes no ambiente virtual, a fronteira anteriormente intransponível entre infância e adultez tende a se dissolver. Com o acesso a informações, pessoas com menos de dezoito anos formam sua própria opinião (muitas vezes contrária à de seus pais), participam em questões políticas e ambientais, consomem bens e produtos digitais e tornam-se potenciais criadoras de conteúdo

(inclusive com remuneração). Esse novo cenário da infância requer a adoção efetiva de aparato jurídico que alie proteção e autonomia, o qual está disposto no quadro internacional de direitos humanos, porém ainda ignorado no cenário jurídico brasileiro.

5 Conclui-se, neste capítulo, que infância não é um conceito único e imutável. Trata-se, ao contrário, de uma noção plural e vinculada às contingências históricas e sociais. A partir disso, é possível compreender que tratar todas as crianças de modo único, sob as mesmas regras que se aplicavam há mais de dois séculos, é uma forma de desproteção e de perpetração de injustiças.

CAPÍTULO 2

NARRATIVAS JURÍDICAS SOBRE A INFÂNCIA NO PARADIGMA PROTECIONISTA: MENORIDADE E INCAPACIDADE COMO SINÔNIMOS DE PROTEÇÃO

De acordo com Ariès, a infância é uma construção da modernidade. Foi nesse período que, no ocidente, as crianças despertaram o interesse da história, da sociologia, da psicologia, da pedagogia e da medicina. Desde então, estas áreas da ciência, a partir de suas linguagens específicas e de seus pressupostos técnicos, passaram a reproduzir a perspectiva social de controle dos sujeitos infantis. Esta relação de dominação, garantida pelos diferentes setores da ciência, se exterioriza principalmente por meio do discurso da proteção, como visto anteriormente.

O direito, em sua condição privilegiada de controle social, insere na infância o símbolo da menoridade, a qual representa a inferioridade jurídica de crianças e adolescentes. O fundamento que sustenta o tratamento jurídico diferenciado aos personagens infantis – no direito de menores, na parte geral do Código Civil e no direito de família – é o da proteção. Na construção jurídica adultocêntrica da modernidade ocidental, que repercute no direito contemporâneo, crianças são seres irracionais, sem fala e plenamente dependentes, que, por isso, devem restar submetidas ao controle de adultos.

O argumento protetivo deu azo, no âmbito do direito público, ao modelo tutelar. Nele, o suposto propósito de proteção funcionou como alicerce para uso estatal de métodos correcionais e segregadores em relação às crianças pobres, cuja liberdade era compreendida como fator de perigo para a sociedade. À margem do devido processo legal, estas crianças restavam submetidas aos desígnios dos juízes de menores, que poderiam lhes conferir o tratamento que pessoalmente entendessem adequado.

Na narrativa do direito civil, o argumento protetivo repercutiu na construção do regime de incapacidades na parte geral do Código Civil de 1916 – herança do sistema conceitual do *BGB* (*Bürgerliches Gesetzbuch*), projetada também no Código Civil de 2002. Em tal lógica, propalada pela manualística, a incapacidade fática de crianças e adolescentes é pressuposta, sem qualquer previsão de exceções. Trata-se de um modelo dual baseado no binômio capaz-incapaz, que opera a partir de parâmetros etários insuperáveis e cujos objetivos declarados são, de um lado, a proteção dos sujeitos menores de dezoito anos, os quais, em decorrência de sua imaturidade, podem colocar em risco seu patrimônio e, de outro, a garantia da segurança jurídica no âmbito das relações jurídicas. Consoante será adiante analisado, este modelo alinha-se à concepção estrutural do direito civil, fundamentada em uma abordagem legalista dos institutos, e desatende ao tratamento pessoalista estabelecido pela Constituição Federal diante da definição da dignidade da pessoa humana como fundamento da República.

Também na narrativa do direito civil, o argumento protetivo fundamentou um modelo patriarcal e autoritário de relação paterno-filial, segundo o qual caberia ao pai – chefe por excelência da família – a definição sobre todas as questões relacionadas aos filhos. Em tal sistemática, os filhos menores eram equiparados a objetos de propriedade do pai, de modo que seus desejos e interesses eram desconsiderados.

A despeito de o paradigma jurídico protecionista ser objeto de confrontamento pela doutrina da proteção integral, pela perspectiva funcional do regime de incapacidades e pela abordagem democrática do direito de família, ele remanesce no quadro jurídico contemporâneo. É necessário conhecê-lo e identificar suas debilidades e contradições para, então, propor a reconstrução da relação entre infância e direito a partir da síntese da proteção e da emancipação.

2.1 A perspectiva a tutelar do direito de menores do século XX: a salvação da infância pobre através da repressão e da perda da liberdade

A invisibilidade da infância perante o direito e o consequente tratamento jurídico das crianças como se adultos fossem sofreram declínio no ocidente a partir do final do século XIX. Nesse período histórico, a infância passou a ser indicada como um problema social e, por essa razão, foi anunciada a necessidade de criação de leis e tribunais específicos para crianças e adolescentes. Indica-se como marco inaugural do modelo tutelar a criação do Tribunal de Menores em Chicago, em 1899, o qual instituiu jurisdição especializada com objetivo de tutelar crianças e adolescentes carentes, abandonados e delinquentes.

Tratava-se, tanto nos Estados Unidos como na maioria dos países ocidentais, de um período em que o desenvolvimento do capitalismo teve como consequência o empobrecimento massivo das classes trabalhadoras e o acirramento das desigualdades sociais. Nesse contexto, as crianças pobres – que estavam, de modo geral, alheias ao controle familiar e escolar – foram consideradas um problema da sociedade em decorrência de pequenos delitos e de eventuais maus-tratos sofridos.

Surgiu, então, um movimento das classes mais altas, encabeçado especialmente por médicos, juristas e religiosos que se declarava *salvação* da criança, mas que, em verdade, se baseava no temor decorrente da urbanização recente e desordenada e que tinha como propósito reafirmar os valores tradicionais e garantir que as crianças se tornassem adultos úteis aos seus interesses econômicos.[76]

Uma das principais marcas do modelo tutelar no ocidente foi a de separar a infância em duas: uma formada pelas *crianças* e outra composta pelos *menores*. Os critérios de diferenciação entre as categorias eram a classe social pertencente e a inserção na escola. As *crianças*, assim, eram os personagens infantis de classe média ou alta, submetidos ao processo de escolarização. A criação e a proteção a tais sujeitos ficariam circunscritas à esfera doméstica, capitaneada pelo pai – chefe da família e equiparado à figura de proprietário de seus filhos, de modo que as normas tutelares não penetravam os lindes do lar. Os *menores*, por sua vez, eram os sujeitos infantis pertencentes a famílias pobres e supostamente desestruturadas e que, por isso, eram considerados problema de polícia ou de caridade. Sua vivência nas ruas era compreendida como perigosa, diante do que a eles caberia o encaminhamento a orfanatos ou a tribunais.

A divisão da infância em duas categorias teve por consequência a separação entre direito público e direito privado: às *crianças*, aplicava-se o direito civil – notadamente as normas relacionadas ao pátrio poder; aos *menores*, aplicava-se o direito penal. Não se tratava mais, todavia, do direito penal aplicado aos adultos, mas de outro, reformado e

---

[76] CORTÉS MORALES, Julio. A 100 años de la creación del primer Tribunal de Menores y 10 años de la Convención Internacional de los Derechos del Niño: el desafío pendiente. *Justicia y Derechos del Niño*, Santiago, n. 9, p. 143-158, jan. 2007.

específico, intitulado de "direito de menores". Com efeito, "a origem da especificidade jurídica da infância é de natureza estritamente penal".[77]

A criação de leis e instituições específicas foi influenciada pelo discurso reformista da esfera penal, segundo o qual crianças não deveriam ser punidas nos mesmos moldes que adultos, de modo que a elas caberia ser instituído um sistema apto à reabilitação através da disciplina e do trabalho. As leis e os tribunais criados nas primeiras décadas do século XX não se restringiram às crianças delinquentes, mas também àquelas carentes e em abandono. O discurso subjacente ao tratamento jurídico da infância revelava-se simultaneamente humanitário e de controle. Conforme afirma Mendéz, "desde suas origens, também as leis de *menores* nascem vinculada a um dilema crucial: satisfazer simultaneamente o discurso da piedade assistencial junto com as exigências mais urgentes de ordem e de controle social".[78]

Este movimento de especialização jurídica em relação às crianças pôde ser verificado em diversos países ocidentais nas primeiras décadas do século XX: em 1905, na Inglaterra, com a criação do Tribunal de Birmingham; em 1911, em Portugal, foi criada a Lei de Proteção à Infância, a qual instituiu a Tutoria de Infância; em 1918, na Espanha, com a edição da Lei de Base, mediante a qual foram criados os tribunais de menores. Na América Latina, foram criados juízos especializados em 1921, na Argentina; em 1927, no México e em 1928, no Chile.[79]

No Brasil, de modo semelhante aos demais países ocidentais, após um longo período de indiferença penal – em que crianças eram punidas tal como adultos e não havia leis e instituições especializadas para a infância –,[80] houve a passagem para o modelo tutelar na década

---

[77] GARCÍA MÉNDEZ, Emilio. *Infância e cidadania na América Latina*. Tradução de Angela Maria Tijiwa. São Paulo: Hucitec, 1998. p. 21.

[78] GARCÍA MÉNDEZ, Emilio. *Infância e cidadania na América Latina*. Tradução de Angela Maria Tijiwa. São Paulo: Hucitec, 1998. p. 23.

[79] GARCÍA MÉNDEZ, Emilio. *Infância e cidadania na América Latina*. Tradução de Angela Maria Tijiwa. São Paulo: Hucitec, 1998. p. 52.

[80] Foi na passagem do Império para a República que, em solo nacional, os juristas sinalizaram a necessidade de criação de leis especiais direcionadas aos menores de idade, tendo em vista a mudança de regime político, a pressão internacional para reforma do sistema penal e a promulgação do novo Código Penal em 1890 (RIZZINI, Irene. Crianças e menores – Do pátrio poder ao pátrio dever. Um histórico da legislação para a infância no Brasil. *In*: RIZZINI, I.; PILOTTI, F. (Org.). *A arte de governar crianças*: a história das políticas sociais, da legislação e da assistência à infância no Brasil. 3. ed. São Paulo: Cortez, 2011. p. 99). Anteriormente a isso, a despeito da inexistência de um sistema normativo especializado para tratar da infância, diversas instituições, amparadas pelo direito da época, assumiram o controle dos sujeitos infantis: a Igreja católica, que, durante o período colonial, foi a principal responsável pela assistência à infância e desenvolveu um estruturado sistema educacional no interior das reduções jesuíticas, visando à submissão das crianças ameríndias aos padrões

de 1920, com destaque para a criação do Juízo de Menores, em 1924, e do Código de Menores, em 1927.

Foi notadamente na passagem para o século XX que a infância pobre passou a ser identificada como um problema social no país. O discurso, nesse momento, oscilava entre a proteção à criança e a proteção à sociedade ameaçada pelos chamados menores delinquentes. A educação e a correção dos menores tornaram-se ideais republicanos, com o objetivo subjacente de garantir a moralidade da sociedade.[81] Sob esses fundamentos e sob a influência do debate internacional, passou a ser discutida no país a necessidade de reforma da justiça para os menores.

A proposta reformista e a nova mentalidade de assistência à infância se embasavam na racionalidade científica do momento. A psiquiatria e a criminologia apontavam que a pobreza, a carência moral e educacional e a predisposição genética seriam fatores determinantes para a formação de crianças delinquentes e moralmente desviadas.[82] Formava-se, então, o discurso de criminalização da infância pobre e em defesa da sua institucionalização.[83] Especialmente com base no discurso de Cândido Mota, no ano de 1896, foi criada, em São Paulo, a primeira

---

dos tutores; a Santa Casa de Misericórdia, que implantou o sistema da Roda (1726-1927), com o objetivo de esconder a origem das crianças oriundas de relações não matrimoniais e assim preservar a honra das famílias; os asilos de órfãos, comuns a partir de século XIX, os quais abrigavam crianças abandonadas, desvalidas e ameaçadoras da ordem pública; os higienistas e filantropos, que, preocupados com os altos índices de mortalidade infantil, propuseram, a partir de meados do século XIX, a intervenção nas condições de higiene das instituições que abrigavam crianças e das famílias (RIZZINI, Irene. Crianças e menores – Do pátrio poder ao pátrio dever. Um histórico da legislação para a infância no Brasil. *In*: RIZZINI, I.; PILOTTI, F. (Org.). *A arte de governar crianças*: a história das políticas sociais, da legislação e da assistência à infância no Brasil. 3. ed. São Paulo: Cortez, 2011. p. 17).

[81] RIZZINI, Irene. Crianças e menores – Do pátrio poder ao pátrio dever. Um histórico da legislação para a infância no Brasil. *In*: RIZZINI, I.; PILOTTI, F. (Org.). *A arte de governar crianças*: a história das políticas sociais, da legislação e da assistência à infância no Brasil. 3. ed. São Paulo: Cortez, 2011. p. 109.

[82] Méndez indica, sobre isso, que "O delinquente – sobretudo a criança – já não é o infrator comprovado pela lei, mas toda uma categoria de sujeitos débeis, a quem os instrumentos científicos permitem exatamente detectar como potenciais delinquentes" (GARCÍA MÉNDEZ, Emilio. *Infância e cidadania na América Latina*. Tradução de Angela Maria Tijiwa. São Paulo: Hucitec, 1998. p. 60).

[83] O principal jurista e parlamentar que, à época, se destacou na produção do discurso de institucionalização foi Cândido Mota. Contrário à manutenção das crianças e dos adolescentes em penitenciárias compartilhadas com adultos e preocupado com a situação dos menores abandonados, defendeu a criação de estabelecimentos destinados a reeducá-los, prevenindo a criminalidade e defendendo, por consequência, a sociedade. A defesa social, nesta concepção, dependeria de prevenção e de repressão, bem como do trabalho e da educação.

instituição específica para atender a crianças (Casa dos Expostos).[84] Em 1902, através da Lei nº 947, que reformou o serviço policial no Distrito Federal, determinou-se que os *menores* abandonados e *delinquentes* – se assim considerados por um juiz – fossem recolhidos nas colônias correcionais, onde permaneceriam até os dezessete anos.[85]

Crianças e adolescentes pobres, naquele momento e também no presente, estavam menos submetidos à vigilância dos pais – na maioria trabalhadores que não podiam permanecer com os filhos devido às exigências laborais – e por isso transitavam pelas ruas, prestavam pequenos serviços e eventualmente cometiam infrações. Por ocuparem espaços públicos, tornaram-se personagens indesejados e, como consequência, foram banidos da vida social e depositados em instituições onde perdiam sua liberdade, sua pessoalidade e o convívio com suas famílias.

A década de 1920, especialmente, foi um período de grande produção de normas destinadas à população infantil. No cenário internacional, foi criada a Declaração da Criança na Conferência de Genebra, em 1924. No cenário interno, relevantes alterações foram procedidas através da atividade legislativa. Cabe citar a inclusão da figura do juiz de menores na administração da Justiça, através do Decreto nº 16.273 de 1923, e da Inspectoria de Hygiene Infantil, por meio do Decreto nº 16.300 de 1924. No ano de 1924, Mello de Mattos foi nomeado juiz de menores do Distrito Federal, tornando-se o primeiro a assumir essa posição em toda a América Latina.

Surge, em 1927, a consolidação das leis sobre a infância na forma de Código de Menores que, com 231 artigos, buscava resolver os problemas da população juvenil através do controle e do trabalho. Entre as principais alterações promovidas pelo Código de Menores, tem-se a instituição de um Juízo Preventivo de Menores; a elevação da maioridade penal para quatorze anos; a instituição de processo especial para menores infratores entre quatorze e dezoito anos; a extensão da

---

[84] SANTOS, Gevanilda. Da Lei do Ventre Livre ao Estatuto da Criança e do Adolescente: uma abordagem de interesse da juventude negra. *Boletim do Instituto de Saúde*, n. 44, p. 15-18, abr. 2008.

[85] "Art. 1º Fica o Poder Executivo autorizado: [...] IV A crear uma ou mais colonias correccionaes para rehabilitação, pelo trabalho e instrucção, dos mendigos validos, vagabundos ou vadios, capoeiras e menores viciosos que forem encontrados e como taes julgados no Districto Federal, comprehendidos nessas classes os definidos no Codigo Penal e no decreto n. 145, de 12 de julho de 1892" (Disponível em: https://www2.camara.leg.br/legin/fed/lei/1900-1909/lei-947-29-dezembro-1902-584264-publicacaooriginal-107022-pl.html. Acesso em: 15 jan. 2010).

competência do juiz de menores à matéria civil e administrativa; a possibilidade de intervenção do Juízo de Menores para suspender e destituir o pátrio poder e a regulação do trabalho dos menores.

O caráter patrimonial, classista, autoritário e arbitrário do Código de Menores podia ser verificado na maior parte das leis do século XX destinadas a crianças e adolescentes.[86] A despeito do propósito declarado de proteção dos sujeitos infantis, verificava-se nesse modelo o objetivo latente de elidir a circulação e a participação dessas crianças no espaço público, que eram consideradas como perigosas, e de conformá-las aos interesses econômicos vigentes. As famílias empobrecidas, por consequência, eram também atingidas, uma vez que estavam sujeitas à suspensão e à perda do pátrio poder pelas mais diversas razões. As classes dominantes defendiam o dever do governo de assumir o papel de pai das crianças pobres, para evitar que se tornassem criminosas ou mendigas, garantindo-lhes a moralidade e a docilidade da mão de obra futuramente necessária. Diante das hipóteses de perda e suspensão do

---

[86] O caráter patrimonial do Código de Menores se revelava na medida em que indicava o trabalho como forma de salvação da criança e de inserção na sociedade. De um lado, o discurso da legislação era de preparar a criança e o adolescente para futuramente servirem ao desenvolvimento econômico do país. De outro, abandono, desamparo e delinquência funcionavam como justificativas para a legítima exploração da capacidade produtiva da infância e da adolescência (MOURA, Esmeralda Blanco Bolsonaro de. Crianças operárias na recém-industrializada São Paulo. *In*: DEL PRIORE, M. (Org.). *História das crianças no Brasil*. 7. ed. São Paulo: Contexto, 2010. p. 276). O caráter classista do Código de Menores é evidenciado pelo fato de suas normas se dirigirem a apenas parte do universo das crianças: aos menores, isto é, às crianças expostas, abandonadas e delinquentes que, em virtude dessas condições, seriam institucionalizadas ou punidas. Em resumo, a infância pobre era a destinatária das medidas previstas pela legislação. O caráter autoritário da legislação decorre especialmente do seu enfoque disciplinador e corretivo. De acordo com o Código de Menores, as crianças em situação irregular – expostas, abandonadas e delinquentes – deveriam ser disciplinadas e corrigidas para que pudessem ser inseridas no sistema econômico do país. Diante dessa necessidade das elites, as crianças foram submetidas ao regime repressivo estatal. Diversas instituições foram criadas neste período com o intuito de controle e disciplina da infância, baseadas em uma educação rígida que subordinava seus corpos à moral, aos bons costumes e à ordem, bem como ao trabalho, de forma a reprimir a vadiagem e a marginalidade (SANTOS, João Diógenes Ferreira dos. As diferentes concepções de infância e adolescência na trajetória histórica do Brasil. *Revista HISTEDBR On-line*, Campinas, n. 28, p. 224-238, dez. 2007. p. 234. Disponível em: http://www.histedbr.fe.unicamp.br/revista/edicoes/28/art15_28.pdf Acesso em: 30 jan. 2020). Por fim, nota-se o caráter arbitrário da lei, uma vez que caberia ao juiz de menores aplicar no caso concreto as medidas que julgasse necessárias à proteção do menor, em um modelo alheio à legalidade. A legislação destinada às crianças não previa limites, garantias e formalidades nos procedimentos, de modo que tal ausência tornava impossível que os aplicadores fossem denunciados e punidos pelos seus excessos (GARCÍA MÉNDEZ, Emilio. *Infância e cidadania na América Latina*. Tradução de Angela Maria Tijiwa. São Paulo: Hucitec, 1998. p. 23).

pátrio poder, era minada a estabilidade e a legitimidade dos pais, que poderiam ser substituídos pelo Estado.[87]

Entre 1927 e 1979, ano da criação do "Novo" Código de Menores, foi aplicada a política de internação de crianças e adolescentes, tanto nos períodos democráticos quanto nos autoritários. Conforme afirma Vianna, em alguns momentos o foco era a correção de comportamentos e, em outros, a educação para integração social.[88]

Durante o Estado Novo, destacou-se, em matéria de direito de menores, o estabelecimento pelo Código Penal de 1940 da inimputabilidade criminal até os dezoito anos de idade e a criação do Serviço de Assistência ao Menor – SAM, pelo Decreto nº 3.779/41, com o propósito de *proteger* os menores desvalidos e infratores. Sob a perspectiva centralizadora e intervencionista que caracterizava o governo do período, a política menorista pretendia tutelar a infância através do estudo para o trabalho, da moralidade e da estabilidade familiar.

A política de infância do Estado Novo objetivava homogeneizar as famílias brasileiras em um padrão – o da família ideal de classe média, supostamente o único apto a garantir a proteção à infância. Conforme aponta Pereira, em tal modelo, cabia ao marido trabalhar e chefiar a família; à mãe, ficar em casa, cuidar do lar e educar os filhos e, a estes, permanecer na escola até que estivessem aptos a trabalhar pela nação e a produzir riquezas.[89] As crianças que não estavam inseridas nesse modelo ideal de família eram submetidas à intervenção estatal, especialmente em institutos correcionais e de aprendizagem.

Em tais ambientes, liberdades e garantias individuais eram violadas. Vigia nas instituições vinculadas ao SAM o tratamento às crianças caracterizado pela superlotação, pela falta de higiene, pela alimentação precária e pela exploração sexual, bem como pelo controle através de agressão física. Inapto para a proteção dos menores, o SAM

---

[87] WADSWORTH, James E. Moncorvo Filho e o problema da infância: modelos institucionais e ideológicos da assistência à infância no Brasil. *Revista Brasileira de História*, São Paulo, v. 19, n. 37, p. 103-124, 1999. Disponível em: http://www.scielo.br/scielo.php?pid=S010201881999000100006&script=sci_arttext Acesso em: 28 jan. 2020.

[88] VIANNA, Guaraci de Campos. O Código Mello Mattos e o Estatuto da Criança e do Adolescente: conexões. *Revista da EMERJ*, v. 1, n. 1, 1998. Edição Especial Comemorativa do octogésimo ano do Código de Menores Mello Mattos. p. 40. Disponível em: http://www.emerj.tjrj.jus.br/revistaemerj_online/edicoes/volume10_edicaoespecial/volume10_edicaoespecial.pdf. Acesso em: 7 jan. 2020.

[89] PEREIRA, André Ricardo. A criança no Estado Novo: uma leitura na longa duração. *Revista Brasileira de História*, São Paulo, v. 19, n. 38, p. 165-198, 1999. Disponível em: http://www.scielo.br/scielo.php?script=sci_arttext&pid=S0102-01881999000200008&lng=en&nrm=iso. Acesso em: 28 jan. 2020.

era identificado socialmente como uma estrutura de ameaça à criança pobre.[90]

Após o golpe militar de 1964, o criticado SAM foi extinto pela Lei nº 4.513/64 e substituído pelo Funabem – Fundação Nacional de Bem-Estar do Menor, que, com enfoque biopsicossocial e interdisciplinar, surgia com a pretensão de ser o oposto de seu antecessor.[91] A partir desse propósito, a estratégia era de prevenir e corrigir as causas de desajustamento infantil. Indicava-se que o bem-estar do menor dependeria do atendimento a certas necessidades básicas – saúde, amor, compreensão, educação, recreação e segurança social – o qual requeria fortalecimento econômico-social da família.[92] Tornou-se legítima, nesse quadro, a intervenção estatal no âmbito das famílias pobres, com a ampliação das hipóteses de perda e suspensão do poder familiar, e foi mantido o modelo de internação e repressão.[93]

Ocorre, todavia, que os frutos colhidos pela atuação da fundação não foram os esperados. Aponta Vogel que, no diagnóstico promovido pela CPI do Menor em 1976, foi constatado que "havia no Brasil cerca de 25 milhões de menores carenciados e/ou abandonados; 1/3 da população infanto-juvenil encontrava-se em estado atual ou virtual de marginalização".[94] O contexto social de estagnação econômica posterior ao "milagre econômico" contou com a redução de investimentos em infraestrutura, com a alta do desemprego e com o aumento vertiginoso da inflação. Nesse quadro, crescia também o número de crianças e de adolescentes em estado de abandono.

---

[90] Sobre isso, Rizzini expõe que, a partir da década de 1950, o SAM adquiriu na sociedade as seguintes representações: "Escola do Crime", "Fábrica de Criminosos", "Sucursal do Inferno", "Fábrica de Monstros Morais", "SAM – Sem Amor ao Menor" (RIZZINI, Irma. Meninos desvalidos e menores transviados: a trajetória da assistência pública até a Era Vargas. *In*: RIZZINI, I.; PILOTTI, F. (Org.). *A arte de governar crianças*: a história das políticas sociais, da legislação e da assistência à infância no Brasil. 3. ed. São Paulo: Cortez, 2011. p. 366-367).

[91] PASSETTI, Edson. Crianças carentes e políticas públicas. *In*: DEL PRIORE, M. (Org.). *História das crianças no Brasil*. 7. ed. São Paulo: Contexto, 2010. p. 358.

[92] VOGEL, Arno. Do Estado ao Estatuto: propostas e vicissitudes da política de atendimento à infância e à adolescência no Brasil contemporâneo. *In*: RIZZINI, I.; PILOTTI, F. (Org.). *A arte de governar crianças*: a história das políticas sociais, da legislação e da assistência à infância no Brasil. 3. ed. São Paulo: Cortez, 2011. p. 305.

[93] RIZZINI, Irene; PILOTTI, Francisco. Introdução. *In*: RIZZINI, I.; PILOTTI, F. (Org.). *A arte de governar crianças*: a história das políticas sociais, da legislação e da assistência à infância no Brasil. 3. ed. São Paulo: Cortez, 2011. p. 26-27.

[94] VOGEL, Arno. Do Estado ao Estatuto: propostas e vicissitudes da política de atendimento à infância e à adolescência no Brasil contemporâneo. *In*: RIZZINI, I.; PILOTTI, F. (Org.). *A arte de governar crianças*: a história das políticas sociais, da legislação e da assistência à infância no Brasil. 3. ed. São Paulo: Cortez, 2011. p. 305.

Em 1979, entrou em vigor o "Novo" Código de Menores, que introduziu a doutrina da situação irregular e definiu que caberia ao juiz de menores a intervenção em situações de irregularidade – que se dariam em casos de carência de condições de subsistência, de omissão dos pais ou na hipótese de autoria de infração penal. Sem impor qualquer limite à discricionariedade do magistrado, a nova legislação desconsiderou os direitos de crianças e adolescentes e permitiu que o juiz agisse sem ser provocado e sem precisar ouvir o menor ou seus genitores.[95]

Nos Estados Unidos, o modelo tutelar-repressivo entrou em declínio no final da década de 1960, com o julgamento pela Suprema Corte do caso Gault. Esta decisão, proferida em 1967, é apontada como a base para a instalação de um modelo que garante direitos a crianças e adolescentes, por ter reconhecido como arbitrário o modelo aplicado nos procedimentos do Tribunal de Menores. Tal posicionamento foi fundamentado na constatação de que nos processos envolvendo crianças e adolescentes eram-lhes negados direitos básicos do devido processo legal.

Neste caso em específico, Gérald Gault, de quinze anos, foi acusado de agir de modo grosseiro com uma vizinha e como penalidade foi ordenada sua internação em uma escola industrial agrícola até que atingisse vinte e um anos. A pena foi aplicada sem evidências fáticas suficientes, sem o comparecimento do vizinho denunciante e dos pais do adolescente e sem que este tivesse assistência jurídica.[96] A Suprema Corte reconheceu a desproporção da decisão do Tribunal de Menores – considerando que se um adulto tivesse realizado o mesmo ato pagaria uma multa de cinquenta dólares ou passaria dois meses preso – e exigiu o reconhecimento das garantias penais nos processos que envolvem crianças e adolescentes.[97]

Resta claro, diante da análise acima, que, sob o argumento de proteção, durante a vigência do modelo tutelar, crianças e adolescentes pobres foram arbitrariamente retiradas do ambiente familiar e inseridas

---

[95] RIZZINI, Irene; PILOTTI, Francisco. Introdução. *In*: RIZZINI, I.; PILOTTI, F. (Org.). *A arte de governar crianças*: a história das políticas sociais, da legislação e da assistência à infância no Brasil. 3. ed. São Paulo: Cortez, 2011. p. 27-28.

[96] CORTÉS MORALES, Julio. A 100 años de la creación del primer Tribunal de Menores y 10 años de la Convención Internacional de los Derechos del Niño: el desafío pendiente. *Justicia y Derechos del Niño*, n. 1. p. 69. Disponível em: http://www.iin.oea.org/Cursos_a_distancia/Cursoprojur2004/Bibliografia_Sist._Justicia_Juvenil_Mod_2/pdf/100_a%C3%B1os.pdf. Acesso em: 29 jan. 2020.

[97] TORRENS, María Claudia. *Autonomía progresiva*: evolución de las facultades de ninãs, niños e adolescentes. Ciudad Autónoma de Buenos Aires: Astrea, 2019. p. 43.

em estabelecimentos estatais, cuja sistemática era disciplinadora. No cenário público, os corpos e a vivência independente das crianças pobres incomodavam as classes mais abastadas, diante do que sua institucionalização era a medida cabível.

Também sob a fundamentação de proteção, àqueles que cometiam pequenos delitos era aplicado tratamento violento e sem contenção legal. O Estado, através da figura do juiz de menores, fazia as vezes de pai da população infantojuvenil carente e objetivava *salvá-la* através do trabalho e da repressão, com a promessa de transformá-la em um conjunto de pessoas futuramente úteis e adaptadas ao sistema. Assim como os pais, que detinham de um poder ilimitado em relação a seus filhos, os juízes de menores estavam autorizados a conferir o tratamento que julgassem adequado à criança e ao adolescente, sem restrições legais.

No Brasil, o modelo de arbitrariedade judicial e de repressão foi mantido até o final da década de 1980, com a promulgação da Constituição Federal, em 1988, e a posterior edição do Estatuto da Criança e do Adolescente, em 1990 – documentos estes que representam a inserção no ordenamento jurídico nacional da doutrina da proteção integral. A narrativa jurídica sobre a infância tem como um de seus pontos centrais a aprovação da Convenção sobre os Direitos da Criança, em 1989, a qual estabeleceu em nível internacional que crianças e adolescentes são sujeitos de direito, bem como o compromisso dos Estados signatários de garantir a dignidade e a liberdade da infância.

2.2 A abordagem do direito civil da modernidade: o amparo através da incapacidade e da exclusão de crianças e adolescentes da vida civil

Enquanto os *menores* eram aqueles que, originários de famílias pobres e desestruturadas, ficariam submetidos às normas de direito público e reclusos em instituições estatais, as *crianças* eram criadas sob autoridade do pai, que estabelecia com elas uma relação de objetificação. Neste quadro, os filhos equivaliam a um objeto de propriedade de seus pais, uma vez que estes poderiam livremente dar o tratamento entendido como adequado àqueles, sem interferência estatal. Vigia, nos lindes domésticos, a lei suprema paterna e o regime de inferioridade jurídica das mulheres e das crianças. O sistema de incapacidades, instituído pelo direito civil liberal, dava amparo a este modelo patriarcal e excludente e funcionava como um sustentáculo do dispositivo infância, de acordo com a teoria foucaultiana.

A ciência jurídica do século XIX, voltada a homens adultos e proprietários, estabeleceu a dicotomia entre os termos "infância" e "direito". Para Torrens, esta separação é consequência de institutos jurídicos desenhados pelo jusracionalismo e positivados pelos códigos civis oitocentistas, dirigidos a um sujeito abstrato com manejo de sua liberdade, intenção e discernimento, o qual seria compreendido como um sujeito maior de idade.[98]

Conceitos estruturais do direito civil clássico, a exemplo da autonomia da vontade, do direito subjetivo e da capacidade de agir, deram origem a uma narrativa civilista que exclui a criança da linguagem do direito e que foi inscrita na parte geral dos Códigos Civis influenciados pelo *BGB*, a exemplo dos brasileiros de 1916 e de 2002.

Este movimento de exclusão das crianças do direito – e, especialmente, do direito civil – pode ser ao menos em parte atribuído ao racionalismo que predominou na modernidade ocidental. De acordo com Bauman, este foi o período da vitória da razão contra a emoção, da ciência contra a magia, da verdade contra o preconceito, do conhecimento contra a superstição, da racionalidade contra a afetividade e contra o predomínio dos costumes. Nesse momento, as formas de vida não pautadas na razão passaram a ser vistas como inferiores.[99]

Com a Revolução Francesa, marco final do regime absolutista, deu-se origem a um Estado alicerçado na doutrina do liberalismo racional em três diferentes esferas: na política, na moral e na jurídica. A plenitude da razão, nesse contexto, fundamentaria a plena inclusão dos indivíduos na sociedade e, a *contrario sensu*, a exclusão daqueles considerados privados desse atributo.

Em relação à esfera política, o liberalismo racional foi plasmado no contrato social, instrumento de inclusão na sociedade civil e baseado na liberdade. Na ótica contratualista, por meio do contrato social, os indivíduos livres, iguais e independentes renunciariam a uma parcela de sua liberdade em troca de paz e de estabilidade. Conforme explica Nussbaum, os teóricos clássicos assumiram em todos os casos que os agentes contratantes eram homens mais ou menos iguais em capacidade e aptos para desenvolver uma atividade econômica produtiva. Por este motivo, foram excluídas da posição de negociação as mulheres,

---

[98] TORRENS, María Claudia. *Autonomía progresiva*: evolución de las facultades de ninãs, niños e adolescentes. Buenos Aires: Astrea, 2019. p. 34.

[99] BAUMAN, Zygmunt. *Legisladores e intérpretes*: sobre modernidade, pós-modernidade e intelectuais. Tradução de Renato Aguiar. Rio de Janeiro: Zahar, 2010. p. 157.

as crianças e as pessoas maiores que pudessem ter seus interesses representados pelas partes presentes.[100]

Na esfera da filosofia moral, a racionalidade é compreendida como o fundamento da autonomia e da dignidade. Um dos principais pensadores desta abordagem é Kant. De acordo com o autor, a autonomia é fundamentada em dois pilares: na independência e na racionalidade do sujeito. Por independência, supõe-se que o sujeito não seja afetado por fatores externos à sua vontade, e por racionalidade compreende-se que a escolha somente pode ser realizada através da razão.[101]

A partir disso, é possível afirmar que Kant adota uma concepção procedimental de autonomia, uma vez que, observados esses dois critérios, a escolha individual não pode ser questionada. O que importa, nesta abordagem, não são os resultados da decisão, mas o modo pelo qual ela é realizada. Atendidas as condições de independência e racionalidade, a autonomia configura-se como uma capacidade universal do sujeito, pressuposta em todas as decisões individuais independentemente das condições empíricas. Esta capacidade não é gradual – ou o sujeito a possui ou não a possui.[102]

O conceito de sujeito subjacente ao individualismo liberal racionalista se perfaz na noção de homem abstrato, cuja dignidade moral deriva da autonomia da sua vontade. E esse homem autônomo abstrato somente se concretizava adequadamente como o cabeça da família, isto é, o varão-proprietário-adulto. As contradições pragmáticas desta forma de análise – que se encontram patentes em Kant – deixaram de fora do sujeito moral as mulheres, os trabalhadores e as crianças.[103]

---

[100] NUSSBAUM, Martha. *Las fronteras de la justicia*: consideraciones sobre la exclusíon. Barcelona: Paidós, 2007. p. 34.

[101] Sobre isso, Kant afirma: "é impossível pensar uma razão que com a sua própria consciência recebesse de qualquer outra parte uma direcção a respeito dos seus juízos, pois que então o sujeito atribuiria a determinação da faculdade de julgar, não à sua razão, mas a um impulso. Ela tem de considerar-se a si mesma como autora dos seus princípios, independentemente de influências estranhas; por conseguinte, como razão prática ou como vontade de um ser racional, tem de considerar-se a si mesma como livre; isto é, a vontade desse ser só pode ser uma vontade própria sob a ideia da liberdade, e, portanto, é preciso atribuir, em sentido prático, uma tal vontade a todos os seres racionais" (KANT, Immanuel. *Fundamentação da metafísica dos costumes*. Tradução de Paulo Quintela. Lisboa: Edições 70, 2007. p. 95).

[102] PÉREZ TRIVIÑO, José Luis. *Los presupuestos liberales de la autonomía*. Un análisis crítico. A partir de Álvarez, Silvina: la racionalidad de la moral. Un análisis crítico de los presupuestos morales del comunitarismo. Anuario de Filosofía del Derecho. Madrid: Centro de Estudios Constitucionales, 2002. p. 285-286.

[103] TORRENS, María Claudia. *Autonomía progresiva*: evolución de las facultades de ninãs, niños e adolescentes. Ciudad Autónoma de Buenos Aires: Astrea, 2019. 34-35.

A moral kantiana, assim, se enraíza na compreensão de agente moral caracterizado pela transcendentalidade, cujas contingências não geram consequências na realização de suas escolhas. Os sujeitos autônomos seriam, para Kant, iguais, racionais e despidos de emoções. Inegavelmente, essa abordagem desconsidera as diferenças – sociais e individuais – que permeiam as pessoas e que afetam suas eleições. Ignora, também, que os indivíduos se submetem a vulnerabilidades ao longo de sua existência, as quais podem afetar sua capacidade de tomar decisões, porém não necessariamente alijá-la.

Na esfera jurídica, o liberalismo racional foi cristalizado através do jusracionalismo. Este novo jusnaturalismo, diferente do anterior pois fundado na razão, influenciou o direito europeu de 1600 e 1800 e tende a ser considerado o início da modernidade jurídica.[104]

É durante a Revolução Francesa, sob a égide do Iluminismo e da influência do pensamento de Locke e Rousseau, que a ideia de codificar o direito ganhou consistência. Estes pensadores tiveram suas propostas teóricas recepcionadas no ideário revolucionário, as quais repercutiram diretamente na ordem jurídica liberal criada e na noção de sujeito de direito que se originou no início do século XIX. De Locke, repercutiu especialmente a teoria dos direitos naturais – os quais, a exemplo dos direitos à vida, à liberdade e à propriedade, deveriam ser assegurados pelo Estado, uma vez que anteriores a ele. De Rousseau, a influência decorre da sua construção acerca da lei, que corresponderia ao produto da vontade geral e deveria ser caracterizada pela abstração, a fim de assegurar igualdade a todos.[105]

Conforme explica Hespanha, de um lado, o movimento de codificação representava a positivação tanto da história como da razão; de outro, simbolizava a concretização da vontade geral e consagrava um modelo de relações que correspondia aos anseios dos grupos, naquele momento, hegemônicos. Nesse contexto, em 1804, foi promulgado o *Code Civil* – monumento do liberalismo jurídico, que, assim como os demais códigos oitocentistas que posteriormente lhe acompanharam, era

---

[104] MACHADO, Diego Carvalho. Do sujeito de direito à pessoa humana: reflexões sobre subjetividade jurídica, teoria do direito civil e tutela da pessoa. *Revista Jurídica Luso-Brasileira*, Lisboa, v. 2, n. 4, p. 415-475, 2016.

[105] MACHADO, Diego Carvalho. Do sujeito de direito à pessoa humana: reflexões sobre subjetividade jurídica, teoria do direito civil e tutela da pessoa. *Revista Jurídica Luso-Brasileira*, Lisboa, v. 2, n. 4, p. 415-475, 2016.

cientificamente fundado, democraticamente legitimado e politicamente conveniente.[106]

Por sintetizar os interesses da classe dominante, o *Code Napoléon* fez as vezes de Constituição, tornando-se o diploma legislativo central do ordenamento jurídico. Tamanha relevância decorreu do delineamento dado aos direitos naturais – entendidos como inatos e imprescritíveis – e especialmente ao direito de propriedade, que era o "sustentáculo mais expressivo da recém-constituída ordem liberal-capitalista". O direito de propriedade tornava-se, sob influência do pensamento de Locke, o direito subjetivo por excelência, o qual se vinculava a outro de mesma importância: o direito de liberdade.[107]

A garantia dos interesses dos sujeitos proprietários dependia da redução das incertezas e, por consequência, da supressão do subjetivismo jurídico, o que levou à adoção da subsunção como método de aplicação do direito. Tratava-se de uma aplicação estéril do direito aos casos concretos, em que se renunciava às suas singularidades. Em tal quadro, as desigualdades fáticas entre as pessoas eram desconsideradas para fins de aplicação do direito. Isso porque a lei tinha como destinatários os homens adultos e proprietários, de modo que os indivíduos inadequados a essas especificações eram excluídos da tutela jurídica.[108] A categoria de sujeito de direitos abarcava uma parcela limitada dos membros da sociedade, formada por pessoas consideradas como racionais e livres para gerir seu patrimônio.[109]

---

[106] HESPANHA, António Manuel. *A cultura jurídica europeia*: síntese de um milénio. Coimbra: Almedina, 2012. p. 402.

[107] MACHADO, Diego Carvalho. Do sujeito de direito à pessoa humana: reflexões sobre subjetividade jurídica, teoria do direito civil e tutela da pessoa. *Revista Jurídica Luso-Brasileira*, Lisboa, v. 2, n. 4, p. 415-475, 2016.

[108] Conforme explica Rodotà, o beneficiário da plenitude da subjetividade era o homem burguês, adulto, alfabetizado e proprietário. A subjetividade das mulheres, nesse contexto, era nula, uma vez que estavam sujeitas à exclusão na esfera pública e à redução da capacidade patrimonial em decorrência do casamento (RODOTÀ, Stefano. *Dal soggetto alla persona*. Napoli: Scientifica, 2007. p. 15).

[109] Sobre o alcance limitado da legislação civilista, Lôbo afirma que "Os códigos civis tiveram como paradigma o cidadão dotado de patrimônio, vale dizer, o burguês livre do controle ou impedimento públicos. Nesse sentido é que entenderam o homem comum, deixando a grande maioria fora de seu alcance. Para os iluministas, a plenitude da pessoa dava-se com o domínio sobre as coisas, com o ser proprietário. A liberdade dos modernos, ao contrário dos antigos, é concebida como não-impedimento. Livre é quem pode deter, gozar e dispor de sua propriedade, sem impedimentos, salvo os ditados pela ordem pública e os bons costumes, sem interferência do Estado" (LÔBO, Paulo Luiz Netto. Constitucionalização do direito civil. *Revista de Informação Legislativa*, Brasília, n. 141, p. 99-109, jan./mar. 1999. p. 101).

Com a pandectística, escola jurídica mais influente no século XIX, a figura do sujeito de direito foi submetida a uma abstração ainda maior, por força da noção de relação jurídica, positivada no Código Civil alemão na parte geral, e do instituto da capacidade jurídica, categoria que dá embasamento àquela estrutura.[110] Em relação à categoria do sujeito de direito, necessário apontar que esta, desde o jusracionalismo, caracterizava-se pela dependência conceitual, eis que sua definição dependia do conceito de direito subjetivo.[111] Somente faria sentido estabelecer um sujeito de direito se fossem configurados direitos de titularidade desse sujeito.[112]

A contribuição principal da pandectística quanto à subjetividade jurídica decorre do vínculo estabelecido entre os conceitos de direito subjetivo e de relação jurídica. Isso porque, através desta, o indivíduo – na condição de sujeito de direito – poderia contrair, seguramente, direitos e

---

[110] MACHADO, Diego Carvalho. Do sujeito de direito à pessoa humana: reflexões sobre subjetividade jurídica, teoria do direito civil e tutela da pessoa. *Revista Jurídica Luso-Brasileira*, Lisboa, v. 2, n. 4, p. 415-475, 2016. p. 430.

[111] Kelsen, em *Teoria pura do direito*, explica esta dependência conceitual: "O conceito de sujeito jurídico na teoria tradicional está claramente na mais estreita conexão com o seu conceito do direito subjetivo como titularidade de um direito [...]. O conceito de um sujeito de Direito como o portador (suporte) do direito subjetivo (no sentido da titularidade jurídica – Berechtigung) é aqui, no fundo, apenas uma outra forma deste conceito de direito subjetivo que, no essencial, foi talhado pela noção de personalidade" (KELSEN, Hans. *Teoria pura do direito*. 6. ed. São Paulo: Martins Fontes, 1998. p. 189).

[112] A teoria dos direitos subjetivos se inseriu no movimento jusracionalista, que os reconhecia como direitos naturais do homem. Entre eles, havia a primazia do direito de propriedade, em relação ao qual todos os demais indivíduos deveriam respeitar e se abster de qualquer interferência. A instrumentalização da proteção ao direito de propriedade exigia que o conceito de direito subjetivo recaísse sobre um objeto e se prestasse à obtenção de utilidades externas ao titular do direito. A noção de direito subjetivo estava, então, vinculada à proteção de interesses patrimoniais do sujeito (MACHADO, Diego Carvalho. *Capacidade de agir e pessoa humana*: situações subjetivas existenciais sob a ótica civil-constitucional. Curitiba: Juruá, 2013. p. 48-49). Sobre isso, Cortiano Junior, Meirelles e Paulini afirmam que "se está diante de uma empreitada que a propriedade não poderá levar a efeito isoladamente, necessitando de um outro conceito apto a instrumentalizá-la: o sujeito de direito. Neste passo, a propriedade não difere muito de uma dama do período colonial, não pode sair à rua sem um escravo, capaz de protegê-la e garantir a segurança de seu passeio. Este escravo (o sujeito de direito) consiste numa representação, uma 'máscara', pela qual o homem concreto terá de estabelecer uma relação com sua própria personalidade. Contudo – e aqui já se verifica um problema – a categoria sujeito de direito foi produzida para a realização da teleologia do ius patrimoniale e não do ius personale" (CORTIANO JUNIOR, Eroulths; MEIRELLES, Jussara Maria Leal de; PAULINI, Umberto. Um estudo sobre o ofuscamento jurídico da realidade: a impossibilidade de proteção de novos valores e fatos a partir de velhos institutos. *In*: CORTIANO JUNIOR, Eroulths; MEIRELLES, Jussara Maria Leal de; FACHIN, Luiz Edson; NALIN, Paulo (Org.). *Apontamentos críticos para o direito civil brasileiro contemporâneo*. Curitiba: Juruá, 2007. v. 1. p. 27).

obrigações de cunho patrimonial, ou seja, poderia exercer seus direitos subjetivos com a garantia da proteção jurídica.[113]

Sujeito de direito e objeto de direito, nesse contexto, são figuras dicotômicas: enquanto o primeiro é responsável por fazer circular as mercadorias, o segundo representa exatamente as mercadorias à disposição do sujeito. Com efeito, o sujeito de direito configurado na relação jurídica é marcado pela abstração, atemporalidade e desapego histórico. Trata-se de uma categoria neutra e insípida, porém relevante por promover a circulação de bens de cunho patrimonial.[114]

Conforme afirma Rodotà, no esquema da relação jurídica, o sujeito está isolado do indivíduo e de seu contexto social. Isso porque o sistema jurídico reduzia a realidade, sacrificando o concreto da vida, em nome de uma esquematização rígida decorrente da exigência científica da época. Através desta categoria, as diferenças entre as pessoas eram neutralizadas e favorecia-se a ideia de igualdade formal.[115]

Este modelo de relação jurídica, decorrente da escola conceitual, foi adotado pelo Código Civil alemão de 1896 na parte geral que, conforme afirma Machado, "coloca entre parênteses os conceitos gerais (modelos) coligidos na moldura, mais abstrata e generalizante, da relação jurídica, plasmando a geral disciplina das pessoas, bens e fatos jurídicos".[116]

O Código Civil brasileiro de 1916 revelou-se fortemente influenciado pelas codificações europeias oitocentistas tanto em seu conteúdo como em sua forma.[117] Fruto do projeto de Beviláqua, representante dos

---

[113] A relação jurídica traduz um esquema composto por sujeitos de direito juntamente com outros elementos: o objeto (bem de natureza patrimonial sobre o qual a relação se forma), o fato jurídico e a garantia. Manuel A. Domingues de Andrade, acerca da relação jurídica, explica que esta pode ser representada por uma linha reta, em que "os pontos terminais dessa linha serão as pessoas entre as quais a relação jurídica se estabelece. São os sujeitos da relação jurídica" (ANDRADE, Manuel Augusto Domingues de. *Teoria geral da relação jurídica*: sujeitos e objeto. reimpr. Coimbra: Livraria Almedina, 1992. v. 1. p. 6).

[114] FACHIN, Luiz Edson. *Teoria crítica do direito civil*. 3. ed. Rio de Janeiro: Renovar, 2012. p. 98.

[115] RODOTÀ, Stefano. *Dal soggetto alla persona*. Napoli: Scientifica, 2007. p. 9-10. Ainda segundo o autor, "Através da construção do sujeito abstrato era possível liberar formalmente a pessoa da escravidão de classe, da profissão, da condição econômica, do gênero, que fundavam a sociedade da hierarquia" (RODOTÀ, Stefano. *Dal soggetto alla persona*. Napoli: Scientifica, 2007. p. 13).

[116] MACHADO, Diego Carvalho. Do sujeito de direito à pessoa humana: reflexões sobre subjetividade jurídica, teoria do direito civil e tutela da pessoa. *Revista Jurídica Luso-Brasileira*, Lisboa, v. 2, n. 4, p. 415-475, 2016. p. 430.

[117] Seu conteúdo, sob influência tardia do *Code Civil*, estava comprometido em atender aos interesses da burguesia nacional. Voltou-se, nesse sentido, à proteção ao direito de propriedade e ao direito de liberdade – este como corolário daquele, uma vez que o sujeito proprietário teria assegurada liberdade para dispor de seu patrimônio de forma livre, sem obstáculos

anseios da elite econômica, o Código Civil brasileiro de 1916 mesclava o conservadorismo nacional com o patrimonialismo do *Code Civil* e com o formalismo do BGB.[118] Deu-se origem, a partir disso, a um Código alheio à realidade da maior parte da população brasileira.

O abismo entre realidade e direito civil codificado foi revelado pelo tratamento dado à pessoa. Com a divisão do Código Civil em parte geral e parte especial, e com a adoção da relação jurídica como categoria principal daquela, a pessoa codificada perde a sua concretude ao ser considerada, na condição de sujeito de direito, como o ente capaz de contrair direitos e obrigações. Procedeu-se, com isso, à igualação entre pessoa e sujeito de direito.

A pessoa codificada, circunscrita à noção de sujeito de direito, perfazia-se num conceito despido de valor, construído sob o rigorismo científico, com o fito de permitir sua inclusão nos polos das relações jurídicas, estas dotadas de conteúdo patrimonial. À toda evidência, não havia consideração dos indivíduos em suas particularidades e necessidades pessoais, os quais se tornaram o elemento virtual e abstrato que compõe a relação jurídica.[119]

A configuração do indivíduo como sujeito de direito, hábil a adentrar no esquema da relação jurídica, dependeria de uma aptidão básica e essencial: a personalidade, conceituada como a possibilidade virtual de os indivíduos atuarem na relação jurídica. Em síntese, personalidade é a aptidão – extensível também a pessoas jurídicas – de o sujeito se tornar titular de direitos e obrigações.[120]

Conexo às noções de sujeito de direito e de personalidade é o conceito de capacidade, que traduz, nessa lógica, a dimensão

---

legais. Em sua forma, vinculou-se ao BGB, na medida em que procedeu à divisão em parte geral e parte especial, bem como por ter adotado a teoria da relação jurídica.

[118] Gomes explicita o conservadorismo e o atraso do Código Civil brasileiro de 1916. Sobre isso, afirma que "[...] o individualismo do Código Civil, no particular, mostra que a elite cultural do país, ofuscada como estava por interesses conservadores, dos quais não soube se libertar, não teve, no particular, a necessária visão histórica, tratando as relações de produção com espírito estreito" (GOMES, Orlando. *Raízes históricas e sociológicas do Código Civil brasileiro*. São Paulo: Martins Fontes, 2006. p. 44).

[119] Eberle, em crítica a essa igualação defendida pela teoria tradicional, afirma que o conceito de sujeito de direito é "[...] necessariamente um conceito vazio, um invólucro sem conteúdo, que pode ser preenchido por qualquer ente que, a convite do legislador, venha a ocupar a posição de destinatário das normas jurídicas" (EBERLE, Simone. *A capacidade entre o fato e o direito*. Porto Alegre: Sergio Antonio Fabris Editor, 2006. p. 28).

[120] ASCENSÃO, José de Oliveira. A dignidade humana e o fundamento dos direitos humanos. *In*: RIBEIRO, G. P. L.; TEIXEIRA, A. C. B. (Coord.). *Bioética e direitos da pessoa humana*. Belo Horizonte: Del Rey, 2011. p. 23.

da personalidade.[121] Capacidade é um gênero, que apresenta duas espécies: a capacidade de direito e a capacidade de fato. A primeira é conceituada como a aptidão do sujeito de direito para aquisição de direitos e obrigações, e a segunda representa a possibilidade do sujeito de agir de modo autônomo na ordem civil.[122] De um lado, a capacidade de direito é reconhecida a todos os indivíduos, por força do princípio da igualdade; de outro, a capacidade de fato pode ser interditada às pessoas que, de acordo com o legislador, não são dotadas de maturidade e discernimento necessários à realização de escolhas autônomas.[123]

Incapazes, na estrutura originária do Código Civil de 1916, eram todos aqueles e aquelas que, dada a suposta não plenitude da razão, necessitavam da proteção de um homem adulto e mentalmente são para tutela de seu patrimônio: menores de vinte e um anos, *loucos* de todos os gêneros, as mulheres casadas, os pródigos, os indígenas.[124] O discurso declarado de proteção se suportava na exigência de racionalidade, de modo que os sujeitos definidos *a priori* como irracionais ou parcialmente racionais eram interditados de atuar livremente na vida civil por não ostentarem autonomia suficiente para administrar seu patrimônio. Esta carência de racionalidade e de autonomia era pressuposta e impossível de ser colocada sob prova nos casos concretos. Nas palavras de Dantas, seria uma "verdade natural", transformada em situação jurídica através da incapacidade jurídica.[125]

---

[121] Fachin explica de maneira precisa referida conexão, a partir da noção de "[...] personalidade como aquela que atribui sentido de ser à pessoa; mais que pessoa, um sujeito que tem sobre si umas das primeiras dimensões, a de mensurar a personalidade, mais precisamente por meio da capacidade" (FACHIN, Luiz Edson. *Teoria crítica do direito civil*. 3. ed. Rio de Janeiro: Renovar, 2012. p. 40).

[122] EBERLE, Simone. *A capacidade entre o fato e o direito*. Porto Alegre: Sergio Antonio Fabris Editor, 2006. p. 137.

[123] EBERLE, Simone. *A capacidade entre o fato e o direito*. Porto Alegre: Sergio Antonio Fabris Editor, 2006. p. 138.

[124] Nos termos do art. 5º do Código Civil de 1916, "São absolutamente incapazes de exercer pessoalmente os atos da vida civil: I. Os menores de dezesseis anos. II. Os loucos de todo o gênero. III. Os surdos-mudos, que não puderem exprimir a sua vontade. IV. Os ausentes, declarados tais por ato do juiz". E, de acordo com o artigo 6º, são relativamente incapazes: "I. Os maiores de dezesseis e menores de vinte e um anos. II. As mulheres casadas, enquanto subsistir a sociedade conjugal. III. Os pródigos. IV. Os silvícolas".

[125] Sobre isso, Dantas afirma: "[...] sabe-se que o menor, o louco, o surdo-mudo, o selvagem, este se ainda não foi reduzido à civilização, não têm vontade suficientemente amadurecida para que seus atos traduzam realmente o seu verdadeiro interesse, seja por inabilidade, seja por inexperiência. Eles podem ser conduzidos a agir contra si próprios, e isso, que é uma verdade natural, o direito transforma numa situação jurídica" (DANTAS, San Tiago. *Programa de direito civil*: aulas proferidas na Faculdade Nacional de Direito. Rio de Janeiro: Editora Rio-Sociedade Cultural Ltda., 1979. p. 173-174).

Quase um século depois, o Código Civil promulgado em 2002 manteve a lógica excludente de seu predecessor. Nas palavras de Fachin, "a racionalidade codificadora que permeia o Código Civil em tela ainda é formada pela lógica binária do reducionismo entre inclusão e exclusão [...]".[126] Este filho tardio da modernidade manteve o intento da codificação anterior e a priorização ao *ter*, definiu quem são os indivíduos relativa e absolutamente incapazes, impossibilitando ou limitando seus atos negociais com o fito de proteger-lhes o patrimônio, "uma vez que submetê-lo à simples vontade do titular possibilitaria a ruína de seus próprios interesses".[127] O fundamento do regime das incapacidades, assim, era e ainda é a proteção daqueles que, por presunção, não apresentam condição para a administração de seus interesses de cunho patrimonial.

Em relação aos menores de dezoito anos, o entendimento tradicional ainda reproduzido pela manualística é de que a incapacidade de crianças e adolescentes tem como objetivo sua proteção, tratando-se de regra geral baseada em critérios etários fixos. Como exemplo, cabe citar o entendimento de Diniz, para quem "os menores de dezesseis anos são tidos como absolutamente incapazes para exercer atos na vida civil, porque devido à idade não atingiram o discernimento para distinguir o que podem ou não fazer, o que lhes é conveniente ou prejudicial".[128]

Este sistema dual e rígido, que define de modo abstrato e aprioristico os sujeitos que estão impedidos de atuar na ordem civil de forma autônoma em virtude da pouca idade, surgiu, como visto, no paradigma patrimonialista do direito civil e é o que melhor atende à segurança jurídica em sua formulação tradicional, voltada exclusivamente aos atos patrimoniais. É, também, o modelo mais distante do princípio da autonomia progressiva – oriundo do sistema internacional de direitos humanos –, uma vez que tende a desconsiderar o nível de amadurecimento e de discernimento dos sujeitos, bem como o tipo de ato (existencial ou patrimonial) a ser realizado.[129]

---

[126] FACHIN, Luiz Edson. *Direito civil*: sentidos, transformações e fim. Rio de Janeiro: Renovar, 2015. p. 52.

[127] RODRIGUES, Rafael Garcia. A pessoa e o ser humano no novo Código Civil. *In*: TEPEDINO, G. (Coord.). *A parte geral do Novo Código Civil*: estudos na perspectiva civil-constitucional. Rio de Janeiro: Renovar, 2002. p. 14.

[128] DINIZ, Maria Helena. Arts. 1º a 232. *In*: SILVA, Regina Beatriz Tavares da. *Código Civil comentado*. 8. ed. São Paulo: Saraiva, 2012.

[129] HERRERA, Marisa. Ensayo para pensar una relación compleja: sobre el régimen de la capacidad civil y representación legal de niños, niñas y adolescentes desde el principio de autonomía progresiva en el derecho argentino. *Justicia y Derechos del Niño*, Santiago-Chile, n. 11, p. 107-143, 2009.

NARRATIVAS JURÍDICAS SOBRE A INFÂNCIA NO PARADIGMA PROTECIONISTA: MENORIDADE E INCAPACIDADE... | 67

O requisito da capacidade permanece como um critério diferenciador entre os sujeitos e, especificamente em relação aos menores de dezoito anos, mantém-se como instrumento jurídico que legitimamente verticaliza as relações com os adultos. Revestida de técnica jurídica, a capacidade era e é uma ferramenta ideológica,[130] que, no que toca a crianças e adolescentes, os impede de exercer sua autonomia e os mantém sob plena dependência e controle dos pais.

A partir do raciocínio que alia incapacidade à proteção, crianças e adolescentes são obstados de promover sua pessoalidade e impedidos de exercer a autoproteção em situações de violação a seus direitos por seus representantes e assistentes ou por outros adultos. Isso porque, nas palavras de Menezes, "sem a capacidade jurídica plena, a pessoa perde a chance de desenvolver e exercer as suas potencialidades e, com ela, o acesso aos direitos humanos, sobretudo, a liberdade de eleição e o direito de realizar seu próprio plano de vida".[131]

Esse regime tradicional de incapacidades em relação aos menores de idade, aplicado atualmente no direito brasileiro a despeito da constitucionalização de todo o ordenamento jurídico, é herança do direito civil oitocentista excludente, fundado no liberalismo racional, no patrimonialismo e na necessidade de segurança jurídica. Coligado ao discurso da situação irregular que vigeu ao longo de quase todo o século XX, o sistema de incapacidades excluía (e exclui) crianças e adolescentes da linguagem do direito a partir da sua característica estrutural.

Nesta perspectiva estrutural, influenciada por autores como Jhering e Kelsen, a especificidade do direito não decorre dos fins a que serve, mas do modo pelo qual estes fins (independentemente de quais sejam) serão perseguidos.[132] O foco reside no monopólio estatal de produção das normas jurídicas, que devem ser gerais e abstratas, bem como na sua aplicação, que deve respeitar a igualdade formal entre os indivíduos e promover a segurança jurídica para aquisição patrimonial. Em tal lógica, o direito não se adequa à complexidade das situações concretas nem atende aos ditames da justiça, uma vez que a estrutura das normas jurídicas cria "desigualdade entre iguais e igualdade entre desiguais", e, mesmo que o magistrado tenha a intenção

---

[130] FACHIN, Luiz Edson. *Teoria crítica do direito civil*. 3. ed. Rio de Janeiro: Renovar, 2012. p. 200.

[131] MENEZES, Joyceane Bezerra de. A capacidade jurídica pela Convenção sobre os Direitos da Pessoa com Deficiência e a insuficiência dos critérios do status, do resultado da conduta e da funcionalidade. *Revista Pensar*, Fortaleza, v. 23, n. 2, p. 1-13, abr./jun. 2018. p. 2.

[132] BOBBIO, Norberto. *Da estrutura à função*: novos estudos de teoria do direito. Tradução de Daniela Beccaccia. Barueri: Manole, 2007. p. 85.

de fazer justiça, isto se torna com frequência impossível pela própria estrutura normativa.[133]

O sistema de incapacidades prevalente retrata a tendência estruturalista do direito, uma vez que, enclausurado em regras rígidas, não se adapta a situações concretas em que crianças e adolescentes apresentam capacidade fática para tomarem decisões jurídicas de modo autônomo. Em praticamente todos os casos, cabe aos pais ou aos representantes representar ou assistir a criança e o adolescente no exercício de seus direitos. Como se verá adiante, os institutos de representação e de assistência – apesar da função declarada de proteção daqueles que não atingiram a maioridade civil – têm como consequência a reafirmação da separação entre infância e direitos.

2.3 A versão patriarcal do direito de família institucional: a proteção através da dominação paterna

O reconhecimento de que crianças e adolescentes são sujeitos de direitos é recente tanto na esfera nacional quanto na internacional. Remonta do direito romano o modelo de objetificação dos personagens infantis e de submissão ao poder absoluto e ilimitado do pai, o qual imperou no Brasil, em grande medida, até o fim do século XX, haja vista sua influência nas Ordenações Portuguesas e no Código Civil de 1916.

A família romana se caracterizava especialmente pelo patriarcalismo. Todos os seus membros – esposa, filhos, netos e irmãos – dependiam do *pater familias*, que era a única pessoa do grupo familiar com direito próprio (*sui iuris*). Os demais configuravam-se como pessoas *alieni iuris*, ou seja, pertenciam ao patriarca e eram destituídos de direitos inerentes a si mesmos. A autoridade do chefe da família era incontestável e irrestrita, a ponto de serem legítimas decisões sobre a vida e a morte dos que estavam sob seu domínio, bem como sobre seu patrimônio. O poder do patriarca era, em regra, perpétuo e de sua exclusiva titularidade.[134] Neste contexto, os filhos eram equiparados a objetos de propriedade do pai.

Esse modelo jurídico de família infiltrou-se, a partir de 1603, nas Ordenações Portuguesas e introduziu na legislação lusa a supremacia

---

[133] BOBBIO, Norberto. *Da estrutura à função*: novos estudos de teoria do direito. Tradução de Daniela Beccaccia. Barueri: Manole, 2007. p. 94.

[134] TEIXEIRA, Ana Carolina Brochado. *Família, guarda e autoridade parental*. 2. ed. revista e atualizada de acordo com as leis 11.698/08 e 11.924/09. Rio de Janeiro: Renovar, 2009. p. 13-15.

paterna no âmbito familiar.[135] No processo de colonização do Brasil, o aparato jurídico vigente em Portugal, formado especialmente pelas Ordenações, foi aqui inserido. Por via de consequência, a influência romanística sobre o instituto do pátrio poder se estendeu ao direito brasileiro, em maior ou menor medida, até o século XX.[136] Prova disso é o fato de, até meados do século XIX, o poder do pai sobre os filhos se perpetuar enquanto estes fossem dependentes, não importando a idade com que contassem.[137]

O caráter dominador do instituto do pátrio poder atravessou séculos e não foi abandonado na oportunidade em que foi criada, no país, a regulamentação própria e autônoma do direito privado. Com efeito, o Código Civil de 1916 refletia o conservadorismo e o patriarcalismo da sociedade primordialmente agrária que compunha o país naquele período. Na contramão da legislação vigente, à época, na maior parte dos países europeus, este diploma legislativo concedeu à família *design* semelhante à romano-canônica[138] e manteve os filhos na condição de objetos de propriedade paterna.[139]

---

[135] GIACCAGLINI, Vicente. Pátrio poder – Do direito natural. *Doutrinas Essenciais Família e Sucessões*, São Paulo, v. 4, p. 947-952, ago. 2011.

[136] Em relação à aplicação do aparato jurídico português no Brasil, Fonseca aponta que, segundo Ascarelli, "o traço mais típico do direito privado brasileiro estava na vigência ininterrupta, até a codificação de 1916, do velho direito comum integrado no plano legislativo pelas Ordenações Filipinas de 1603. Para o grande jurista italiano, assim, a maior e mais curiosa marca da legislação brasileira era a de ter carregado até a segunda década do século XX um direito com marcas visivelmente medievais". Fonseca adverte, no entanto, que a aplicação das Ordenações no Brasil, a partir do século XVIII, não estava isenta da influência do jusnaturalismo racionalista, pois, com a Lei da Boa Razão, o uso do direito romano estaria limitado às hipóteses de lacuna legal e dependeria do uso da *recta ratio* dos jusnaturalistas (FONSECA, Ricardo Marcelo. A cultura jurídica brasileira e a questão da codificação civil no século XIX. *Revista da Faculdade de Direito da Universidade Federal do Paraná*, Curitiba, v. 44, p. 61-76, 2006. p. 61-65).

[137] De acordo com Teixeira, foi somente em meados do século XIX que a legislação brasileira fixou em 21 anos a maioridade, de modo a desvincular a extinção do pátrio poder da independência do filho (TEIXEIRA, Ana Carolina Brochado. *Família, guarda e autoridade parental*. 2. ed. revista e atualizada de acordo com as leis 11.698/08 e 11.924/09. Rio de Janeiro: Renovar, 2009. p. 18-20).

[138] TEIXEIRA, Ana Carolina Brochado. *Família, guarda e autoridade parental*. 2. ed. revista e atualizada de acordo com as leis 11.698/08 e 11.924/09. Rio de Janeiro: Renovar, 2009. p. 20.

[139] Sobre isso, Azevedo, em artigo publicado em 1924, afirma que o Projeto do Código Civil se referia à "posse dos filhos", mas "A noção de posse está e sempre esteve associada à de propriedade, apprehensão, ao gozo de coisas ou de direitos. Posse de pessôa não sei que possa existir, salvo quanto a escravos, num regimen de que felizmente estamos livres, ou quanto á mulher casada, nos paizes onde a sua condição é quasi servil. Busquei-a em vão nos codigos mais conhecidos, no francez, no portuguez, no italiano, no hespanhol, no allemão" (AZEVEDO, Noé de. Do pátrio poder. *Doutrinas Essenciais Família e Sucessões*, São Paulo, v. 4, p. 953-958, ago. 2011).

Gomes, ao analisar os diferenciais da codificação brasileira de 1916 em relação às europeias oitocentistas, indica que um deles é o privatismo doméstico, decorrência da organização social do país. Explica, nesse sentido, que o Código incorporou, especialmente no direito de família, princípios morais revestidos de norma jurídica. O conservadorismo da sociedade brasileira repercutiu na construção de um modelo jurídico de família moralista, patriarcal e hierárquico.[140]

O Código de Beviláqua cristalizou o modelo institucional de família, que, além do já referido patriarcalismo, era marcado também pelo patrimonialismo, pelo matrimonialismo, pela desigualdade entre filhos e pela transpessoalidade. A família representava uma unidade de produção cujo principal objetivo era a aquisição e a transmissão de propriedade entre seus membros. Em vista à segurança dessas operações, a legitimidade da entidade familiar dependeria do matrimônio, caracterizado pelo objetivo de enlace patrimonial e pela indissolubilidade.[141]

Em tal quadro, filhos legítimos seriam exclusivamente aqueles oriundos da relação matrimonial, originando-se um sistema desigual em desfavor daqueles denominados filhos ilegítimos (naturais, espúrios, adulterinos e incestuosos). A individualidade dos membros da família era desvalorizada, de modo que, pelo suposto bem da entidade, eram desprezadas as pretensões e os anseios pessoais. Tratava-se, assim, de um modelo transpessoal.[142]

Em verdade, a transpessoalidade era configurada em relação à mulher e aos filhos, já que o homem, na condição de patriarca, ocupava o lócus central na organização familiar e apenas seus interesses e anseios tendiam a ser dotados de relevância. Os personagens e os papéis desempenhados pelos membros da família, nesse sistema tradicional, eram bastante evidentes: o marido/pai era o líder da entidade familiar, o único membro com poder de decisões e com livre acesso à esfera

---

[140] GOMES, Orlando. *Raízes históricas e sociológicas do Código Civil brasileiro*. São Paulo: Martins Fontes, 2006. p. 14.

[141] FARIAS, Cristiano Chaves de. A família da pós-modernidade: em busca da dignidade perdida da pessoa humana. *Revista de Direito Privado*, v. 19, p. 56-68, 2004. p. 58.

[142] De acordo com Bodin de Moraes, "até o final da década de 1960, a comunidade familiar ainda agia como uma unidade totalizadora, a serviço da qual orbitavam seus membros; a partir de então, passa a caracterizar-se por uma nova concepção dos indivíduos em relação a seu grupo de pertencimento, na medida em que eles se tornam, como membros, mais importantes do que o conjunto familiar: o indivíduo único, cuja 'íntima natureza' deve ser respeitada e incentivada" (MORAES, Maria Celina Bodin de. Instrumentos para a proteção dos filhos frente aos próprios pais. *Civilística.com*, Rio de Janeiro, v. 7, n. 3. 2018. p. 7. Disponível em: http://civilistica.com/wp-content/uploads/2019/01/Bodin-de-Moraes-civilistica.com-a.7.n.3.2018.pdf. Acesso em: 10 jun. 2020).

pública; a mulher, por sua vez, desempenhava função acessória, restando limitada ao ambiente doméstico e ao cuidado dos filhos, sem ostentar *status* autônomo.

Tendo em vista as funções delineadas, era patente a posição prioritária do homem em oposição à inferioridade e à submissão da mulher e dos filhos. Estes, juntamente à mãe, encontravam-se em papel secundário.[143] Sobre eles incidia o pátrio poder, considerado o direito subjetivo exercido prioritariamente pelo pai,[144] principal responsável por tomar decisões em nome da prole.

Neste sistema, o casamento dos filhos menores de vinte e um anos dependia do consentimento de pai e mãe e, havendo divergência entre eles, prevaleceria a decisão paterna. O marido era identificado juridicamente como o chefe da sociedade conjugal, a ele competindo administrar o patrimônio exclusivo da esposa, fixar e alterar o domicílio da família e autorizar a atividade profissional da mulher. Ainda, caberia exclusivamente ao pai a nomeação de tutor aos filhos.[145] Nesta estrutura patriarcal e patrimonialista, a autoridade parental apresentava apenas duas funções estabelecidas pela lei: "a de limitar a capacidade negocial do menor no mercado e a de educá-lo para a convivência em sociedade". O instituto estava restrito, então, ao cuidado em relação aos bens dos filhos e em relação aos bens de terceiros.[146]

Uma vez que se consideravam os filhos como propriedade paterna, a eles não eram garantidos direitos próprios, de modo que, na condição de objetos de direito, sua proteção dependeria exclusivamente da ação voluntária dos pais. Na égide do privatismo doméstico, a partir de uma separação rígida entre público e privado, não caberia ao Estado regulamentar o tratamento a ser conferido pelos pais aos filhos. Com isso, as crianças e adolescentes somente teriam garantias se seus pais

---

[143] CARBONERA, Silvana Maria. *Guarda de filhos na família constitucionalizada.* Porto Alegre: Sergio Antonio Fabris Editor, 2000. p. 24-25. Em sentido semelhante, Matos explica que "a mulher e os filhos, no modelo clássico, encontram-se em posição hierarquicamente inferior. Edificada sobre os alicerces da crença em uma 'natural' condição de superioridade masculina por razões de autoridade e força física, a história reservou um espaço de inferioridade à mulher" (MATOS, Ana Carla Harmatiuk. *União entre pessoas do mesmo sexo*: aspectos jurídicos e sociais. Belo Horizonte: Del Rey, 2004. p. 9).

[144] O art. 380 do Código Civil de 1916 definia que: "Durante o casamento, exerce o pátrio poder o marido, como chefe da família, e, na falta ou impedimento seu, a mulher".

[145] GOMES, Orlando. *Raízes históricas e sociológicas do Código Civil brasileiro.* São Paulo: Martins Fontes, 2006. p. 15.

[146] MORAES, Maria Celina Bodin de. Instrumentos para a proteção dos filhos frente aos próprios pais. *Civilística.com*, Rio de Janeiro, v. 7, n. 3. 2018. p. 9. Disponível em: http://civilistica. com/wp-content/uploads/2019/01/Bodin-de-Moraes-civilistica.com-a.7.n.3.2018.pdf. Acesso em: 10 jun. 2020.

assim o desejassem, haja vista o caráter não intervencionista do modelo então adotado.[147] Não se cogitava que, em certas circunstâncias, os filhos precisariam ser protegidos exatamente daqueles a quem incumbia seu cuidado.

Conforme já afirmado anteriormente, os interesses existenciais dos filhos – tais como os da mãe – eram negligenciados diante do transpessoalismo do modelo de família configurado pelo Código Civil de 1916. Os interesses patrimoniais, por sua vez, ficavam sob domínio paterno, diante das incumbências decorrentes do pátrio poder. Nesse sentido, cabia ao pai (e, apenas na sua falta, à mãe) a administração do patrimônio dos filhos menores.[148] Os institutos da representação e da assistência surgem, em tal contexto, como meios de suprimento da incapacidade para gestão patrimonial, e não como instrumentos de proteção à pessoa dos filhos. A menoridade era compreendida como período da vida em que o indivíduo seria incapaz de gerir seus bens, dada a falta de maturidade.[149]

Em decorrência da capacidade jurídica, reconhecida desde o nascimento com vida como consequência da aquisição da personalidade, crianças e adolescentes poderiam ser titulares de direitos. Não tinham aptidão, no entanto, para exercer tais direitos de modo autônomo, dada a ausência da capacidade negocial ou de agir. Para pôr em movimento os direitos de cunho eminentemente patrimonial titularizados durante a menoridade, era necessário, quanto aos absolutamente incapazes,

---

[147] MORAES, Maria Celina Bodin de. Instrumentos para a proteção dos filhos frente aos próprios pais. *Civilística.com*, Rio de Janeiro, v. 7, n. 3. 2018. p. 10. Disponível em: http://civilistica.com/wp-content/uploads/2019/01/Bodin-de-Moraes-civilistica.com-a.7.n.3.2018.pdf. Acesso em: 10 jun. 2020.

[148] Sobre isso, o art. 385 do Código Civil definia que "o pai e, na sua falta, a mãe são os administradores legais dos bens dos filhos que se achem sob o seu poder, salvo o disposto no art. 225".

[149] O caráter patrimonial da menoridade fica evidente na Consolidação das Leis Civis, de Teixeira de Freitas, que em seu art. 8º definia: "As pessoas são maiores, ou menores. Aos vinte e um annos completos termina a menoridade, e se é habilitado para todos os actos da vida civil". A exceção do art. 9º aplicava-se aos expostos, que tornar-se-iam maiores aos 20 anos idade ("Art. 9. Exceptuão-se os Expostos, que logo aos vinte annos completos são havidos por maiores"). Em nota de rodapé, Teixeira de Freitas explica essa exceção: "Para os Expostos, encurtando-se o tempo da sua menoridade, não ha perigo, visto que nada possuem: dando-se-lhes por outro lado uma compensação de sua mà sorte, para mais depressa procurarem meios de vida" (FREITAS, Augusto Teixeira de. *Consolidação das leis civis*. 3. ed. Rio de Janeiro: B. L. Ganier, 1876. p. 7. Disponível em: https://www2.senado.leg.br/bdsf/handle/id/496206. Acesso em: 31 jul. 2020). Resta nítido, com isso, que a condição de menor decorreria da suposta necessidade de proteção aos bens dos mais jovens. Essa lógica patrimonial da menoridade perpetua-se no Código Civil de 1916.

colocar-se alguém para decidir em seu lugar e, quanto aos relativamente incapazes, instituir alguém para colaborar na tomada de decisão.[150]

Gomes, ao abordar o instituto da representação na égide do Código Civil de 1916, indicava se tratar de um dos temas objeto de maior controvérsia do direito civil. Mais problemática que a representação voluntária, cuja fonte de poder decorreria da procuração, era a representação legal, cuja legitimidade decorreria da lei. A aplicação desta segunda modalidade ocorria especialmente no direito de família pautado pelo patriarcalismo: nas relações entre pai e filhos absolutamente incapazes, entre tutor e pupilo, entre curador e interdito e entre marido e esposa – uma vez que aquele figurava como cabeça-de-casal. A complexidade da representação legal seria consequência do fato de a atividade do representante não se basear em um poder de agir derivado da pessoa em nome de quem a exerce e, ainda, porque o representante agiria com plena independência em relação à vontade do representado.[151] Presumivelmente, o pai, ao representar seu filho absolutamente incapaz, deveria agir em favor dos interesses deste. No entanto, no quadro do privatismo doméstico, não havia espaço para questionamentos quanto à atuação paterna em relação aos interesses dos filhos.

Caso o filho menor de vinte e um anos e maior de dezoito apresentasse maturidade necessária para praticar atos da vida cível, o pai (e, se falecido, a mãe) poderia conceder-lhe a emancipação de modo voluntário. Caso, por outro lado, o filho se casasse, concluísse o ensino superior, assumisse emprego público ou mantivesse estabelecimento comercial com economia própria, aplicar-se-ia a ele a emancipação legal. Nas duas modalidades, o filho adquiria a plena capacidade antes da idade legal e, como consequência, seria extinto o pátrio poder.[152]

Como já indicado, o Código Civil de 2002, muito embora posterior à promulgação da Constituição Federal, manteve em grande medida a tradição patrimonialista e conservadora da codificação anterior.[153] No

---

[150] DANTAS, San Tiago. *Programa de direito civil*: aulas proferidas na Faculdade Nacional de Direito. Rio de Janeiro: Editora Rio-Sociedade Cultural Ltda., 1979. p. 173.

[151] GOMES, Orlando. *Introdução ao direito civil*. 9. ed. Rio de Janeiro: Forense, 1987. p. 380-381.

[152] O art. 392 do Código Civil de 1916 previa, entre as hipóteses de extinção do pátrio poder, a emancipação.

[153] É necessário recordar que o Projeto do Código Civil de 2002 remonta da década de 1970. Fachin esclarece que "O projeto do Código Civil, almejando manter a estrutura do código vigente, foi elaborado anteriormente à Constituição de 1988, datando do começo da década de 70. Sua elaboração se deu a partir de uma racionalidade herdada do Código de Napoleão e da Escola Pandectista, e, portanto, do século XIX, em que prevalecia a preocupação patrimonialista e conceitualista, expressa na existência de uma Parte Geral" (FACHIN, Luiz Edson. Parecer sobre o Projeto do Novo Código Civil. *Revista da Faculdade de Direito de*

tocante às relações paterno-filiais, apesar da opção pela expressão *poder familiar*, a qual se revela mais adequada que *pátrio poder*,[154] a codificação atual manteve a tendência de objetificação de crianças e adolescentes.[155]

Os institutos da representação e da assistência, inerentes ao poder familiar, restaram praticamente inalterados. O primeiro é exigido para o exercício dos direitos dos absolutamente incapazes, que, de acordo com o Código Civil, são presumivelmente inaptos a reger seus próprios interesses devido à pouca idade, de modo que o descumprimento do requisito da representação é causa de nulidade do ato praticado pelo menor de dezesseis anos. O segundo é exigido para os relativamente incapazes e o seu descumprimento torna o ato praticado anulável.

Também foi mantida, no Código Civil de 2002, a aplicação homogênea dos institutos da representação e da assistência à totalidade dos direitos titularizados pelos filhos, independentemente de sua natureza patrimonial ou existencial. Com isso, restam privadas as crianças e os adolescentes de proceder a escolhas autônomas sobre sua própria existência – a exemplo do consentimento livre e informado para procedimentos médicos, do testamento vital, da doação de órgãos[156] e da participação em pesquisas científicas.[157] Diversos são os autores,

---

Campos, Campos, n. 3, p. 161-191, 2001-2002. p. 166). Szaniawski, sobre isso, afirma que "o Código Civil de 2002 pouco contribuiu para a evolução e o aperfeiçoamento das instituições de direito de família no Brasil. Por essa razão, está a sociedade brasileira novamente à espera da promulgação de uma nova legislação, destinada a regular o direito de família, o denominado *Estatuto das Famílias*, o qual deverá derrogar o Livro IV, do Código Civil integralmente. [...] O Estatuto das Famílias consiste no mais cristalino exemplo do fracasso da codificação civil brasileira de 2002, um código que nasceu obsoleto, com inúmeras janelas para o séc. XIX [...]" (SZANIAWSKI, Elimar. *Diálogos com o direito de filiação brasileiro*. Belo Horizonte: Fórum, 2019. p. 46-47).

[154] Nesse sentido, Teixeira afirma que "Decerto, poder familiar é mais adequado que pátrio poder, embora ainda não seja a expressão mais recomendável. Poder sugere autoritarismo, supremacia e comando, ou seja, uma concepção diferente do que o ordenamento jurídico pretende para as relações parentais" (TEIXEIRA, Ana Carolina Brochado. *Família, guarda e autoridade parental*. 2. ed. revista e atualizada de acordo com as leis 11.698/08 e 11.924/09. Rio de Janeiro: Renovar, 2009. p. 5).

[155] Como exemplo, cite-se a previsão do art. 1.634, o qual define, em seu inc. VIII, que compete aos pais, quanto aos filhos, no pleno exercício do poder familiar, "reclamá-los de quem ilegalmente os detenha".

[156] A Lei nº 9434/1997, em seu art. 9º, §6º, define que "O indivíduo juridicamente incapaz, com compatibilidade imunológica comprovada, poderá fazer doação nos casos de transplante de medula óssea, desde que haja consentimento de ambos os pais ou seus responsáveis legais e autorização judicial e o ato não oferecer risco para a sua saúde" (BRASIL. Lei nº 9.434, de 04 de fevereiro de 1997. *Diário Oficial da União*, Poder Executivo, Brasília, DF, 1997).

[157] Nos termos da Resolução nº 466/2012, do Conselho Nacional de Saúde – CNS, referente às pesquisas envolvendo seres humanos, o consentimento livre e esclarecido dos incapazes é realizado por seus representantes legais, aos quais cabe a autorização para participação no estudo (CONSELHO NACIONAL DA SAÚDE. Resolução nº 466, de 12 de dezembro

tanto na esfera nacional quanto na internacional, que opõem críticas à aplicação da representação e da assistência para exercício de direitos personalíssimos.[158]

Corrêa, a partir da compreensão de que a previsão legislativa das incapacidades visa a tutelar primordialmente a segurança jurídica, questiona se o sistema do Código Civil é aplicável quando estão em discussão direitos da personalidade – para os quais a segurança deixa de ser valor relevante. Segundo a autora, as matérias de cunho personalíssimo podem "ser decididas apenas pela própria pessoa, excluindo-se, portanto, a possibilidade de decisão por parte do representante ou assistente".[159]

Para Meireles, "nas situações existenciais, a pessoa não tem apenas um vínculo de titularidade, como ocorre com as demais situações jurídicas subjetivas. A pessoa é o próprio interesse".[160] Tais situações jurídicas se dirigem à proteção do *ser*, em que não há separação entre sujeito e objeto. A partir disso, depreende-se do ensinamento da autora a impossibilidade de os direitos existenciais de crianças e adolescentes serem exercidos através de representação e assistência.

De acordo com Perlingieri, há "incongruência em separar a titularidade da possibilidade de exercício do direito, quando estão em questão interesses existenciais, pois estes são concebidos com a finalidade de promover o próprio desenvolvimento da personalidade humana".[161] Para o teórico, o exercício de situações subjetivas existenciais, por se referir à esfera mais íntima do indivíduo, não poderia se concretizar mediante assistência ou representação. A partir dessas críticas, verifica-se que o Código Civil desconsiderou as especificidades dos direitos existenciais e priorizou a lógica patrimonial.

Por fim, a codificação atual manteve, também, o tratamento da emancipação. O instituto, aplicável aos relativamente incapazes,

---

de 2012. *Diário da Justiça*, Brasília, DF, 2012. p. 2. Disponível em: http://conselho.saude.gov.br/resolucoes/2012/Reso466.pdf. Acesso em: 31 jul. 2020).

[158] Esse tema será novamente abordado no Capítulo 5 do presente trabalho, quando será analisado em relação a quais direitos incide o princípio da autonomia progressiva. Conforme será posteriormente aprofundado, deve ser reconhecida a autonomia progressiva de crianças e adolescentes não somente em relação aos direitos existenciais, mas também em relação àqueles de natureza patrimonial.

[159] CORRÊA, Adriana Espíndola. *Consentimento livre e esclarecido*: o corpo objeto de relações jurídicas. Florianópolis: Conceito, 2010. p. 119.

[160] MEIRELES, Rose Melo Vencelau. *Autonomia privada e dignidade humana*. Rio de Janeiro: Renovar, 2009. p. 34.

[161] PERLINGIERI, Pietro. *Perfis do direito civil*: introdução ao direito civil constitucional. Tradução de Maria Cristina de Cicco. 3. ed. Rio de Janeiro: Renovar, 2007. p. 122.

continua decorrendo da outorga dos pais ou de fatos definidos na lei. A despeito de tornar plenamente capaz aquele que ainda não atingiu a maioridade civil, o instituto não valoriza a autonomia do adolescente para a edificação da sua pessoalidade. Isso porque, de um lado, a emancipação voluntária é obtida através de ato vertical dos pais; de outro, a emancipação legal depende do preenchimento de alguma das hipóteses legais, que pressupõem a possibilidade de o filho se sustentar sem o apoio de seus pais.

2.4 Conclusões parciais

1 Vigorou ao longo do século XX a tendência de exclusão de crianças e adolescentes da linguagem do direito, fundamentada no objetivo declarado de proteção a ser promovida pela família e pelo Estado. Muito embora seja verdadeiro que os menores de dezoito anos dependam de proteção – através do cuidado dos pais e por meio de políticas públicas –, demonstrou-se ao longo do capítulo que o direito de menores e o direito civil (especialmente a parte geral e o direito de família) apresentavam outro objetivo latente: mantê-los em um quadro de inferioridade jurídica e de controle. Nesta sistemática, o direito se configurou como importante sustentáculo do dispositivo infância, garantindo a dominação das crianças pelos adultos.

2 O direito menorista brasileiro, em consonância com o da maior parte dos países ocidentais, adotou a perspectiva tutelar. Fruto do movimento de reforma do direito penal, o qual defendia que crianças não deveriam ser punidas tal como os adultos, o direito de menores era pautado em valores conflitantes: de um lado, pelo humanismo; de outro, pelo autoritarismo. As normas tutelares aplicavam-se a uma parcela das crianças, que eram designadas como *menores*. Tratava-se dos filhos dos operários, em regra pobres e negros, que desde o processo de urbanização ocupavam as ruas e cometiam pequenos delitos. Com o suposto intuito de proteção, estes *menores* poderiam ser retirados do ambiente familiar – entendido como corrompido em virtude da pobreza – e colocados de modo discricionário (senão arbitrário) em institutos estatais, uma vez que sua liberdade representava risco à sociedade. Neles, restavam submetidos a um tratamento baseado no trabalho e na disciplina, valores definidos como fundamentais para se tornarem a futura mão de obra da nação. Ambos os Códigos de Menores – de 1927 e de 1979 – se assemelhavam em suas características e propósitos: eram repressivos, autoritários e classistas; previam amplos poderes ao Juízo de Menores, que não se submetia ao devido processo legal e ao contraditório; definiam a institucionalização como modo de proteção das crianças e dos adolescentes, sem qualquer garantia à convivência familiar, e não definiam políticas públicas de efetiva tutela da infância. Em suma, o argumento protetivo era utilizado para proteger a sociedade, afastando os *menores* do convívio social e garantindo futura mão de obra dócil e pouco qualificada, sem considerar o bem-estar e as necessidades infantis.

3 Às *crianças* – inseridas em famílias de classes média e alta – aplicavam-se as normas do direito civil. O Código Civil de 1916, inspirado pelo movimento europeu racionalista de codificação do século XIX, apresentava nítido caráter patrimonial e conservador. A parte geral adotava a relação jurídica como moldura para os mais diversos negócios jurídicos, sendo que, neste modelo, havia a separação entre pessoa e sujeito de direito e desconsideravam-se os atributos da pessoa concreta envolvida. O instituto da capacidade de agir foi estabelecido, então, como filtro para definir quem seriam os sujeitos de direito aptos a adentrar nas relações jurídicas, com ênfase nos homens adultos, detentores de patrimônio, e mentalmente sãos. Mulheres casadas, pessoas com deficiência intelectual e crianças e adolescentes, entre outros, eram considerados irracionais e inaptos para gerir seu patrimônio e, portanto, foram definidos como relativa ou absolutamente incapazes, com fulcro – uma vez mais – no objetivo declarado de proteção. Protegia-se, em verdade, os interesses dos sujeitos de direitos por excelência, daqueles que eram os destinatários oficiais do Código Civil, os quais ficavam autorizados a administrar o patrimônio e a exercer os direitos civis dos que eram considerados inferiores na sociedade. Em suma, o argumento protetivo fundamentava o regime de incapacidades, o qual apresentava caráter ideológico e tinha o objetivo latente de hierarquização dos sujeitos de direito e de exclusão da vida civil.

4 O direito de família plasmado no Código Civil de 1916, caracterizado pelo patriarcalismo, pelo matrimonialismo, pela transpessoalidade e pelo patrimonialismo, reforçava no cenário familiar a inferioridade jurídica de crianças e adolescentes. Isso porque os filhos restavam submetidos ao pátrio poder, que, na lógica do privatismo doméstico, enfrentava poucas limitações. Com efeito, as crianças e os adolescentes eram considerados propriedade de seus pais, de modo que seus desejos e interesses tendiam a ser desconsiderados. A representação e a assistência eram exercidas pelo pai, em decorrência do pátrio poder. Com isso, diante da incapacidade relativa ou absoluta dos filhos, o exercício de seus direitos dependia da atuação do pai, a partir destes institutos. Pressupunha-se que o pai exerceria a representação e a assistência em vistas aos interesses dos filhos, mas, diante da inexistência de instrumentos que conferissem participação e autonomia às crianças e aos adolescentes, era reduzida a possibilidade de controle da atuação do genitor. Em suma, o argumento protetivo fundamentou normas de direito de família que excluíam ainda mais os menores de dezoito anos da vida civil, a partir do entendimento de que o pai sempre sabe o que é o melhor para seus filhos.

5 O Código Civil de 2002, apesar de posterior à promulgação da Constituição Federal de 1988, manteve o caráter patrimonialista e excludente da codificação que o antecedeu e conservou a tradição binária e reducionista pretérita. Em relação ao regime de incapacidades, adotou critérios rígidos e presuntivos e optou, também, pela teoria unitária, aplicando as mesmas regras às situações jurídicas patrimoniais e existenciais. Quanto ao direito de família, manteve a aplicação da representação e da assistência indistintamente aos direitos patrimoniais e existenciais dos filhos, sem reconhecer a possibilidade de autodeterminação aos menores de dezoito anos. Sem dúvidas, as normas codificadas devem ser relidas a partir da Constituição Federal de 1988, bem como, e especialmente, a partir dos preceitos oriundos dos direitos humanos.

6 A história do direito aplicado à infância, apresentada sinteticamente nas páginas anteriores, evidencia que as maiores violências destinadas a crianças e adolescentes foram realizadas em nome da proteção e fundamentadas no propósito de controle. A mudança nesse quadro requer compromisso com os direitos assegurados à população infantojuvenil e com o desenvolvimento de sua autonomia – o que depende de mudanças na teoria e na prática jurídicas e da adoção de políticas públicas.

CAPÍTULO 3

NARRATIVAS JURÍDICAS SOBRE A INFÂNCIA NO PARADIGMA EMANCIPATÓRIO: AUTONOMIA COMO MEIO DE PROTEÇÃO

Desde a década de 1970, constata-se um movimento dentro das ciências sociais cujo objetivo é de denunciar a tendência de domínio das crianças e de afirmar sua condição de atores sociais, ou seja, de pessoas que interferem ativamente na sociedade. Esta discussão repercutiu na Convenção sobre os Direitos da Criança, de 1989, a qual introduziu uma abordagem emancipatória em prol da população infantojuvenil ao reconhecer-lhe direitos de liberdade e instrumentos para proteção de sua autonomia. A definição dos direitos humanos de crianças e de adolescentes pela Convenção é atravessada pelo propósito de emancipação, isto é, pela luta por "espaços de reconhecimento, autoestima, autonomia e responsabilidade enquanto sujeitos".[162]

A doutrina da proteção integral, inscrita pela Convenção, é pautada pelo reconhecimento das crianças e dos adolescentes como sujeitos de direitos em condições especiais, os quais independem de seus pais ou de outros adultos para terem seus direitos assegurados. No quadro nacional, a Constituição Federal inseriu esta doutrina no ordenamento jurídico, cuja regulamentação foi dada pelo Estatuto da Criança e do Adolescente em 1990. A condição precária de grande parte da população infantojuvenil, contudo, refletiu em uma legislação voltada especialmente aos direitos sociais, de modo que os direitos de liberdade e os instrumentos de autoproteção previstos na Convenção tiveram espaço reduzido no ECA.

---

[162] SANCHEZ RUBIO, David. *Encantos e desencantos dos direitos humanos*: de emancipações, libertações e dominações. Porto Alegre: Livraria do Advogado, 2014. p. 17.

A despeito disso, ao longo dessas décadas que sucederam a promulgação da Constituição Federal e a criação do Estatuto da Criança e do Adolescente, a doutrina mais progressista passou a questionar o tratamento jurídico dado às crianças e aos adolescentes em matéria de incapacidades e em relação ao exercício da autoridade familiar, a partir de uma perspectiva que reconhece autonomia aos menores de dezoito anos como forma de garantir-lhes uma proteção mais efetiva.

Todavia, como se verá adiante, as concepções protecionistas e emancipatórias de infância coexistem e dão origem a narrativas jurídicas complexas e contraditórias. Nota-se, ainda, a propensão de grande parcela da doutrina nacional e dos aplicadores do direito de questionar e subestimar a importância de se garantir liberdade e instrumentos de autoproteção a crianças e adolescentes, a partir de um raciocínio adultocêntrico que é disfarçado através do argumento da proteção.

3.1 A doutrina da proteção integral no cenário internacional de direitos humanos: para além dos "velhos" direitos em vista à autonomia

A Convenção sobre os Direitos da Criança – adotada em 1989 pela Assembleia Geral da Organização das Nações Unidas e ratificada pelo Brasil no ano seguinte por meio do Decreto nº 99.710/90 – é propalada como o instrumento de direitos humanos mais aceito da história.[163] Assinado por 196 países, o documento é paradigmático por instalar a conexão entre infância e direito[164] ao incluir no Estado de direito as crianças e os adolescentes, que outrora estavam dele excluídos.[165]

A Convenção de 1989 não é o primeiro documento internacional de proteção às crianças, porém é compreendido como o mais relevante, por ter estabelecido uma nova relação entre Estados, sociedade e crianças

---

[163] A despeito da ratificação massiva dos países – à exceção dos Estados Unidos, único país que não aderiu à Convenção –, não podem ser ignoradas, como esclarece Arantes, "as dezenas de Reservas feitas aos seus artigos por diferentes países". Isso demonstra que a aceitação da Convenção foi, em muitos países, parcial (ARANTES, Esther M. M. Duas décadas e meia de vigência da Convenção sobre os direitos da criança: algumas considerações. *In*: BRANDÃO, Eduardo Pontes (Org.). *Atualidades em psicologia jurídica*. Rio de Janeiro: Nau, 2016. p. 55).

[164] TORRENS, María Claudia. *Autonomía progresiva*: evolución de las facultades de ninãs, niños e adolescentes. Ciudad Autónoma de Buenos Aires: Astrea, 2019. p. 49.

[165] A Observação Geral nº 13, de 2011, do Comitê dos Direitos da Criança, dispõe que "o princípio do Estado de Direito deve aplicar-se plenamente às crianças, em pé de igualdade com os adultos".

CAPÍTULO 3
NARRATIVAS JURÍDICAS SOBRE A INFÂNCIA NO PARADIGMA EMANCIPATÓRIO... | 81

e por tê-las reconhecido como titulares de específicos e significativos direitos humanos e como capazes para exercê-los em consonância com a evolução de suas faculdades.[166]

Previamente à Convenção, a Declaração de Genebra, de 1924, e a Declaração dos Diretos das Crianças da Unicef, de 1959, previram direitos às crianças em uma abordagem protecionista e assistencial. Sem estabelecer a obrigatoriedade dos Estados-Membros de garantir políticas públicas destinadas à população infantil e deixando a cargo da sociedade e das famílias a responsabilidade pela sua proteção, os documentos não geraram efeitos expressivos.[167] Diante disso, em 1978, por iniciativa da Polônia, deu-se início ao processo de elaboração da Convenção sobre os Direitos da Criança, que levou mais de uma década.

Em seus cinquenta e quatro artigos, o documento define como crianças os sujeitos com menos de dezoito anos, estabelece o princípio da não discriminação e prevê os direitos à vida, ao nome, à nacionalidade, à convivência familiar, à liberdade de opinião, à liberdade de crença e de culto, à liberdade de reunião e de manifestação, à educação e à cultura, à proteção contra todos os tipos de violência, à proteção de crianças deficientes, à saúde, ao descanso e ao lazer, entre outros.

A Convenção representa uma nova fase em matéria de direitos humanos, marcada pela expansão dos sujeitos protegidos, bem como do seu conteúdo e de seus instrumentos de aplicação. Até então, crianças e adolescentes não eram plenamente reconhecidos como titulares de direitos, de modo que sua proteção dependeria de forma exclusiva da iniciativa de um adulto – especialmente pais e representantes do Estado.

É necessário alertar, contudo, que a importância da Convenção é mais teórica e normativa do que factual. A despeito de ter inaugurado um novo paradigma jurídico, o documento não foi capaz de alterar a realidade da infância nos países mais pobres e desiguais, em que a miséria, a discriminação, a xenofobia e a crise migratória colocam em risco a vida e a segurança de um grande contingente de crianças e adolescentes.[168]

---

[166] TORRENS, María Claudia. *Autonomía progresiva*: evolución de las facultades de ninãs, niños e adolescentes. Ciudad Autónoma de Buenos Aires: Astrea, 2019. p. 2.

[167] Nesse sentido, Rivero aponta o caráter não vinculante desses documentos internacionais, o qual exonerou os Estados de seu cumprimento (MONTEJO RIVERO, Jetzabel Mireya. Infancia-adolescencia, Estado y derecho: una visión constitucional. *Sociedad e infancias*, Madrid, n. 1, p. 61-80, 2017. p. 69).

[168] Sobre isso, o sítio eletrônico *ONU News* divulgou, em novembro de 2019, que nos trinta anos posteriores à Convenção sobre os Direitos da Criança os progressos na realidade infantil não foram estendidos aos países mais pobres. De acordo com a matéria, "nos países de

No âmbito teórico, o diploma internacional ganhou notoriedade por se afastar do modelo excludente de sujeito de direito hegemônico: homem, branco e adulto.[169] É nesse sentido que Bobbio afirma que o desenvolvimento e a prática dos direitos humanos ocorreram em duas direções: da universalização e da multiplicação. Sobre a segunda, indica que a proliferação dos direitos humanos (exemplificada pela Convenção sobre os Direitos da Criança) decorre da expansão do significado de homem, que não mais designa unicamente o indivíduo adulto do sexo masculino, mas também as mulheres, as crianças, os idosos e os doentes.[170] A noção de direitos humanos passa, então, a ser pautada pela ideia de igualdade entre os indivíduos, sem desconsiderar as diferenças que os permeiam e a necessidade de tutela específica de algumas coletividades.[171]

A importância da Convenção – ao menos no aspecto normativo – é de submeter as crianças ao princípio da legalidade, reconhecendo-as como sujeitos de direitos em condição especial. Passam, então, a titularizar todos os direitos humanos conferidos aos adultos além de outros específicos e necessários em virtude da vulnerabilidade a que se submetem pelo desenvolvimento biopsíquico. Se antes o fato de crianças serem vulneráveis fundamentava sua exclusão do Estado de direito, com o documento internacional de 1989 esta relação se inverte: a conexão entre infância e direito deve ser ainda mais estreita em decorrência da condição de vulneráveis dos menores de dezoito anos.

---

baixa e média rendas, as crianças das famílias mais pobres têm duas vezes mais chances de morrer de causas evitáveis antes de completar o quinto ano do que as das famílias mais ricas. Dados mais recentes indicam que apenas metade das crianças das famílias mais pobres da África Subsaariana são vacinadas contra o sarampo, em comparação com 85% das crianças das famílias mais ricas da região" (Disponível em: https://news.un.org/pt/story/2019/11/1694741. Acesso em: 8 abr. 2021).

[169] TORRENS, María Claudia. *Autonomía progresiva*: evolución de las facultades de niñas, niños e adolescentes. Ciudad Autónoma de Buenos Aires: Astrea, 2019. p. 95.

[170] BOBBIO, Norberto. *A era dos direitos*. Tradução de Carlos Nelson Coutinho. Rio de Janeiro: Elsevier, 2004. p. 33.

[171] Conforme explicam Bedin e Büron, a trajetória histórica de proteção aos direitos humanos pode ser compreendida por dois processos diversos: o primeiro, de proteção ao homem genérico, consubstanciado pela Declaração Universal dos Direitos do Homem (1948); o segundo, de proteção ao homem específico, a partir das diversidades. Esse movimento de especialização permitiu a identificação das particularidades de determinados grupos (mulheres, crianças, minorias raciais, refugiados, prisioneiros de guerras e outros) (BEDIN, Gilmar Antonio; BÜRON, Luciane Montagner. A sociedade internacional e a proteção internacional de grupos específicos. *Revista Direito em Debate*, Ijuí, n. 35, p. 33-50, 2011. Disponível em: https://www.revistas.unijui.edu.br/index.php/revistadireitoemdebate/article/view/597/328. Acesso em: 14 jan. 2020).

O reconhecimento da vulnerabilidade das crianças pela doutrina internacional, no entanto, não dá azo ao resgate da concepção paternalista de infância da doutrina da situação irregular que, conforme explica Herrera, considerava crianças como "menores" e "incapazes" e, assim, "objeto" de proteção e de representação por parte de adultos. Diferentemente da doutrina anterior, que concebia a infância a partir de suas carências, aquela sedimentada pela Convenção considera a criança segundo seus atributos, a partir do seu desenvolvimento gradual, e define a infância como fase de desenvolvimento progressivo da autonomia pessoal, social e jurídica.[172] Com efeito, não se trata mais de "menores" ou de indivíduos incompletos, mas de pessoas cuja única particularidade é estar em crescimento.[173]

Uma vez que na lógica da Convenção de 1989 crianças titularizam os mesmos direitos humanos garantidos aos adultos, além de outros que lhes são particulares, foi afastada a discricionariedade que caracterizava a doutrina anteriormente adotada. Com isso, os pais e o Estado não podem mais dispensar às crianças o tratamento que julgam adequado a partir do seu entendimento sobre bem-estar infantil, mas devem, ao contrário, garantir que seus direitos sejam plenamente satisfeitos. O modelo da doutrina integral é, assim, um modelo de legalidade e de supressão da discricionariedade.

De acordo com Cillero Bruñol, três são as principais características da Convenção: a integralidade da proteção conferida às crianças, ao abarcar todas as dimensões de suas vidas e de seu desenvolvimento; o reconhecimento das crianças como sujeitos de direitos em condição especial, a partir da compreensão de que são destinatárias das normas jurídicas e têm capacidade para titularizar e exercer direitos, mas que necessitam de amparo adicional em decorrência da maior vulnerabilidade a que estão submetidas; e a transição das necessidades infantis para a condição de direitos, os quais devem ser garantidos pela família, pela sociedade e pelo Estado.[174]

---

[172] HERRERA, Marisa. Ensayo para pensar una relación compleja: sobre el régimen de la capacidad civil y representación legal de niños, niñas y adolescentes desde el principio de autonomía progresiva en el derecho argentino. *Justicia y Derechos del Niño*, Santiago-Chile, n. 11, p. 107-143, 2009. p. 113.

[173] TORRENS, María Claudia. *Autonomía progresiva*: evolución de las facultades de ninãs, niños e adolescentes. Ciudad Autónoma de Buenos Aires: Astrea, 2019. p. 49.

[174] CILLERO BRUÑOL, Miguel. Infancia, autonomía y derechos: una cuestíon de principios. *Minoridad y familia, Revista interdisciplinaria sobre la problemática de la niñez – adolescencia y el grupo familiar*, Buenos Aires, n. 10, 1999.

Com base em comentários à Convenção, é possível afirmar que a proteção por ela conferida às crianças e aos adolescentes se fundamenta em três principais pilares: o melhor interesse da criança, a autonomia progressiva e o direito de participação e de oitiva.[175]

O art. 3º, §1º, da Convenção estabelece que "Todas as ações relativas às crianças, levadas a efeito por instituições públicas ou privadas de bem-estar social, tribunais, autoridades administrativas ou órgãos legislativos, devem considerar, primordialmente, o interesse maior da criança".[176] Diante da ausência de conteúdo precisamente estabelecido, o melhor interesse configura-se como princípio jurídico e submetido, por essa mesma razão, a diferentes abordagens. Adota-se aqui o entendimento segundo o qual este princípio é traduzido na plena satisfação dos direitos das crianças e dos adolescentes.

Assim, afasta-se da visão paternalista-autoritária segundo a qual caberia à família e ao Estado definir o que é o melhor para a criança, de modo que familiares e autoridades restam vinculados à satisfação dos direitos titularizados pelas crianças.[177] O art. 5º, por sua vez, estabelece o princípio da autonomia progressiva ao definir:

> os Estados Partes respeitarão as responsabilidades, os direitos e os deveres dos pais ou, onde for o caso, dos membros da família ampliada ou da comunidade, conforme determinem os costumes locais, dos tutores ou de outras pessoas legalmente responsáveis, de proporcionar à criança instrução e orientação adequadas e acordes com a evolução de sua capacidade no exercício dos direitos reconhecidos na presente convenção.[178]

O instrumento, neste ponto, indica (i) que a obtenção de autonomia pelas crianças e adolescentes é um processo gradual e heterogêneo,

---

[175] Nesse sentido indicam Torrens (TORRENS, María Claudia. *Autonomía progresiva*: evolución de las facultades de ninãs, niños e adolescentes. Ciudad Autónoma de Buenos Aires: Astrea, 2019. p. 68) e Cillero Bruñol (CILLERO BRUÑOL, Miguel. Infancia, autonomía y derechos: una cuestíon de principios. *Minoridad y familia, Revista interdisciplinaria sobre la problemática de la niñez – adolescencia y el grupo familiar*, Buenos Aires, n. 10, 1999).

[176] BRASIL. Decreto n. 99.710, de 21 de novembro de 1990. Promulga a Convenção sobre os Direitos da Criança. *Diário Oficial da União*, Brasília, DF, 1990. Disponível em: http://www.planalto.gov.br/ccivil_03/decreto/1990- 1994/D99710.htm. Acesso em: 16 jan. 2020.

[177] CILLERO BRUÑOL, Miguel. O interesse superior da criança no marco da Convenção Internacional sobre os Direitos da Criança. *In*: GARCIA MÉNDEZ, Emilio; BELOFF, Mary (Org.). *Infância, lei e democracia na América Latina*. Blumenau: EDIFURB, 2001. v. 1. p. 102-103.

[178] BRASIL. Decreto n. 99.710, de 21 de novembro de 1990. Promulga a Convenção sobre os Direitos da Criança. *Diário Oficial da União*, Brasília, DF, 1990. Disponível em: http://www.planalto.gov.br/ccivil_03/decreto/1990- 1994/D99710.htm. Acesso em: 16 jan. 2020.

que depende da instrução e da orientação da família; (ii) que o dever de cuidado dos pais e responsáveis em relação às crianças tem como objetivo a obtenção de autonomia por parte destas e, ainda, (iii) que crianças e adolescentes são aptos a exercer seus direitos de acordo com a evolução de suas capacidades. Este princípio, especialmente em virtude da terceira consequência, representa um desafio à coerência da ordem jurídica interna de diversos Estados que ratificaram a Convenção, pois, além de reconhecer que crianças e adolescentes são titulares de direitos, garante que podem também exercê-los. Desestabiliza, de tal forma, conceitos fundantes do direito moderno – capacidade de agir, direito subjetivo, autonomia privada, entre outros.[179]

Também na linha de garantia da autonomia individual, a Convenção estabelece, em seu art. 12, o direito da criança e do adolescente de expressar suas opiniões sobre todos os assuntos a eles relacionados, devendo ser levadas em consideração de acordo com sua idade e maturidade.[180] No mesmo dispositivo é também definido o direito da criança de ser ouvida em todo processo judicial ou administrativo que a afete, seja diretamente ou através de um representante ou órgão apropriado.[181] Infantes, assim, deixam de ser compreendidos como sujeitos "sem fala", uma vez que as opiniões de crianças e adolescentes devem ser respeitadas e consideradas.

Sobre o direito a ser ouvido e o direito à participação, a Corte Interamericana de Direitos Humanos, na decisão referente ao caso *Atala Riffo e crianças versus Chile*, esclarece que não basta ouvir a criança, é necessário que suas opiniões sejam seriamente consideradas "a partir do momento em que seja capaz de formar um juízo próprio, o que requer que suas opiniões sejam avaliadas mediante exame caso a caso".[182] Indica,

---

[179] Este é o caso da Argentina, como demonstra Herrera (HERRERA, Marisa. Ensayo para pensar una relación compleja: sobre el régimen de la capacidad civil y representación legal de niños, niñas y adolescentes desde el principio de autonomía progresiva en el derecho argentino. *Justicia y Derechos del Niño*, Santiago-Chile, n. 11, p. 107-143, 2009) e é, também, o caso do Brasil, como demonstra-se nesta tese.

[180] Sobre esse artigo, Baratta trata da necessidade de uma leitura ampliativa da expressão "sobre todos os assuntos relacionados com a criança", pois todos os assuntos em que intervêm e decidem os adultos afetam as crianças, seja de modo direto seja indireto. De acordo com o autor, estabelece-se o princípio do interesse universal da criança (BARATTA, Alessandro. Infância e democracia. *In*: GARCIA MÉNDEZ, Emilio; BELOFF, Mary (Org.). *Infância, lei e democracia na América Latina*. Blumenau: EDIFURB, 2001. v. 1. p. 48).

[181] BRASIL. Decreto n. 99.710, de 21 de novembro de 1990. Promulga a Convenção sobre os Direitos da Criança. *Diário Oficial da União*, Brasília, DF, 1990. Disponível em: http://www.planalto.gov.br/ccivil_03/decreto/1990- 1994/D99710.htm. Acesso em: 16 jan. 2020.

[182] CORTE IDH. *Caso Atala Riffo y Niñas vs. Chile*. 2012. Disponível em: http://corteidh.or.cr/docs/casos/articulos/seriec_239_esp.pdf. Acesso em: 13 jan. 2020.

ainda, que para não considerar a opinião da criança a autoridade deve argumentar especificamente nesse sentido.[183]

A Convenção, ao estabelecer o direito de participação e de escuta da criança nos âmbitos judicial e administrativo, abala não apenas os conceitos clássicos de capacidade civil e de representação legal, mas também a noção de capacidade processual.[184] O reconhecimento da autonomia individual a crianças e adolescentes pela doutrina internacional de direitos humanos – tanto no âmbito material quanto no processual – exige a harmonização dos sistemas jurídicos internos dos países que ratificaram a Convenção, o que se configura como um desafio ao paradigma adultocêntrico do direito ocidental.

A partir dos três pilares que a sustentam, é possível afirmar que, de modo inovador, a Convenção traz em seu bojo um caráter simultaneamente protetivo e de garantia à autonomia de crianças e adolescentes: é protetiva na medida em que prevê um extenso rol de direitos à criança, especialmente aqueles considerados de segunda dimensão, os quais vinculam a ação da família e do Estado; e é garantidora da autonomia na medida em que permite às crianças, no decorrer do seu desenvolvimento biopsíquico, participar ativamente de questões que lhes digam respeito e exercer os direitos que lhes foram assegurados na medida da evolução das suas capacidades.

Conforme explica Cortés, o movimento de positivação dos direitos humanos de crianças e adolescentes traz a especificidade de inverter aquilo que se denomina gerações dos direitos humanos.[185] Isso porque esse movimento se iniciou, na Declaração de Genebra (1924) e na Declaração dos Diretos das Crianças (1959), com a previsão de direitos sociais, econômicos e culturais, ou seja, direitos definidos como de segunda dimensão: saúde, educação, segurança, alimentação,

---

[183] CORTE IDH. *Caso Atala Riffo y Niñas vs. Chile*. 2012. Disponível em: http://corteidh.or.cr/docs/casos/articulos/seriec_239_esp.pdf. Acesso em: 13 jan. 2020.

[184] HERRERA, Marisa. Ensayo para pensar una relación compleja: sobre el régimen de la capacidad civil y representación legal de niños, niñas y adolescentes desde el principio de autonomía progresiva en el derecho argentino. *Justicia y Derechos del Niño*, Santiago-Chile, n. 11, p. 107-143, 2009. p. 115.

[185] É necessário denunciar os problemas da concepção geracional dos direitos humanos. Para tanto, utiliza-se da doutrina de Rubio, para quem "a visão de direitos humanos, como direitos de primeira, segunda e terceira geração, serve para reforçar o imaginário excessivamente eurocêntrico e linear que, apesar de possuir suas virtudes elementos positivos, acaba por implantar uma cultura excessivamente anestesiada e circunscrita a uma única forma hegemônica de ser humano: a construída pelo Ocidente em sua trajetória e versão de modernidade liberal e burguesa" (SANCHEZ RUBIO, David. *Encantos e desencantos dos direitos humanos*: de emancipações, libertações e dominações. Porto Alegre: Livraria do Advogado, 2014. p. 88).

assistência social, entre outros. Os direitos negativos ou de liberdade – compreendidos como de primeira "geração" – foram inaugurados, por sua vez, apenas com a Convenção dos Direitos da Criança de 1989 e são identificados como os "novos direitos das crianças".[186]

Muito embora a coexistência das perspectivas protetiva e de garantia à autonomia – ou dos "velhos" e dos "novos" direitos da criança – seja prestigiada pela maior parte dos comentadores, há autores que afirmam que a Convenção estabeleceu em seu conteúdo lógicas antagônicas e inconciliáveis. É o caso da socióloga francesa Théry, para quem o documento internacional não propõe solução à contradição, que parece simplesmente ignorada.[187] A autora afirma que a Convenção, ao prever os "novos direitos", assimila um movimento que iguala a criança ao adulto e que, fundado na libertação infantil, a torna responsável por sua própria proteção e aberta a manipulações.[188] Aponta, ainda, que garantir maior autonomia às crianças é um problema social, e não jurídico e, assim, a previsão de direitos negativos a elas é uma resposta genérica e ineficaz.[189]

A partir de uma abordagem maniqueísta – segundo a qual *ou* as crianças têm autonomia *ou* são protegidas pela família e pelo Estado –, a autora apresenta, em seu artigo publicado em 1992, a dúvida em relação à eficácia da Convenção. Desconsidera Théry que, em diversas situações, menores de dezoito anos precisam ser protegidos exatamente daqueles que são os responsáveis pela sua proteção. Sem a garantia de instrumentos de autoproteção, crianças e adolescentes ficam mais suscetíveis a violações a seus direitos.

Mais de três décadas desde a aprovação da Convenção, o questionamento em relação à eficácia da Convenção ainda é relevante. Mas, enquanto Théry lança esta questão com o propósito de negar a importância dos direitos de liberdade das crianças com fundamento na sua suposta ineficácia, este enfrentamento é retomado com o objetivo

---

[186] FANLO CORTÉS, Isabel. "Viejos y "nuevos" derechos del niño. Un enfoque teórico. *Revista de Derecho Privado*, Bogotá, n. 20, p. 105-126, jan./jun. 2011. p. 107.

[187] THÉRY, Irene. Nouveaux droits de l'énfant, la potion magique? *Revue Esprit*, Paris, p. 5-30, mar./abr. 1992. p. 8. Disponível em: https://esprit.presse.fr/article/irene-thery/nouveaux-droits-de-l-enfant-la-potion-magique-11568 Acesso em: 14 jan. 2020.

[188] THÉRY, Irene. Nouveaux droits de l'énfant, la potion magique? *Revue Esprit*, Paris, p. 5-30, mar./abr. 1992. p. 13. Disponível em: https://esprit.presse.fr/article/irene-thery/nouveaux-droits-de-l-enfant-la-potion-magique-11568 Acesso em: 14 jan. 2020.

[189] THÉRY, Irene. Nouveaux droits de l'énfant, la potion magique? *Revue Esprit*, Paris, p. 5-30, mar./abr. 1992. p. 26. Disponível em: https://esprit.presse.fr/article/irene-thery/nouveaux-droits-de-l-enfant-la-potion-magique-11568 Acesso em: 14 jan. 2020.

de analisar os limites dos direitos humanos previstos aos indivíduos menores de dezoito anos.

Não se pretende abranger de modo global a eficácia da Convenção. A partir de uma análise local, especificamente em relação à América Latina, constata-se que todos os países a ratificaram entre 1990 e 1991. No entanto, como aponta Torrens, "em termos concretos de reconhecimento e gozo dos direitos previstos na Convenção, é possível relativizar o impacto real da ratificação no contexto latino-americano".[190] Há, nesses países, um abismo entre o avançado conjunto de normas e a realidade vivenciada por crianças e adolescentes.[191]

É certo que a previsão pela Convenção de direitos às crianças e aos adolescentes não se trata, em referência ao título do artigo de Théry, de uma *poção mágica* que gera resultados positivos por si só. Como a trajetória dos direitos humanos evidencia, sua mera declaração não tem o condão de alterar a realidade, porém, é capaz de nortear mudanças no plano fático. Com efeito, os limites dos direitos humanos decorrem, em grande medida, da concepção simplista, linear, ocidental e homogênea que se adota sobre eles, baseada na dimensão pós-violação e no paradigma estatal.[192] A Convenção sobre os Direitos da Criança não obteve pleno sucesso em escapar a este padrão.

---

[190] TORRENS, María Claudia. *Autonomía progresiva*: evolución de las facultades de ninãs, niños e adolescentes. Ciudad Autónoma de Buenos Aires: Astrea, 2019. p. 82.

[191] Alguns dados comprovam essa afirmação. De acordo com matéria do jornal *El País*, de junho de 2019, uma em cada duas crianças argentinas é pobre, e 13% dos menores de dezoito anos passam fome no país (MAIS da metade das crianças argentinas são pobres. *El País*, jun. 2019. Disponível em: https://brasil.elpais.com/brasil/2019/06/07/internacional/1559927136_602178.html. Acesso em: 21 jan. 2020). A crise socioeconômica da Venezuela levou 4,5 milhões de venezuelanos a migrarem para fora do país. De acordo com a Unicef, para 2020, a estimativa é de que 1,9 milhões de crianças necessitarão de assistência humanitária dos demais países da América Latina (UNICEF lança apelo global e pede US$64,5 milhões para a resposta à crise migratória venezuelana. *Unicef*. Disponível em: https://www.unicef.org/brazil/comunicados-de-imprensa/unicef-lanca-apelo-global-e-pede-usd-64-5-milhoes-para-resposta-a-crise-migratoria-venezuelana. Acesso em: 21 jan. 2020). No Brasil, apesar de os dados referentes à saúde e educação infantis tenham evidenciado melhoras nesses setores, a forte desigualdade social faz que estes avanços não atinjam toda a população. Nesse sentido, 2,8 milhões de crianças e adolescentes estavam fora da escola em 2015. Esse número compreende especialmente crianças pobres, negras, indígenas e quilombolas. A desnutrição, que atinge 6,7% do total das crianças menores de cinco anos no país, afeta 30% das crianças indígenas e, entre os ianomâmis, o percentual supera 80% (SITUAÇÃO das crianças e dos adolescentes no Brasil. *Unicef*. Disponível em: https://www.unicef.org/brazil/situacao-das-criancas-e-dos-adolescentes-no-brasil. Acesso em: 21 jan. 2010).

[192] SANCHEZ RUBIO, David. *Encantos e desencantos dos direitos humanos*: de emancipações, libertações e dominações. Porto Alegre: Livraria do Advogado, 2014. p. 48-49.

Muito embora quase todos os países do mundo tenham ratificado o documento de 1989, é evidente o caráter ocidental que ele assume. Sobre isso, impende destacar que, na elaboração do texto, a participação majoritária foi de países europeus, além dos Estados Unidos, do Canadá e da Austrália. Países asiáticos, africanos e da América Latina tiveram baixa representação no grupo de trabalho responsável pela criação do documento.[193] Esse fato favoreceu a abordagem de tendência ocidental e homogênea de infância que a Convenção abriga, cuja consequência é a marginalização das vivências indígenas e de outras comunidades tradicionais[194] e a neutralização das diferenças sociais e culturais. Por não dar espaço à pluralidade da(s) infância(s), 64 países fizeram reservas e declarações interpretativas ao texto, com o objetivo de compatibilizá-la com sua cultura, religião e legislação interna.[195]

Verifica-se, em relação aos direitos humanos previstos pela Convenção, a separação entre teoria e prática, entre aquilo que é previsto e aquilo que é praticado. Essa distância, que é considerada *normal*, consolida e fortalece a *cultura da impotência* e uma forma de compreensão da convivência humana "sem mais pretensões, que interessa a quem mais se beneficia que isso seja assim".[196]

De acordo com Rubio, a efetivação dos direitos humanos requer a adoção de uma noção pré-violadora, vinculada a processos cotidianos de busca pela dignidade.[197] A concretização dos direitos humanos, assim, depende de uma perspectiva relacional e concreta, em que sejam garantidas as diferenças culturais e individuais. Flores, no mesmo sentido, propõe que direitos humanos sejam compreendidos como processos institucionais e sociais que possibilitem a abertura e a

---

[193] ARANTES, Esther M. M. Duas décadas e meia de vigência da Convenção sobre os direitos da criança: algumas considerações. *In*: BRANDÃO, Eduardo Pontes (Org.). *Atualidades em psicologia jurídica*. Rio de Janeiro: Nau, 2016. p. 55-56.

[194] O caráter ocidental da Convenção pode ser exemplificado pelo compromisso de eliminação das práticas tradicionais que possam ser prejudiciais à saúde da criança (art. 24, 3). Como afirma Arantes, muito embora o objetivo da norma seja de garantir a vida e a integridade física de crianças e adolescentes, é necessário problematizar o uso de categorias ocidentais em documentos que pretendam universais (ARANTES, Esther M. M. Duas décadas e meia de vigência da Convenção sobre os direitos da criança: algumas considerações. *In*: BRANDÃO, Eduardo Pontes (Org.). *Atualidades em psicologia jurídica*. Rio de Janeiro: Nau, 2016. p. 57).

[195] ARANTES, Esther M. M. Direitos das crianças e dos adolescentes: um debate necessário. *Psicologia Clínica*, Rio de Janeiro, v. 24, n. 1, p. 45-56, 2012.

[196] SANCHEZ RUBIO, David. *Encantos e desencantos dos direitos humanos*: de emancipações, libertações e dominações. Porto Alegre: Livraria do Advogado, 2014. p. 122.

[197] SANCHEZ RUBIO, David. *Encantos e desencantos dos direitos humanos*: de emancipações, libertações e dominações. Porto Alegre: Livraria do Advogado, 2014. p. 125.

consolidação de espaços de luta pela dignidade humana. Preconiza o autor que a única universalização possível é quanto à busca por maior igualdade de acesso aos bens que permitam uma vida digna.[198]

Assim, defende-se que a efetiva garantia de direitos humanos a crianças e adolescentes é atravessada pelo reconhecimento e pela consideração de sua individualidade e de sua autonomia, na medida da evolução de suas capacidades, em vista à emancipação e em respeito, no maior alcance possível, a sua própria versão de vida digna. A plena concretização dos direitos humanos aos menores de dezoito anos requer, então, a garantia de voz, de participação nas demandas que lhes afeta e de capacidade para exercer seus direitos. Para tanto, políticas públicas dirigidas à emancipação da infância fazem-se necessárias, especialmente no campo da educação, da informação e da saúde.

Muito embora se reconheça que a dimensão normativa é insuficiente para a efetivação dos direitos humanos, entende-se que o ordenamento jurídico interno dos Estados tem aptidão para favorecer a inclusão de grupos que estiveram historicamente marginalizados na sociedade, a exemplo de crianças e adolescentes. Não foi isso, no entanto, que se procedeu no Brasil.

3.2 A doutrina da proteção integral na Constituição Federal de 1988 e no Estatuto da Criança e do Adolescente: tensões, contradições e alguns resquícios da perspectiva tutelar

O Brasil ratificou na íntegra o texto da Convenção no ano de 1990. Ao longo da década de 1980, com a circulação de notícias que mostravam a situação alarmante da infância brasileira, começou uma intensa mobilização popular em prol dos direitos da criança, capitaneada especialmente por ONGs e pela Igreja católica. Apesar de a promulgação da Constituição Federal ser anterior à aprovação do documento internacional, o movimento relativo a esta e o contexto social inspiraram a elaboração do art. 227 do texto constitucional e do Estatuto da Criança e do Adolescente, que recepcionam a doutrina da proteção integral no país.

---

[198] HERRERA FLORES, Joaquín. *La reinvención de los derechos humanos*. Sevilla: Atrapasueños, 2007. p. 13.

O art. 227 da CF prescreve que os direitos das crianças e dos adolescentes deverão ser assegurados com prioridade absoluta, bem como reparte a responsabilidade pela proteção dos menores de dezoito anos entre a família, a sociedade e o Estado. A Constituição Federal inovou, também, ao estabelecer que o atendimento aos direitos de crianças e adolescentes deve levar em consideração a descentralização político-administrativa e a participação popular.

O ECA, em uma abordagem democrática e participativa, estabelece que a formulação de políticas públicas cabe aos conselhos municipais de direitos da criança e do adolescente – órgão deliberativos e de composição paritária entre sociedade e governo. Também sob o propósito de participação popular, foram criados os conselhos tutelares, órgãos municipais permanentes responsáveis por fiscalizar e implementar o cumprimento dos direitos de crianças e adolescentes. Esse projeto ambicioso de descentralização e transferência da responsabilidade pelas crianças para a sociedade, entretanto, se mostrou pouco efetivo.[199]

Na realidade, nesses mais de trinta anos da adoção de uma nova concepção de direito das crianças e dos adolescentes, são constatadas limitações tanto na esfera da proteção quanto na da autonomia. Deixa-se a desejar, então, tanto na efetivação dos "velhos" quanto dos "novos" direitos da criança e do adolescente.

Em relação aos direitos de proteção – que abrangem os direitos à vida, à saúde, à segurança, à alimentação, à moradia, à educação e ao lazer –, os limites decorrem especialmente da falta de investimento em matéria da infância e da exclusão das crianças e dos adolescentes do processo de participação e decisão na vida pública.[200] Por um lado, os conselhos de direitos, nas suas diversas instâncias, e os conselhos tutelares demoraram a ser implementados e sofrem até hoje para se consolidar em decorrência da falta de experiência, de capacidade e de fundos.[201] Por outro lado, os interesses das crianças e dos adolescentes tendem a ser invisibilizados no cenário político. Isso porque, quando a infância é historicamente definida como um passivo social, "legitima-se

---

[199] RIZZINI, Irene; PILOTTI, Francisco. Introdução. *In*: RIZZINI, I.; PILOTTI, F. (Org.). *A arte de governar crianças*: a história das políticas sociais, da legislação e da assistência à infância no Brasil. 3. ed. São Paulo: Cortez, 2011. p. 28-29.

[200] FERNANDES, Natália; TOMÁS, Catarina. Infância, direitos e risco(s): velhos e novos desafios identificados a partir da análise dos Relatórios da CNPCJR (2000 e 2010). *Fórum Sociológico*, v. 29, p. 21-29. p. 24

[201] RIZZINI, Irene; PILOTTI, Francisco. Introdução. *In*: RIZZINI, I.; PILOTTI, F. (Org.). *A arte de governar crianças*: a história das políticas sociais, da legislação e da assistência à infância no Brasil. 3. ed. São Paulo: Cortez, 2011. p. 30.

sua posição de pouca importância nas políticas públicas e na repartição das riquezas socialmente geradas".[202]

Esta invisibilidade tem também como consequência a transferência das necessidades das crianças do Estado para organizações sem fins lucrativos, em um movimento de refilantropização das políticas públicas e de privatização das responsabilidades estatais. Esta prática – sustentada pelo apelo à cooperação da sociedade e baseada na caridade – altera o destino dos recursos públicos, que passam a ser dirigidos a organizações privadas e, assim, atendem aos interesses destas. Desta forma, os direitos das crianças, que em tese deveriam vincular a atuação do Estado, não atingem plenamente o *status* de políticas públicas e mantêm-se, em grande medida, como objeto do assistencialismo privado.[203]

Sem pretender exaurir os diversos e complexos fatores que levam à ineficiência dos direitos protetivos de crianças e adolescentes, demonstra-se que não foi plenamente afastada, ainda, a abordagem tutelar e assistencialista do modelo anterior. Defende-se neste estudo a ideia de que a proteção a crianças será mais efetiva quanto maior for a sua participação nos processos decisórios que lhes atinjam. Pretende-se, assim, superar a oposição entre proteção e autonomia, e com isso defender uma concepção ampliada de proteção. Para tanto, os direitos de liberdade dos indivíduos menores de dezoito anos devem ser levados a sério.[204]

Apesar de enfrentarem limites econômicos, políticos e sociais, os direitos de proteção previstos na Convenção sobre os Direitos da Criança foram incluídos nos ordenamentos jurídicos internos dos mais diversos países ao longo do último século. Os direitos de autonomia, por sua vez, muito embora consagrados na ordem internacional, não foram incluídos, na medida em que a Convenção prescreve, na ordem jurídica interna da maioria dos Estados signatários. É certo que estes direitos, por possibilitarem a participação e a tomada de decisão a crianças em matérias que lhes digam respeito, requerem adaptações nas legislações internas, especialmente em institutos como o da capacidade de agir e da capacidade processual.

---

[202] CASTRO, Lucia Rabello de. A infância e seus destinos contemporâneos. *Psicologia em Revista*, Belo Horizonte, v. 8, n. 11, p. 47-58, jun. 2002. p. 52.

[203] TELLES, Tiago Santos; SUGUIHIRO, Vera Lucia Tieko; BARROS, Mari Nilza Ferrari de. Os direitos de crianças e adolescentes na perspectiva orçamentária. *Serviço Social e Sociedade*, São Paulo. n. 105, p. 50-66, jan./mar. 2011.

[204] Faz-se referência, neste ponto, a FREEMAN, Michael. Tomándo más en serio los derechos de los niños. *Revista de Derechos del Niño*, Santiago de Chile, n. 3-4, p. 251-279, 2006.

Em países em que os tratados internacionais de direitos humanos contam com forte valor jurídico em decorrência de sua hierarquia normativa – a exemplo do Brasil, em que a Convenção tem *status* supralegal – as adaptações legislativas configuram-se como exigência. Sobre isso, Herrera aponta que a responsabilidade pela efetivação de um tratado internacional recai especialmente ao Poder Legislativo, que tem a missão de proceder às alterações necessárias na ordem jurídica interna.[205] Como será a seguir demonstrado, a legislação interna brasileira não se adequou efetivamente aos ditames da Convenção em matéria de garantia à autonomia de crianças e adolescentes.

De modo exíguo, o direito de participação e o princípio da autonomia progressiva foram inseridos em poucos dispositivos do ECA: no art. 28, §1º, o qual define que em procedimentos de colocação em família substituta, sempre que possível, "a criança ou o adolescente será previamente ouvido por equipe interprofissional, respeitado seu estágio de desenvolvimento e grau de compreensão sobre as implicações da medida, e terá sua opinião devidamente considerada"; no §2º do mesmo dispositivo, em que foi estabelecido que "tratando-se de maior de 12 (doze) anos de idade, será necessário seu consentimento, colhido em audiência" e no art. 45, §2º, que exige o consentimento do adolescente nos casos de adoção.[206]

Previsão semelhante a essas não pode ser encontrada no restante do ordenamento jurídico brasileiro, do que se depreende que a opinião da criança e do adolescente somente será tomada em consideração em situações bastante específicas, isto é, em procedimentos relativos à guarda, tutela e adoção. Há, com isso, uma ruptura em relação ao conteúdo do já mencionado art. 12 da Convenção, que estabelece a possibilidade de crianças e adolescentes opinarem em *todos* os assuntos a eles relacionados, bem como de participarem em *todo* processo judicial ou administrativo que os afete.

Ainda, prevê o Estatuto da Criança e do Adolescente, em seu art. 16, que os menores de dezoito anos têm direito à liberdade, o qual compreende o direito de ir e vir, o direito de opinião e de expressão, o direito de crença e culto religioso, o direito de brincar e se divertir, o

---

[205] HERRERA, Marisa. Ensayo para pensar una relación compleja: sobre el régimen de la capacidad civil y representación legal de niños, niñas y adolescentes desde el principio de autonomía progresiva en el derecho argentino. *Justicia y Derechos del Niño*, Santiago-Chile, n. 11, p. 107-143, 2009. p. 109-110.

[206] BRASIL. Lei nº 8.069, de 16 de julho de 1990. *Diário Oficial da União*, Poder Executivo, Brasília, DF, 1990.

direito de participar da vida familiar e comunitária, o direito de participar da vida política e o direito de buscar refúgio, auxílio e orientação.

Tais direitos, entretanto, carecem de maior importância prática, uma vez que o ECA e o Código Civil, em negligência ao art. 5º da Convenção, não preveem a autonomia progressiva de crianças e adolescentes para seu exercício. Como consequência, em casos de violação a estes e outros direitos, a criança depende da iniciativa de seus pais ou de outro representante legal para ser protegida, sendo que, em inúmeros casos, são os próprios genitores os responsáveis pela violação.

Representação e assistência são consideradas instrumentos de proteção à criança e ao adolescente.[207] Ao se estabelecer que esses institutos supostamente protetivos se aplicam em relação a todos os direitos dos infantes e independentemente de seu nível de amadurecimento e de compreensão, a gramática jurídica nega o reconhecimento de uma parcela de autonomia a quem não atingiu a maioridade. A premissa subjacente ao argumento que alia representação e assistência à proteção é de que os pais e os demais adultos responsáveis pelas crianças não violam seus direitos em hipótese alguma. Ignora-se que em diversas situações as crianças necessitam ser protegidas dos seus próprios pais, ou seja, daqueles que têm a aptidão para representar juridicamente seus interesses. Não há dúvidas de que crianças devam ser protegidas, o que ocorrerá com maior efetividade quanto mais dispuserem de mecanismos de autoproteção.[208]

Desconsidera-se, no Brasil e em diversos outros países, que o princípio da autonomia progressiva é norma jurídica de hierarquia supralegal que, como tal, requer a desconstrução e reconstrução do regime legal de incapacidades em relação ao exercício de direitos por crianças e adolescentes. A efetivação deste princípio exige a flexibilização do sistema a partir da inclusão de elementos que permitam a análise da evolução das capacidades dos menores de dezoito anos, bem como a revisão de conceitos tradicionais.[209]

---

[207] Como exemplo, Amaral trata dos institutos da representação e da assistência, na obra *Direito civil: introdução*, em tópico intitulado "Proteção aos incapazes" (AMARAL, Francisco. *Direito civil*: introdução. 8. ed. rev., atual. e aum. Rio de Janeiro: Renovar, 2014. p. 287).

[208] MORAES, Maria Celina Bodin de. Instrumentos para a proteção dos filhos frente aos próprios pais. *Civilística.com*, Rio de Janeiro, v. 7, n. 3. 2018. Disponível em: http://civilistica.com/wp-content/uploads/2019/01/Bodin-de-Moraes-civilistica.com-a.7.n.3.2018.pdf. Acesso em: 10 jun. 2020.

[209] HERRERA, Marisa. Ensayo para pensar una relación compleja: sobre el régimen de la capacidad civil y representación legal de niños, niñas y adolescentes desde el principio de autonomía progresiva en el derecho argentino. *Justicia y Derechos del Niño*, Santiago-Chile, n. 11, p. 107-143, 2009.

Diante dessa incoerência entre Convenção sobre os Direitos da Criança e legislação interna, é cabível recurso ao controle de convencionalidade, que se trata da "compatibilização da produção normativa doméstica com os tratados de direitos humanos ratificados pelo governo e em vigor no país".[210] Conforme afirma Mazzuoli, a compatibilidade das leis infraconstitucionais com a Constituição Federal não é suficiente para garantir validade no direito interno, pois é obrigatória, também, a conformidade com os tratados de direito internacional.[211]

A realização de controle de convencionalidade ainda é um desafio. Identifica-se a resistência do Poder Judiciário brasileiro de efetuar tal controle, decerto pela mentalidade de priorização do direito interno em relação ao internacional.[212] A despeito disso, de acordo com Piovesan, a cultura jurídica brasileira – assim como a latino-americana, de modo geral – tem vivenciado a crise do paradigma fundado a partir das noções de pirâmide normativa, de hermetismo de um direito purificado e de *state approach*. Constrói-se atualmente um outro paradigma, pautado (i) no modelo de trapézio, em que tanto a Constituição como os tratados internacionais de direitos humanos se encontram no ápice da ordem jurídica, (ii) na abertura do direito para fontes externas, com a "permeabilidade do Direito mediante o diálogo entre jurisdições" e (iii) no *human rights approach*, em que a liberdade estatal enfrenta como limite a dignidade humana.[213]

Nesta lógica em que a pirâmide normativa é substituída pela figura de um trapézio, a validade do direito interno depende da sua conformidade aos tratados de direitos humanos. Sobre isso, Mazzuoli defende que, independentemente do *status* normativo do tratado de direitos humanos, abre-se a possibilidade de realização do controle de convencionalidade. Para o autor, se o documento de direitos humanos não seguiu o procedimento definido no art. 5º, §3º, da Constituição

---

[210] MAZZUOLI, Valerio de Oliveira. Teoria geral do controle de convencionalidade no direito brasileiro. *Revista Direito e Justiça: Reflexões Sociojurídicas*, Santo Ângelo, ano 9, n. 12, p. 235-276, 2009. p. 236-237.

[211] MAZZUOLI, Valerio de Oliveira. Teoria geral do controle de convencionalidade no direito brasileiro. *Revista Direito e Justiça: Reflexões Sociojurídicas*, Santo Ângelo, ano 9, n. 12, p. 235-276, 2009. p. 257-258.

[212] CHAVES, Denisson Gonçalves; SOUSA, Mônica Teresa Costa. O controle de convencionalidade e a autoanálise do Poder Judiciário brasileiro. *Revista da Faculdade de Direito da Universidade Federal do Paraná*, Curitiba, v. 61, n. 1, p. 87-113, jan./abr. 2016. p. 105.

[213] PIOVESAN, Flávia. Direitos humanos e diálogo entre jurisdições. *Revista Brasileira de Direito Constitucional – RBDC*, São Paulo, n. 19, p. 67-93, 2012. p. 68-72.

Federal – a exemplo da Convenção sobre os Direito da Criança – é possível apenas o controle difuso, isto é, realizado caso a caso.[214]

Com efeito, a aplicação do princípio da autonomia progressiva requer análise casuística e vinculada às especificidades da pessoa criança ou adolescente. Conforme será adiante analisado, a derrotabilidade das regras codificadas de capacidade, com fundamento em tal princípio, depende da constatação do discernimento do menor de dezoito anos. Para além do documento internacional de direitos humanos, o direito civil constitucional também aponta para a flexibilização das regras de capacidade a partir da análise concreta e individual da pessoa. É o que se passará a demonstrar no tópico seguinte.

3.3 O direito civil constitucional: em defesa da personalização do instituto da capacidade de agir em relação a crianças e adolescentes

O direito civil brasileiro, tradicionalmente vinculado à tutela patrimonial, sofreu uma mudança paradigmática com a promulgação da Constituição Federal de 1988.

No contexto liberal, as codificações civis pautavam a realização da pessoa a partir do livre exercício do direito de propriedade, ao redor do qual gravitavam os demais direitos privados. Diante disso, a pessoa humana foi reduzida à condição de sujeito de direito – ou seja, como categoria neutra e fictícia passível de formar relações jurídicas. Ocorre, contudo, que a perspectiva patrimonialista do direito civil liberal se tornou incompatível com a proteção à pessoa conferida pelas Constituições desde a Constituição de Weimar.[215]

Estas Constituições de tendência democrática e social romperam a rígida separação entre direito público e direito privado e estabeleceram limites à autonomia privada em vista ao interesse coletivo e à justiça social. O direito de propriedade, antes caracterizado pelo seu livre exercício e pela impossibilidade de interferência estatal, restou submetido a valores solidarísticos desde a assunção da força normativa

---

[214] MAZZUOLI, Valerio de Oliveira. Teoria geral do controle de convencionalidade no direito brasileiro. *Revista Direito e Justiça: Reflexões Sociojurídicas*, Santo Ângelo, ano 9, n. 12, p. 235-276, 2009. p. 265.

[215] LÔBO, Paulo Luiz Netto. Constitucionalização do direito civil. *Revista de Informação Legislativa*, Brasília, n. 141, p. 99-109, jan./mar. 1999. p. 103.

da Constituição.[216] Trata-se de consequência da constitucionalização do direito e do reconhecimento da supremacia formal e material do texto constitucional, cujas normas irradiam por todo o sistema jurídico.[217]

Tendo em vista que os Códigos Civis, no período liberal, se configuravam como os documentos legislativos de maior importância por regulamentarem o direito de propriedade, sua submissão aos valores e princípios constitucionais representou uma virada em termos de interpretação normativa. Nesse sentido, nas palavras de Lôbo, "a mudança de atitude é substancial: deve o jurista interpretar o Código Civil segundo a Constituição e não a Constituição segundo o Código, como ocorria com frequência (e ainda ocorre)".[218]

Deste modo, as normas de direito civil têm sua validade, interpretação e aplicação condicionadas ao respeito aos valores e princípios constitucionais, que funcionam como critérios de harmonização do sistema jurídico. Ressalte-se que a constitucionalização do direito civil impõe que a norma constitucional não seja considerada somente como regra hermenêutica, mas também como regra de comportamento, que incide sobre o conteúdo das situações jurídicas e promove sua funcionalização.[219]

A constitucionalização do direito civil tem como consequência o abandono da postura patrimonialista – herança das codificações liberais do século XIX – com a migração para uma perspectiva que enfatiza o desenvolvimento humano e a dignidade da pessoa concretamente considerada.[220] Assim, a Constituição Federal de 1988, ao estabelecer a dignidade humana como fundamento da República, deu subsídio para a defesa da repersonalização do direito civil, com a consagração

---

[216] SARMENTO, Daniel. A normatividade da Constituição e a constitucionalização do direito privado. *Revista da EMERJ*, Rio de Janeiro, v. 6, n. 23, p. 272-297, 2003. p. 272. Esta limitação do direito de propriedade pelas normas constitucionais dependeu do reconhecimento da efetividade da Constituição. De acordo com Barroso, a partir da doutrina da efetividade, a Constituição deixou de ser uma miragem, um documento que se pretendia supremo, mas que não garantia proveitos à coletividade (BARROSO, Luís Roberto. *O novo direito constitucional brasileiro*: contribuições para a construção teórica e prática da jurisdição constitucional no Brasil. 5. impr. Belo Horizonte: Fórum, 2018. p. 28-29).

[217] BARROSO, Luís Roberto. *O novo direito constitucional brasileiro*: contribuições para a construção teórica e prática da jurisdição constitucional no Brasil. 5. impr. Belo Horizonte: Fórum, 2018. p. 32-33.

[218] LÔBO, Paulo Luiz Netto. Constitucionalização do direito civil. *Revista de Informação Legislativa*, Brasília, n. 141, p. 99-109, jan./mar. 1999. p. 100.

[219] PERLINGIERI, Pietro. *O direito civil na legalidade constitucional*. Tradução de Maria Cristina de Cicco. Rio de Janeiro: Renovar, 2008. p. 590.

[220] FACHIN, Luiz Edson. *Direito civil*: sentidos, transformações e fim. Rio de Janeiro: Renovar, 2015. p. 58-59.

da "supremacia dos valores existenciais da pessoa humana sobre os aspectos patrimoniais de sua existência". É possível afirmar, com isso, que a tutela ao patrimônio é legítima desde que se configure como modo de proteção da pessoa.[221]

O destinatário do direito civil passa a ser a pessoa – concreta e dotada de vulnerabilidades e potencialidades específicas – e não mais o sujeito de direito, figura conceitual, abstrata e neutra que igualava formalmente os indivíduos no âmbito da relação jurídica. As instituições jurídicas, nesta concepção, servem às pessoas e se voltam ao seu desenvolvimento individual. Nas palavras de Fachin, "a pessoa antecede e sucede a instituição, esta existindo para dar sentido à existência daquela".[222] De acordo com Rodotà, é possível afirmar que se passa da consideração kelseniana de sujeito como "unidade personificada das normas" à pessoa como via de recuperação integral da individualidade; de uma noção que predicava a indiferença e a neutralidade para outra que impõe atenção ao modo em que o direito entra na vida dos indivíduos.[223]

Diante dessa mudança paradigmática, Fachin questiona se a autonomia privada e a liberdade continuam sendo pilares do ordenamento privado.[224] A resposta há de ser afirmativa. Se, por um lado, a autonomia para o exercício de situações jurídicas patrimoniais restou limitada em vista à justiça social, a autonomia para o exercício de situações jurídicas existenciais tem sido reafirmada desde a elevação do princípio da dignidade humana à condição de fundamento da República. De acordo com Sarlet:

> temos por dignidade da pessoa humana a qualidade intrínseca e distintiva reconhecida em cada ser humano que o faz merecedor do mesmo respeito e consideração por parte do Estado e da comunidade, implicando, neste sentido, um complexo de direitos e deveres fundamentais que assegurem a pessoa tanto contra todo e qualquer ato de cunho degradante e desumano, como venham a lhe garantir as condições existenciais mínimas para uma vida saudável, além de propiciar e promover sua participação

---

[221] CORTIANO JUNIOR, Eroulths. Para além das coisas: breve ensaio sobre o direito, a pessoa e o patrimônio mínimo. *In*: BARBOZA, H. H. *et al.* (Org.). *Diálogos sobre direito civil*. Rio de Janeiro: Renovar, 2002. p. 155-156.

[222] FACHIN, Luiz Edson. *Direito civil*: sentidos, transformações e fim. Rio de Janeiro: Renovar, 2015. p. 59.

[223] RODOTÀ, Stefano. *Dal soggetto alla persona*. Napoli: Scientifica, 2007. p. 25.

[224] FACHIN, Luiz Edson. *Direito civil*: sentidos, transformações e fim. Rio de Janeiro: Renovar, 2015. p. 11.

ativa e co-responsável nos destinos da própria existência e da vida em comunhão com os demais seres humanos, mediante o devido respeito aos demais seres que integram a rede da vida.[225]

A partir do conceito acima, é possível depreender que um dos aspectos centrais do princípio da dignidade humana é o reconhecimento da capacidade individual de livre determinação sobre a própria existência. De acordo com Ascensão, a dignidade humana se radica na possibilidade de a pessoa se autodeterminar, uma vez que cada indivíduo é um universo único e irrepetível, com liberdade e potencialidade de autorrealização.[226] Também nesse sentido, Meireles afirma que "é preciso que se reconheça à pessoa a possibilidade de autopromover o desenvolvimento de sua personalidade através da regulamentação de seus interesses existenciais".[227]

A promoção da dignidade humana requer, assim, o reconhecimento e a proteção de uma esfera de autonomia jurídica à totalidade dos indivíduos, inclusive aos mais vulneráveis – crianças, adolescentes, pessoas com deficiência intelectual e idosos. A garantia da autonomia impõe que cada pessoa construa sua própria versão de boa vida e, para isso, a todos deve ser reconhecida, na maior medida possível, a aptidão de tomar decisões juridicamente vinculantes. Para tanto, impõe-se a reelaboração de duas noções fundantes do direito civil: em primeiro lugar, a de autonomia privada, que deve se aliar à alteridade e à solidariedade, desvinculando-se do individualismo; e em segundo lugar, a de capacidade de agir.

A constitucionalização do direito civil requer a releitura dos seus institutos clássicos em vista à promoção dos valores e dos princípios constitucionais. De acordo com Perlingieri, é dever do jurista reler todo o sistema codificado e a legislação especial à luz dos princípios da Constituição, "de forma a individuar uma nova ordem científica que não freie a aplicação do direito e seja mais aderente às escolhas de fundo da sociedade contemporânea". Assim, torna-se necessária a

---

[225] SARLET, Ingo Wolfgang. *Dignidade da pessoa humana e direitos fundamentais na Constituição Federal de 1988*. 7. ed. rev. e atual. Porto Alegre: Livraria do Advogado, 2009. p. 67.

[226] ASCENSÃO, José de Oliveira. A dignidade humana e o fundamento dos direitos humanos. *In*: RIBEIRO, G. P. L.; TEIXEIRA, A. C. B. (Coord.). *Bioética e direitos da pessoa humana*. Belo Horizonte: Del Rey, 2011. p. 19.

[227] MEIRELES, Rose Melo Vencelau. *Autonomia privada e dignidade humana*. Rio de Janeiro: Renovar, 2009. p. 60.

superação de antigos dogmas, tendo em conta sua relatividade e sua historicidade.[228]

O instituto da capacidade de agir, fundado a partir dos dogmas da racionalidade e da segurança jurídica, impossibilitou ao longo da história que certos grupos de pessoas tivessem seus desejos e necessidades considerados. Por meio de critérios genéricos e excludentes, o legislador de 1916 impediu que mulheres casadas, indígenas, crianças e adolescentes e pessoas com deficiência intelectual exercessem sua autonomia privada na esfera civil, e estabeleceu que estas pessoas deveriam ser representadas, assistidas ou curateladas, a depender do caso, haja vista sua carência de discernimento.

Desde a constitucionalização do direito civil, o regime clássico de incapacidades se tornou objeto de duas principais críticas: primeiramente, por ter sido construído para as relações jurídicas patrimoniais, em vista à segurança jurídica das operações; e em segundo lugar por desconsiderar que todas as pessoas, em maior ou menor medida, se submetem a vulnerabilidades ao longo da vida, diante do que podem depender de apoio para poder exercer sua autonomia pessoal.

O modelo estrutural e rígido de incapacidades sofre, diante da constitucionalização do direito civil, aquilo que Rodotà denomina como "revanche da vida". De acordo com o autor, a revanche da vida começa quando se coloca de cabeça para baixo a impostação que vê na pessoa quase exclusivamente o sujeito econômico e identifica a sua capacidade de tomar decisões substancialmente com a capacidade patrimonial. A consideração integral da personalidade quebra esse esquema e impõe analisar na concretude do real as situações nas quais se pode e se deve atribuir relevância à vontade de quem, de outra forma, seria considerado incapaz. Não basta, assim, a identificação preventiva de uma figura abstrata de incapaz. É preciso considerar a pessoa através de uma contínua série de facetas, ora reconhecendo-lhe capacidade autônoma de decisão, ora acompanhando-lhe com formas de apoio.[229]

A principal derrocada do modelo estrutural de incapacidades decorre, no Brasil, do Estatuto da Pessoa com Deficiência (Lei nº 13.146 de 2015). Prevê o art. 6º da legislação que "a deficiência não afeta a plena capacidade civil da pessoa". É neste ponto que a lei opera grande mudança, uma vez que as pessoas com deficiência, a partir desse marco, são consideradas *a priori* como plenamente capazes. Caso seja verificado

---

[228] PERLINGIERI, Pietro. *O direito civil na legalidade constitucional*. Tradução de Maria Cristina de Cicco. Rio de Janeiro: Renovar, 2008. p. 137-138.

[229] RODOTÀ, Stefano. *La vita e le regole*: tra diritto e non diritto. Milão: Feltrinelli, 2006. p. 27-28.

que a condição limita efetivamente a possibilidade de participação social, a partir de análise por equipe multidisciplinar, poderá a pessoa com deficiência ser submetida a sistema de apoio.

O que se percebe é o intuito do Estatuto, ancorado na Convenção de Nova Iorque, de afastar o rótulo da incapacidade daqueles que padecem de deficiências intelectuais, mesmo que para isso o exercício das suas faculdades exija a adoção de institutos assistenciais. Houve, assim, a modificação do paradigma da substituição de vontade para o paradigma do apoio, "que pode ser mais ou menos intenso a depender das necessidades da pessoa com deficiência".[230] Trata-se de um modelo adequado às especificidades do indivíduo, em que suas vulnerabilidades e potencialidades são consideradas de modo concreto, e no qual a autonomia da pessoa deve ser respeitada na maior medida possível.

Com a mudança paradigmática promovida pelo Estatuto da Pessoa com Deficiência no regime de incapacidades brasileiro, começou-se a questionar a adequação da sua aplicação a crianças e adolescentes. Com efeito, há sentido em manter a aplicação de critérios rígidos e presuntivos apenas aos menores de dezoito anos? Teixeira e Rodrigues oportunamente questionam: "por que não aplicar o mesmo 'raciocínio por concreção' ao menor, afastando a mencionada presunção absoluta de falta de discernimento em razão da idade, como faz o regime das incapacidades?"[231]

Sem dúvidas, a narrativa do direito civil constitucional – que pugna pela revisão dos institutos jurídicos à luz da dignidade humana – requer a revisão do instituto da capacidade de agir também em relação a crianças e adolescentes, de modo que estes tenham sua autonomia assegurada quando demonstrarem apresentar aptidão para tomada de decisões. Dessa forma, a idade não deve se configurar como o único critério para definição da capacidade de agir, mas precisa ser analisada conjuntamente com o grau de maturidade da pessoa e com o nível de interpretação e de consciência acerca das consequências do ato que pretende praticar.

---

[230] TEIXEIRA, Ana Carolina Brochado; RODRIGUES, Renata de Lima. Regime das incapacidades e autoridade parental: qual o legado do Estatuto da Pessoa com Deficiência para o direito infanto-juvenil? *In*: TEIXEIRA, A. C. B; DADALTO, L. (Org.). *Autoridade parental*: dilemas e desafios contemporâneos. Indaiatuba: Foco, 2019. p. 22.

[231] TEIXEIRA, Ana Carolina Brochado; RODRIGUES, Renata de Lima. Regime das incapacidades e autoridade parental: qual o legado do Estatuto da Pessoa com Deficiência para o direito infanto-juvenil? *In*: TEIXEIRA, A. C. B; DADALTO, L. (Org.). *Autoridade parental*: dilemas e desafios contemporâneos. Indaiatuba: Foco, 2019. p. 25.

A constitucionalização do direito civil impulsiona a passagem da perspectiva institucional (como o direito é produzido?) para a abordagem funcional (para que e para quem o direito é produzido?), nos termos da lição de Bobbio. Na ótica estrutural, assim, as pessoas deveriam se submeter às regras, absolutas e inderrotáveis; na funcional, os institutos devem servir às pessoas e permitir-lhes o desenvolvimento e a realização da sua personalidade. Segundo Bobbio, "a crítica de um instituto começa exatamente pela crítica à sua função".[232] Ao se analisar o regime de incapacidades, verifica-se que sua função declarada é de proteção àqueles que presumivelmente não teriam condições para gerir seu patrimônio e tomar decisões sobre sua própria existência. Mas, para além disso, há uma função latente de exclusão daqueles que são compreendidos como inferiores na sociedade.

Ao se questionar o regime das incapacidades e suas abstrações, questiona-se, por consequência, o tratamento conferido pelo ordenamento jurídico à pessoa. Simbolicamente, a capacidade de fato representa uma chave que permite ao indivíduo o acesso à autonomia e à autorrealização. Na égide da subordinação do direito civil aos valores constitucionais, o porvir requer que cada vez mais indivíduos se tornem possuidores desta chave, de modo a efetivar um regime verdadeiramente inclusivista.

3.4 O direito de família democrático: a autoridade parental em prol da promoção da subjetividade e da autonomia dos filhos

No que atine ao direito das famílias, a Constituição Federal de 1988 consagrou a passagem da concepção institucional de família para a perspectiva eudemonista e democrática, direcionada à promoção da personalidade dos seus membros.[233] A família – antes enclausurada em um modelo único pautado pelo matrimonialismo, pela desigualdade,

---

[232] BOBBIO, Norberto. *Da estrutura à função*: novos estudos de teoria do direito. Tradução de Daniela Beccaccia. Barueri: Manole, 2007. p. 92.

[233] De acordo com Bodin de Moraes, "até o final da década de 1960, a comunidade familiar ainda agia como uma unidade totalizadora, a serviço da qual orbitavam seus membros; a partir de então, passa a caracterizar-se por uma nova concepção dos indivíduos em relação a seu grupo de pertencimento, na medida em que se tornam, como membros, mais importantes do que o conjunto familiar: o indivíduo único, cuja "íntima natureza" deve ser respeitada e incentivada" (MORAES, Maria Celina Bodin de. Instrumentos para a proteção dos filhos frente aos próprios pais. *Civilística.com*, Rio de Janeiro, v. 7, n. 3. 2018. p. 7. Disponível em: http://civilistica.com/wp-content/uploads/2019/01/Bodin-de-Moraes-civilistica.com-a.7.n.3.2018.pdf. Acesso em: 10 jun. 2020).

pelo patriarcalismo e pela transpessoalidade – foi juridicamente reconhecida como lócus de pluralidade, de realização pessoal, de afeto e de igualdade entre as pessoas que a compõem.[234]

Este outro modelo de família não é mais constituído exclusivamente através do instituto do casamento. O art. 226 do texto constitucional representa uma cláusula de abertura dos modos de formação da entidade familiar, permitindo o reconhecimento jurídico da união estável, das famílias recompostas, daquelas formadas por pares homoafetivos e das famílias monoparentais.[235] Na medida em que o aspecto formal já não é preponderante para a formação e o reconhecimento da entidade familiar, a afetividade passa a ser identificada como o elemento principal que a caracteriza e que a torna destinatária de proteção jurídica. Implicitamente, o constituinte reconheceu que são os laços de afeto que dão origem e fundamentação à família.

Em outro giro, não se reconhece a entidade familiar como unidade econômica e, igualmente, as uniões não podem mais ser compreendidas a partir do objetivo de enlace patrimonial. Verifica-se, nesse sentido, um movimento de repersonalização das relações familiares. De acordo com Bodin de Moraes, a família não se trata de uma unidade totalizadora, em que a instituição é mais importante que seus membros. No modelo constitucional, as vulnerabilidades, os desejos e as potencialidades de cada integrante têm relevância e sua individualidade deve ser considerada e incentivada. Diante disso, família democrática "nada mais é do que a família em que a dignidade de cada membro é respeitada e tutelada".[236]

Nas palavras de Menezes, essas mudanças em relação ao modelo institucional "cunharam uma *família democrática*, cuja energia constitutiva é a vontade; a substância caracterizadora é a afetividade; e o perfil

---

[234] LACERDA, Carmen Sílvia Maurício de. Famílias monoparentais: conceito, composição, responsabilidade. *In*: ALBUQUERQUE, F. S.; EHRHARDT JR., M.; OLIVEIRA, C. A. de. *Família no direito contemporâneo*: estudos em homenagem a Paulo Luiz Netto Lôbo. Salvador: JusPodivm, 2010. p. 169.

[235] MENEZES, Joyceane Bezerra de. A família e o direito de personalidade: a cláusula geral de tutela na promoção da autonomia e da vida privada. *Revista Direito UNIFACS*, Salvador, n. 218, 2018. p. 2. Disponível em: https://revistas.unifacs.br/index.php/redu/article/view/5456/3462. Acesso em: 3 ago. 2020.

[236] MORAES, Maria Celina Bodin de. Instrumentos para a proteção dos filhos frente aos próprios pais. *Civilística.com*, Rio de Janeiro, v. 7, n. 3. 2018. p. 7-9. Disponível em: http://civilistica.com/wp-content/uploads/2019/01/Bodin-de-Moraes-civilistica.com-a.7.n.3.2018.pdf. Acesso em: 10 jun. 2020.

funcional é a promoção da pessoa de seus integrantes".[237] Cada indivíduo é um fim em si mesmo e, assim, a todos os membros é reconhecida autonomia para buscar sua felicidade e realização pessoal.[238] O princípio da dignidade humana garante aos integrantes da família o direito à autodeterminação, que é o "motor da subjetividade", permitindo-lhes "a expressão genuína de sua personalidade pela idealização e realização de planos, projetos, escolhas, tomada de decisões, etc.".[239]

Diante dessas alterações, que apontam para a democratização das entidades familiares e para a horizontalidade entre seus membros, o instituto da autoridade parental irrompe com a lógica do pátrio poder e recebe novos contornos. A principal alteração decorre do reconhecimento das crianças e dos adolescentes como sujeitos de igual importância no cenário familiar. Verifica-se, aliás, uma inversão de prioridades: enquanto o pátrio poder existia em prol dos interesses do genitor, a autoridade familiar atualmente se justifica para tutelar os direitos das crianças e dos adolescentes.[240]

A terminologia ora adotada, preferível em relação à expressão *poder familiar*, reflete a mudança atravessada pelo instituto. Conforme explica Teixeira, muito embora a palavra *autoridade* indique poder, "traduz, de forma preponderante, uma relação de ascendência; é a força da personalidade de alguém que lhe permite exercer influências sobre o demais, sua conduta e reflexões".[241] A expressão *autoridade*

---

[237] MENEZES, Joyceane Bezerra de. A família e o direito de personalidade: a cláusula geral de tutela na promoção da autonomia e da vida privada. *Revista Direito UNIFACS*, Salvador, n. 218, 2018. p. 2. Disponível em: https://revistas.unifacs.br/index.php/redu/article/view/5456/3462. Acesso em: 3 ago. 2020.

[238] PEREIRA, Tânia da Silva; LEAL, Livia Teixeira. *Cuidado, ética, responsabilidade e compromisso*: famílias possíveis. Rio de Janeiro: Freitas Bastos, 2015. v. 10. Coleção Direito UERJ 80 Anos: Criança e Adolescente. p. 211.

[239] MENEZES, Joyceane Bezerra de. A família e o direito de personalidade: a cláusula geral de tutela na promoção da autonomia e da vida privada. *Revista Direito UNIFACS*, Salvador, n. 218, 2018. p. 5. Disponível em: https://revistas.unifacs.br/index.php/redu/article/view/5456/3462. Acesso em: 3 ago. 2020.

[240] LÔBO, Paulo. *Direito civil*: famílias. 4. ed. São Paulo: Saraiva, 2011. p. 75.

[241] A autora também explica por que a expressão "poder familiar" não se revela a mais adequada: "[...] poder familiar é mais adequado que pátrio poder, embora ainda não seja a expressão mais recomendável. Poder sugere autoritarismo, supremacia e comando, ou seja, uma concepção diferente do que o ordenamento jurídico pretende para as relações parentais. Já familiar não sugere que sua titularidade caiba apenas aos pais, mas que seja extensivo a toda a família" (TEIXEIRA, Ana Carolina Brochado. *Família, guarda e autoridade parental*. 2. ed. revista e atualizada de acordo com as leis 11.698/08 e 11.924/09. Rio de Janeiro: Renovar, 2009. p. 5). Elimar Szaniawski também defende que o uso da expressão "autoridade familiar" é o mais correto, pois designa "o poder-dever protetivo e assistencial dos pais em relação aos filhos" (SZANIAWSKI, Elimar. *Diálogos com o direito de filiação brasileiro*. Belo Horizonte: Fórum, 2019. p. 321).

parental indica o rompimento da supremacia do pai cristalizada pelo Código Civil de 1916, na medida em que promove abertura no sentido de abranger a mãe como igual titular deste poder-dever.

A principal mudança a ser destacada sobre a passagem do pátrio poder para a autoridade parental é o abandono da ideia de que os filhos são objetos de propriedade dos pais, os quais dependem da vontade destes para ter seus interesses satisfeitos. Na sistemática atual, em decorrência da doutrina da proteção integral inscrita na Constituição Federal em seu art. 227, crianças e adolescentes são reconhecidos como sujeitos de direitos dotados de dignidade humana. A partir do princípio do melhor interesse,[242] a família – juntamente com o Estado e com a sociedade – resta vinculada à tutela dos direitos dos indivíduos que não atingiram a maioridade. Assim, crianças e adolescentes, em virtude de sua maior vulnerabilidade decorrente da condição de sujeitos em desenvolvimento, devem ter seus interesses priorizados no âmbito familiar.[243]

Esta maior vulnerabilidade, no entanto, não fundamenta que a autonomia progressivamente adquirida pelas crianças e adolescentes seja desconsiderada pelos seus pais. Em verdade, cabe às autoridades parentais respeitar e fomentar a autonomia dos filhos em cada período de sua vida, tendo em vista que a maturidade e o discernimento são conquistas graduais que acompanham o desenvolvimento de sua personalidade.[244]

No contexto da família eudemonista e democrática, torna-se dever dos pais o respeito à pessoalidade dos filhos que, na condição de sujeitos dotados de dignidade, têm a possibilidade de se autodeterminar na medida da evolução de suas capacidades. E, além disso, outro dever que recai às autoridades parentais é o de educar os filhos em vista à

---

[242] Este princípio será analisado em profundidade no Capítulo 4 da presente obra.

[243] Oliveira aponta em sua tese de doutorado que os direitos da infância têm permitido, através do recurso ao melhor interesse da criança e do adolescente, a invisibilização dos direitos e interesses da mulher mãe, que se trata de outro personagem também vulnerável no cenário familiar (OLIVEIRA, Ligia Ziggiotti de. *Cuidado como valor jurídico*: crítica aos direitos da infância a partir do feminismo. Tese (Doutorado) – Programa de Pós-Graduação em Direito, Setor de Ciências Jurídicas, Universidade Federal do Paraná, Curitiba, 2019). A pertinência da crítica é revelada quando se observa que o reconhecimento e a aplicação desses direitos ocorreram dentro da lógica patriarcal. Defende-se, aqui, a reconstrução do direito da(s) infância(s) em uma perspectiva de democracia familiar e de igualdade material entre os componentes da família (pai, mãe e filhos).

[244] MENEZES, Joyceane Bezerra de. A família e o direito de personalidade: a cláusula geral de tutela na promoção da autonomia e da vida privada. *Revista Direito UNIFACS*, Salvador, n. 218, 2018. p. 12. Disponível em: https://revistas.unifacs.br/index.php/redu/article/view/5456/3462. Acesso em: 3 ago. 2020.

sua autonomia. Nesse sentido, o instituto da autoridade familiar, em seus novos contornos, é funcionalizado ao melhor interesse da criança e do adolescente, que se dirige à emancipação dos filhos. Sobre isso, Perlingieri afirma:

> O interesse do menor identifica-se também com a obtenção de uma autonomia pessoal e de juízo e pode concretizar-se também na possibilidade de exprimir escolhas e propostas alternativas que possam ter relação com os mais diversos setores, dos interesses culturais àqueles políticos e afetivos, desde que seja salvaguardada a sua integridade psicofísica e o global crescimento da sua personalidade.[245]

Pode-se afirmar, assim, que o exercício da autoridade familiar no quadro atual deve ser realizado em vistas à obtenção de autonomia pelas crianças e adolescentes, cabendo aos pais educar, assistir, promover a personalidade e edificar a liberdade dos filhos em vistas a contornar suas vulnerabilidades e assumir responsabilidades.[246]

A defesa da autonomia de crianças e adolescentes no âmbito familiar não aniquila o dever dos pais de proteger, orientar e dar limites aos filhos. O modelo de autoridade parental no cenário da democratização das relações familiares impõe o exercício saudável e dialogado deste poder-dever pelos pais, com a participação de todos os membros nas decisões que atingem a família. Deste modo, é necessário que sejam consideradas as opiniões e os interesses dos filhos, sem que isso signifique que todos seus desejos devam ser atendidos.[247] A solução aos impasses que atravessam as relações familiares decorre do diálogo, do afeto e do respeito à dignidade e à pessoalidade de todos os integrantes – inclusive daqueles que ainda estão na infância e na adolescência.

Não se pode desconsiderar, todavia, que, por vezes, a promoção da pessoalidade dos filhos esbarra nas visões de mundo dos pais. Surgiu, no início do século XXI, a primeira geração de crianças nascidas no paradigma digital. A assim designada "geração Y" é caracterizada pelo

---

[245] PERLINGIERI, Pietro. *Perfis do direito civil*: introdução ao direito civil constitucional. Tradução de Maria Cristina de Cicco. 3. ed. Rio de Janeiro: Renovar, 2007. p. 260.

[246] MEIRELES, Rose Melo Vencelau. *Autonomia privada e dignidade humana*. Rio de Janeiro: Renovar, 2009. p. 178.

[247] TEIXEIRA, Ana Carolina Brochado. *Família, guarda e autoridade parental*. 2. ed. revista e atualizada de acordo com as leis 11.698/08 e 11.924/09. Rio de Janeiro: Renovar, 2009. p. 160-162.

acesso à informação, por exercer com facilidade seu poder de crítica e por não ter seus genitores como principal modelo a seguir.[248]

Neste quadro em que a obediência não se configura como o elemento central das relações paterno-filiais, verifica-se uma tendência maior de embate entre pais e filhos, diante do que emerge a necessidade de maior proteção da criança e do adolescente em relação às autoridades parentais. Em tal contexto, os menores de dezoito anos seguem necessitando de assistência e proteção, mas, cada vez mais, apresentam capacidade de exercício de seus direitos e de participação nas questões que lhes afetam, diante do que a atuação dos pais deve ser limitada em prol da subjetividade dos filhos.[249]

3.5 Conclusões parciais

1 Com a Convenção sobre os Direitos da Criança, de 1989, é inserida a doutrina da proteção integral no quadro internacional de direitos humanos. Há, nessa sistemática, o reconhecimento de que a vulnerabilidade das crianças e dos adolescentes impõe a coexistência entre heteroproteção e autoproteção. Para além da proteção que se exige dos adultos, este modelo garante aos menores de dezoito anos instrumentos de autonomia jurídica, como forma de defesa ante atuações abusivas em relação aos seus interesses. Ressignificando a ideia de proteção, previu a Convenção o direito à oitiva e à participação de crianças e adolescentes em procedimentos judiciais e administrativos que os afetem e o princípio da autonomia progressiva.

2 Ocorre, no entanto, que o ordenamento jurídico de diversos países signatários da Convenção não incluiu a esfera de autoproteção – ou incluiu de modo insuficiente, com a manutenção de traços da concepção tutelar no tratamento a crianças e adolescentes. É o caso do Brasil, onde se nega autonomia jurídica àqueles que não atingiram a

---

[248] MORAES, Maria Celina Bodin de. Instrumentos para a proteção dos filhos frente aos próprios pais. *Civilística.com*, Rio de Janeiro, v. 7, n. 3. 2018. p. 3-4. Disponível em: http://civilistica.com/wp-content/uploads/2019/01/Bodin-de-Moraes-civilistica.com-a.7.n.3.2018.pdf. Acesso em: 10 jun. 2020. Sobre o tema, necessário pontuar que a geração Y não é a primeira a se contrapor aos valores dos pais. Nas décadas de 1960 e 1970, dado o movimento de contracultura, verificou-se a tendência dos jovens de contrariarem as estruturas hierárquicas sociais e familiares.

[249] MORAES, Maria Celina Bodin de. Instrumentos para a proteção dos filhos frente aos próprios pais. *Civilística.com*, Rio de Janeiro, v. 7, n. 3. 2018. p. 4. Disponível em: http://civilistica.com/wp-content/uploads/2019/01/Bodin-de-Moraes-civilistica.com-a.7.n.3.2018.pdf. Acesso em: 10 jun. 2020.

maioridade. O Estatuto da Criança e do Adolescente, que regulamentou a doutrina da proteção integral no país, focaliza a perspectiva de heteroproteção e prevê de modo exíguo instrumentos de autoproteção. Em descompasso com a Convenção, o ECA garante a participação de crianças e adolescentes apenas em demandas que envolvam a colocação em família substituta (e não em todas os procedimentos que lhes afetem) e não prevê a flexibilização do regime de incapacidades em decorrência da autonomia progressiva.

3 A consignação da dignidade humana como fundamento da República pela Constituição Federal de 1988 e o movimento de constitucionalização do direito civil, aliados ao desenvolvimento e à prática dos direitos humanos no cenário internacional, ensejaram críticas ao modelo de incapacidades disposto no Código Civil de 2002, dada a sua lógica abstrata, binária e excludente. Com a incidência das normas constitucionais no direito civil, novas respostas passaram a ser exigidas em vista ao personalismo, à promoção do livre desenvolvimento da personalidade e à inclusão. Nesse contexto, a Lei Brasileira de Inclusão, ao estabelecer que a deficiência não afeta a plena capacidade da pessoa, representa a crise do modelo estruturalista de regime de incapacidades e abre espaço para uma discussão ainda mais contundente quanto à manutenção do sistema tradicional em relação a crianças e adolescentes. Na sistemática da parte geral do Código Civil, as pessoas adquirem maturidade em um momento fixo da vida, porém, as características da infância e da adolescência apontam em sentido contrário. Trata-se de fases vivenciadas de modo heterogêneo pelos indivíduos, de modo que a autonomia é obtida de forma gradual e compatível com as condições socioambientais experimentadas. A promoção da justiça nos casos concretos requer a flexibilização dos critérios presuntivos e rígidos da codificação, para que menores de dezoito anos possam, na medida de sua capacidade de fato, definir sua própria versão de vida digna.

4 Com a constitucionalização do direito civil emerge a ideia de democratização das relações familiares. Desde a crise do modelo jurídico patriarcal, desigual e transpessoal de família, reconhece-se que a pessoalidade de todos os integrantes da família deve ser promovida e considerada. Constata-se, na atualidade, um espaço maior de tensão entre interesses dos pais e dos filhos menores. Isso porque, com o apogeu tecnológico, crianças e adolescentes têm acesso a informações e maiores condições de formar opiniões diferentes daquelas adotadas por seus genitores. Nesse contexto, defende-se que a autoridade parental seja limitada pela autonomia progressiva e dirigida à segurança e à emancipação dos filhos. Idealmente, os conflitos familiares devem ser resolvidos através do diálogo e do respeito à individualidade de cada um dos membros. Há casos, porém, em que o exercício da autoridade parental atenta contra a dignidade e o melhor interesse dos filhos. São estas situações que permitem afirmar que, no quadro atual, a efetiva proteção dos direitos e interesses de crianças e adolescentes depende da garantia de instrumentos de autoproteção. Todavia, a tendência adultocêntrica que remanesce no direito brasileiro permite a manutenção da errônea equiparação entre incapacidade e proteção.

PARTE II

SÍNTESE ENTRE PROTEÇÃO E EMANCIPAÇÃO: REPERCUSSÕES DO PRINCÍPIO DA AUTONOMIA PROGRESSIVA EM MATÉRIA DE EXERCÍCIO DE DIREITOS POR CRIANÇAS E ADOLESCENTES

CAPÍTULO 4

A VINCULAÇÃO ENTRE DIREITO E INFÂNCIA(S)

Na tradição jurídica ocidental, direito e infância foram compreendidos como termos antagônicos. Sobre isso, Ferrajoli afirma que "estando as crianças privadas da capacidade de atuar, sempre foram tratadas – e, antes disso, inclusive pensadas – muito mais como objetos que como sujeitos de direitos". Este antagonismo, em parte decorrente da separação entre instâncias pública e privada, deu azo ao entendimento segundo o qual a infância pertence a uma esfera privada não regulada pelo direito, submetida exclusivamente à espontaneidade das relações de afeto e de tutela.[250]

Esta perspectiva de exclusão da infância da sociedade e de restrição ao ambiente doméstico foi corroborada pela doutrina contratualista, que indica que homens livres e iguais definiram os princípios políticos que fundamentam a dimensão social, de modo que mulheres, crianças e deficientes foram representados pelos seus maridos, pais e curadores. A incapacidade política das crianças estaria precedida de uma incapacidade civil "natural", que coube ao direito de menores e ao direito civil simplesmente reconhecer e dar-lhe *status* científico.[251]

Foi somente no final do século XX que se estabeleceu, através da Convenção sobre os Direitos da Criança, o vínculo entre direito e infância. De acordo com Méndez, este documento "abre as portas para uma nova reformulação do pacto social", incluindo as crianças e os

---

[250] FERRAJOLI, Luigi. Prefácio. *In*: GARCIA MÉNDEZ, Emilio; BELOFF, Mary (Org.). *Infância, lei e democracia na América Latina*. Blumenau: EDIFURB, 2001. v. 1.

[251] GARCÍA MÉNDEZ, Emilio. Infância, lei e democracia: uma questão de justiça. *In*: GARCIA MÉNDEZ, Emilio; BELOFF, Mary (Org.). *Infância, lei e democracia na América Latina*. Blumenau: EDIFURB, 2001. v. 1. p. 40-41.

adolescentes como sujeitos ativos nesta versão renovada e includente de contrato social.[252] O reconhecimento da população infantojuvenil como participante ativa da sociedade coloca em xeque o entendimento tradicional de subjetividade jurídica e de capacidade de agir, bem como exige uma nova compreensão do princípio do melhor interesse da criança.

4.1 Crianças e adolescentes como sujeitos de direitos: qual é o alcance da titularidade de direitos sem a possibilidade de exercício?

A Convenção sobre os Direitos da Criança, em uma tendência de ampliação dos titulares dos direitos humanos, reconheceu expressamente as crianças como sujeitos de direitos. Diferentemente da tradição jurídica e social que imperava na maioria dos países antes de sua aprovação, a Convenção não define as crianças por aquilo que lhes falta para ser adultos, mas pelos seus atributos e pelos seus direitos ante o Estado, a família e a sociedade.[253] Afasta, dessa forma, a compreensão segundo a qual os menores de dezoito anos estão à mercê do tratamento que estas instituições julgam corretas.

A elevação das crianças e dos adolescentes à condição de sujeitos de direitos incita questionamentos diversos no campo doutrinário. Muitos deles, como se verá adiante, demonstram a permanência da tradição adultocêntrica que pretende manter o distanciamento entre infância e direitos. Outros, no entanto, se baseiam na complexidade de incluir crianças na linguagem do direito e refletem a necessidade de revisão de institutos jurídicos tradicionais desenhados na modernidade.

Há, em primeiro lugar, quem questione a necessidade de conferir direitos a crianças e adolescentes a partir do argumento de que os adultos com estes se relacionam com base no amor, no cuidado e no altruísmo. Idealiza-se, em tal abordagem, a relação entre adultos e crianças ao se enfatizar que aqueles sempre garantirão os melhores interesses destes.[254]

---

[252] GARCÍA MÉNDEZ, Emilio. Infância, lei e democracia: uma questão de justiça. *In*: GARCIA MÉNDEZ, Emilio; BELOFF, Mary (Org.). *Infância, lei e democracia na América Latina*. Blumenau: EDIFURB, 2001. v. 1. p. 41.

[253] CILLERO BRUÑOL, Miguel. Infancia, autonomía y derechos: una cuestíon de principios. *Minoridad y familia, Revista interdisciplinaria sobre la problemática de la niñez – adolescencia y el grupo familiar*, Buenos Aires, n. 10, 1999. p. 4.

[254] Freeman indica que, para Goldstein, Freud e Solnit, o único direito das crianças é o de ter pais autônomos, pois outros direitos seriam desnecessários nas relações paterno-filiais

Os numerosos casos de atrocidades aos direitos infantis perpetrados pelas autoridades parentais evidenciam que esta abordagem merece ser desconsiderada.

Em segundo lugar, há quem afirme que o respeito aos interesses das crianças deve ser exigido daqueles cujas ações possam afetá-las. Assim, nesta linha, ao invés de se falar em direitos da população infantojuvenil, fala-se em deveres dos adultos em relação a ela. O'Neill afirma que o reconhecimento de direitos à população infantil se trata de mera retórica cujo objetivo é enfatizar as obrigações dos responsáveis. Aponta, a partir da diferenciação quanto a outros grupos minoritários, que a única forma de crianças e adolescentes alcançarem empoderamento é crescendo e se tornando maiores de idade.[255] Ferguson, em sentido semelhante, defende que uma perspectiva baseada em deveres impõe obrigações positivas àqueles que tomam decisões que afetam crianças, no sentido de sempre beneficiá-las. De acordo com a autora, o enfoque nos direitos infantis tem caráter reativo, por gerar oposição aos adultos.[256]

Esta posição também merece críticas. Para Freeman, tal argumentação não permite conceber movimentos infantis (a exemplo dos grêmios estudantis e das associações jovens), os quais passaram a existir e foram reconhecidos nas últimas décadas. Ainda segundo o autor, a afirmação de que a dependência das crianças é diferente daquela vivenciada pelos demais grupos minoritários, por se tratar de algo supostamente "natural", também deve ser rebatida, uma vez que idade e capacidade não são sinônimos.[257] Como já demonstrado, a incapacidade de crianças e adolescentes é em grande medida artificial e construída socialmente.

Em terceiro lugar, no âmbito da teoria do direito, há quem questione a titularidade de direitos por menores de idade a partir da concepção liberal oriunda da teoria da vontade. Neste enfoque, para que seja identificado um direito, a pessoa que o reivindica deve ser a mesma que controla sua aplicação através dos poderes de renúncia,

---

(FREEMAN, Michael. Tomándo más en serio los derechos de los niños. *Revista de Derechos del Niño*, Santiago de Chile, n. 3-4, p. 251-279, 2006. p. 256-258).

[255] O'NEILL, Onora. Children's rights e children's lives. *Ethics*, Chicago, v. 98, n. 3, p. 445-463, abr. 1988. p. 463.

[256] FERGUSON, Lucinda. The jurisprudence of making decisions affecting children: an argument to prefer duty to children's rights and welfare. *Oxford Legal Studies Research Paper*, n. 6, 2017. Disponível em: https://papers.ssrn.com/sol3/papers.cfm?abstract_id=2339888. Acesso em: 12 ago. 2020.

[257] FREEMAN, Michael. Tomándo más en serio los derechos de los niños. *Revista de Derechos del Niño*, Santiago de Chile, n. 3-4, p. 251-279, 2006. p. 259-260.

extinção e execução.[258] A capacidade para exigir o direito seria, nesta ótica, um requisito para a sua titularidade. Com isso, tendo em vista que muitas crianças – especialmente as mais novas – não estão aptas a pleitear as posições jurídicas que lhes foram reconhecidas, não seria possível assumir a existência de verdadeiros direitos à população infantojuvenil.[259]

O recurso à teoria da vontade como argumento contrário à assunção da titularidade de direitos por crianças e adolescentes é criticada por MacCormick, defensor da teoria do interesse. Segundo o autor, as crianças têm interesses a serem protegidos desde o nascimento – ou seja, muito antes de desenvolverem vontade própria e de poderem expressá-la, de modo que terceiros podem reclamá-los em representação daquelas. Não é correto afirmar, de acordo com o jurista, que os pais tenham apenas o dever moral de cuidar de seus filhos. Trata-se de dever jurídico decorrente dos direitos das crianças, o qual implica a retirada dos filhos do ambiente familiar em caso de descumprimento. Mesmo na falta dos pais (nas hipóteses de morte, incapacidade ou abandono), os direitos das crianças remanescem, de modo que a outras pessoas recairá o dever de garantir-lhes bem-estar.[260]

Fanlo Cortés, em análise da teoria do interesse aplicada à infância, afirma que não é possível sustentar que somente exista direito quando haja correspondente dever exigível pelo próprio titular. Ao contrário, é o reconhecimento de um direito o que explica a atribuição de certas posições jurídicas subjetivas que recaem a outros sujeitos.[261] Não seria, então, a vontade do titular o elemento central do direito, mas o interesse que o fundamenta.

---

[258] FANLO CORTÉS, Isabel. "Viejos y "nuevos" derechos del niño. Un enfoque teórico. *Revista de Derecho Privado*, Bogotá, n. 20, p. 105-126, jan./jun. 2011. p. 108-109.

[259] Importante exemplo da crise da teoria da vontade decorre da Constituição do Equador (2008), que erigiu a natureza à condição de sujeito de direito. A perspectiva da natureza-sujeito rompe com o paradigma antropocêntrico típico da modernidade e demonstra a pulverização do conceito de sujeito de direito, que não se encontra mais vinculado exclusivamente ao ser humano. Evidencia-se, com isso, que não são os predicados de racionalidade e liberdade que dão fundamento à subjetividade jurídica, tampouco a possibilidade de o titular manejar a execução do direito. É certo, no entanto, que a garantia do exercício do direito pelo titular tem como consequência uma maior efetividade da tutela jurídica.

[260] MACCORMICK, Neil. Los derechos de los niños: un test para las teorías de los derechos. *In*: FANLO CORTÉS, Isabel. *Derecho de los niños*: una contribución teórica. México, DF: Fontamara, 2004.

[261] FANLO CORTÉS, Isabel. Los derechos de los niños ante las teorías de los derechos: algunas notas introductorias. *In*: FANLO CORTÉS, Isabel. *Derecho de los niños*: una contribución teórica. México, DF: Fontamara, 2004. p. 28.

A construção teórica de MacCormick é, sem dúvidas, necessária para afastar o argumento de que só existe direito quando o próprio titular pode executá-lo, evidenciando que a teoria da vontade falha por não se mostrar apta a reconhecer os direitos de crianças e adolescentes, os quais podem ser demandados através da ação de terceiros. Mas, a despeito de contribuir no sentido de reafirmar os direitos de crianças e adolescentes, a doutrina do autor revela forte caráter paternalista. Para rebater a teoria da vontade, argumenta que a pressuposição de que a própria pessoa é sempre a mais habilitada para definir o melhor para si mesma não deve ser estendida àqueles que não atingiram a maioridade, sendo que nesses casos o adequado é que um sujeito adulto pleiteie seus direitos em seu lugar.[262] Essa resposta, apesar de sua maior capacidade explicativa, não se adequa à tendência de reconhecimento e de garantia de autonomia a crianças e a adolescentes, bem como ignora que o nível de amadurecimento dos sujeitos é gradual e diferenciado, de modo que antes de atingir a maioridade a pessoa pode se mostrar apta a exercer pessoalmente seus direitos.

Em quarto lugar, há quem alegue que o reconhecimento de crianças e adolescentes como sujeitos de direitos tem como consequência igualá-los aos adultos. A definição de posições jurídicas àqueles que não alcançaram a maioridade, entretanto, reafirma sua diferença em relação aos adultos, porém sem permitir discriminações injustificadas. Sem dúvidas, crianças são mais vulneráveis por estarem em desenvolvimento biopsíquico e, desta forma, necessitam de uma vasta gama de direitos além daqueles conferidos aos que já atingiram a adultez. Trata-se, por isso, de sujeitos de direito especialíssimos, a quem se destina uma supraproteção necessária para o atingimento da igualdade material.[263]

De acordo com Torrens, a definição da criança e do adolescente como sujeitos de direitos leva ao abandono de qualquer critério que permita inferiorizá-los juridicamente por suas diferenças em relação ao sujeito-adulto ou que comporte sua descaracterização como sujeitos de direitos por não estarem abarcados por conceitos e instituições elaboradas para o sujeito hegemônico (o adulto).[264] Assim, a vulnerabilidade

---

[262] MACCORMICK, Neil. Los derechos de los niños: un test para las teorías de los derechos. *In*: FANLO CORTÉS, Isabel. *Derecho de los niños*: una contribución teórica. México, DF: Fontamara, 2004. p. 75.

[263] CILLERO BRUÑOL, Miguel. Infancia, autonomía y derechos: una cuestíon de principios. *Minoridad y familia, Revista interdisciplinaria sobre la problemática de la niñez – adolescencia y el grupo familiar*, Buenos Aires, n. 10, 1999. p. 5.

[264] TORRENS, María Claudia. *Autonomía progresiva*: evolución de las facultades de ninãs, niños e adolescentes. Ciudad Autónoma de Buenos Aires: Astrea, 2019. p. 7.

daqueles que não atingiram a maioridade não é mais aceita como fundamento para negar sua condição de titulares de direitos, tratando-se, pelo contrário, de um motivo para reafirmar tal condição. Deste modo, um eventual tratamento diferenciado outorgado pelo direito a crianças deverá dar conta de uma justificação objetiva e razoável. A idade – ou a menoridade – não habilita por si só um tratamento discriminatório.[265]

Segundo Freeman, a estrutura profunda dos direitos está na igualdade e na autonomia. Uma teoria plausível de direitos, para o autor, deve levar em consideração não apenas a igualdade jurídica, mas também o valor normativo da autonomia, isto é, a ideia de que as pessoas – inclusive as crianças – têm um conjunto de capacidades que lhes permite tomar decisões independentes em relação às opções de vida. Com isso, aqueles que não atingiram a maioridade têm direito de reconhecimento tanto de sua autonomia atual, como também de proteção à sua autonomia futura.[266]

Consoante analisado, o reconhecimento de crianças e adolescentes como sujeitos de direito enfrenta óbices no âmbito doutrinário. Os argumentos utilizados são variados, mas o fundamento é o mesmo: o não reconhecimento de sua autonomia moral e jurídica. Freeman tem razão quando afirma que, para aqueles que detêm poder – e no que atine às crianças os adultos são sempre poderosos –, os direitos alheios são um incômodo. Isso porque, se os marginalizados não contassem com eles, seria mais fácil governá-los e mais rápida, mais barata e mais eficiente a tomada de decisões em seu lugar.[267]

Sem dúvidas, o reconhecimento de direitos à população infanto-juvenil representa uma conquista. No entanto, a mera titularidade de direitos sem a possibilidade de exercício apresenta alcance limitado. Direitos são importantes porque concedem ao seu titular a possibilidade de tomar decisões próprias e de negociar com outras pessoas.[268] Dessa forma, levar a sério os direitos de crianças requer garantir-lhes participação e autonomia na medida em que amadurecem. Por consequência,

---

[265] TORRENS, María Claudia. *Autonomía progresiva*: evolución de las facultades de ninãs, niños e adolescentes. Ciudad Autónoma de Buenos Aires: Astrea, 2019. p. 125.

[266] FREEMAN, Michael. Tomándo más en serio los derechos de los niños. *Revista de Derechos del Niño*, Santiago de Chile, n. 3-4, p. 251-279, 2006. p. 269-271.

[267] FREEMAN, Michael. Why it remains important to take children's rights seriously. *In*: FREEMAN, Michael (Ed.). *Children's rights*: progress and perspectives – Essays from the International Journal of Children's Rights. Boston: Martinus Nijhoff Publishers, 2011. p. 9.

[268] FREEMAN, Michael. Why it remains important to take children's rights seriously. *In*: FREEMAN, Michael (Ed.). *Children's rights*: progress and perspectives – Essays from the International Journal of Children's Rights. Boston: Martinus Nijhoff Publishers, 2011. p. 9.

torna-se imperioso repensar o conceito de melhor interesse da criança e o instituto da capacidade de agir.[269]

4.2 Melhor interesse de crianças e adolescentes: a quem cabe defini-lo?

No modelo definido pela Convenção sobre os Direitos da Criança, o melhor interesse – juntamente com os direitos à não discriminação, à vida e à participação – integra seus princípios fundantes. Apesar de ser o mais mencionado, o princípio ora em análise ainda suscita dúvidas quanto ao seu conceito e sua aplicabilidade.[270] Descortinar seus sentidos atuais a partir da doutrina da proteção integral é urgente, pois, enquanto for identificado pela sua suposta falta de clareza conceitual, seguirá a dar ensejo a entendimentos arbitrários sobre o que efetivamente consiste no melhor interesse da criança e do adolescente.[271]

Consoante já analisado na primeira parte deste estudo, o reconhecimento de direitos da infância ocorreu de forma lenta e gradual a partir da modernidade. Após a "descoberta da infância" teorizada por Ariès, crianças e adolescentes perderam seu espaço na sociedade e tiveram sua participação restrita aos ambientes familiar e escolar. Com isso, os interesses da população infantil se tornaram, em regra, assunto privado e de responsabilidade familiar. Com efeito, os filhos eram considerados propriedade paterna, de modo que cabia aos pais a definição do que seria o melhor para as crianças, sem interferência estatal.

Este quadro de voluntarismo paterno passou por alterações primeiramente no contexto da Grã-Bretanha do século XVIII, quando se começou a reconhecer que crianças poderiam ter interesses juridicamente

---

[269] Meireles afirma, acertadamente, que "o reconhecimento da criança e do adolescente como sujeitos de direitos, na condição peculiar de pessoas em desenvolvimento [...], submete o instituto da capacidade jurídica a um repensar" (MEIRELES, Rose Melo Vencelau. *Autonomia privada e dignidade humana*. Rio de Janeiro: Renovar, 2009. p. 132-133).

[270] TORRENS, María Claudia. *Autonomía progresiva*: evolución de las facultades de ninãs, niños e adolescentes. Ciudad Autónoma de Buenos Aires: Astrea, 2019. p. 167.

[271] Sobre isso, Cillero Bruñol afirma que "geralmente se pensa que o interesse superior da criança é uma diretriz vaga, indeterminada e sujeita a múltiplas interpretações, tanto de caráter jurídico como psicossocial, que constituiria uma espécie de desculpa para tomar decisões à margem dos direitos reconhecidos, devido a um etéreo interesse superior de tipo extrajurídico" (CILLERO BRUÑOL, Miguel. O interesse superior da criança no marco da Convenção Internacional sobre os Direitos da Criança. *In*: GARCIA MÉNDEZ, Emilio; BELOFF, Mary (Org.). *Infância, lei e democracia na América Latina*. Blumenau: EDIFURB, 2001. v. 1. p. 92-93).

protegidos desconsiderados pelos seus pais.[272] De acordo com Pereira, a origem do *best interest* se relaciona com o instituto do *parens patriae*, que representava uma prerrogativa do rei e da Coroa para proteger os interesses daqueles que não estariam aptos a fazê-lo por si mesmos – especialmente de crianças e de pessoas com deficiência mental. Apesar de ter sido reconhecido como princípio jurídico apenas em 1863, ao longo do século XVIII o *best interest* foi utilizado como fundamento para decisões que privilegiavam o interesse das crianças em detrimento daqueles dos pais.[273] A partir disso, tornou-se notável uma tendência de estatização dos interesses infantis.

Com a Declaração dos Direitos da Criança das Nações Unidas (1959), foi definido que as leis internas, a fim de garantir desenvolvimento saudável às crianças, deveriam levar em consideração, sobretudo, seus "melhores interesses". A Declaração recorre novamente ao princípio quando preconiza que "os melhores interesses da criança serão a diretriz a nortear os responsáveis pela sua educação e orientação; esta responsabilidade cabe, em primeiro lugar, aos pais".[274]

Nesta mesma lógica, em solo nacional, o Código de Menores de 1979 previu em seu art. 5º que a proteção aos interesses do menor sobrelevaria qualquer outro bem ou interesse juridicamente tutelado. Com isso, conforme explica Barboza, o magistrado estaria autorizado a fazer prevalecer as normas do Código de Menores em face de qualquer norma geral de outros diplomas a fim de garantir o melhor interesse do menor.[275] O princípio representava, assim, um fundamento para atuação discricionária judicial em relação à população infantojuvenil.

Desde as primeiras referências no contexto inglês do século XVIII até a aprovação da Convenção sobre os Direitos da Criança em 1989, este princípio funcionou como baliza etérea e extrajurídica para a ação das autoridades parentais, dos magistrados e dos legisladores

---

[272] CILLERO BRUÑOL, Miguel. O interesse superior da criança no marco da Convenção Internacional sobre os Direitos da Criança. *In*: GARCIA MÉNDEZ, Emilio; BELOFF, Mary (Org.). *Infância, lei e democracia na América Latina*. Blumenau: EDIFURB, 2001. v. 1. p. 99.

[273] PEREIRA, Tânia Silva. O princípio do melhor interesse da criança: da teoria à prática. *In*: PEREIRA, Rodrigo da Cunha (Coord.). *Anais do II Congresso Brasileiro de Direito de Família*. Belo Horizonte: Del Rey, 2000. p. 216-217.

[274] É possível consultar a declaração no sítio eletrônico da Câmara dos Deputados, através do seguinte *link*: https://www2.camara.leg.br/atividade-legislativa/comissoes/comissoes-permanentes/cdhm/comite-brasileiro-de-direitos-humanos-e-politica-externa/DeclDirCrian. html. Acesso em: 9 set. 2020.

[275] BARBOZA, Heloisa Helena. O princípio do melhor interesse da criança e do adolescente. *In*: PEREIRA, Rodrigo da Cunha (Coord.). *Anais do II Congresso Brasileiro de Direito de Família*. Belo Horizonte: Del Rey, 2000. p. 204-205.

no tratamento a crianças e adolescentes, abrindo margem para decisões arbitrárias supostamente benevolentes.[276] Funcionou, também, como um mecanismo adultocêntrico e patriarcal através do qual pessoas adultas – em regra do sexo masculino – poderiam definir o que seria (em tese) o melhor interesse dos personagens infantojuvenis sem efetivamente consultá-los.

Com efeito, o aspecto patriarcal subjaz à construção do princípio do melhor interesse. A alusão a esse suposto melhor interesse – que, na prática, tende a ter seu conteúdo definido por homens adultos – foi e ainda é utilizada para fundamentar o dever de cuidado que, tradicionalmente, recai de modo quase exclusivo a outro personagem também vulnerável nos cenários familiar e social: a mulher mãe. Conforme adverte Oliveira, a aplicação deste princípio tende a ignorar os aspectos de desigualdade de gênero no exercício da parentalidade, enfocando unicamente nos aspectos positivos que o cuidado gera a quem o recebe.[277]

Com a aprovação da Convenção, em que se reconheceu a subjetividade jurídica de crianças e adolescentes, bem como sua possibilidade de participação nas questões jurídicas que lhes atingem e de exercício de direitos compatível com o amadurecimento pessoal, impõe-se a reconstrução do entendimento sobre o princípio em análise a partir de dois principais aspectos: (i) de que o melhor interesse, em que pese apresente flexibilidade conceitual, não tem conteúdo impreciso, uma vez que significa a plena satisfação dos direitos de crianças e adolescentes; (ii) de que em situações nas quais os direitos dos infantes entram em colisão, havendo dúvidas sobre qual deve prevalecer no caso concreto, impõe-se considerar e privilegiar, sempre que possível, a manifestação do próprio menor de dezoito anos.[278]

---

[276] CILLERO BRUÑOL, Miguel. O interesse superior da criança no marco da Convenção Internacional sobre os Direitos da Criança. *In*: GARCIA MÉNDEZ, Emilio; BELOFF, Mary (Org.). *Infância, lei e democracia na América Latina*. Blumenau: EDIFURB, 2001. v. 1. p. 102-103.

[277] OLIVEIRA, Ligia Ziggiotti de. *Cuidado como valor jurídico*: crítica aos direitos da infância a partir do feminismo. Tese (Doutorado) – Programa de Pós-Graduação em Direito, Setor de Ciências Jurídicas, Universidade Federal do Paraná, Curitiba, 2019. p. 91-92.

[278] Outro aspecto que deve nortear a reconstrução do sentido do princípio do melhor interesse é o equilíbrio dos interesses da criança com os dos demais integrantes também vulneráveis da família – especialmente a mulher mãe. Não se pode ignorar que, com fundamento no princípio do melhor interesse, os tribunais instituem o lar materno como referência na quase totalidade dos casos em que se aplica a guarda compartilhada. A construção patriarcal do princípio associa a mãe como a pessoa mais habilitada para cuidar dos filhos, a partir da naturalização da mulher como cuidadora. Sobre o tema, recomenda-se: OLIVEIRA, Ligia Ziggiotti de. *Cuidado como valor jurídico*: crítica aos direitos da infância a partir do feminismo.

Em relação ao primeiro aspecto, Cillero Bruñol defende que o princípio do melhor interesse tem seu conteúdo definido pela plena satisfação das parcelas jurídicas previstas às crianças e aos adolescentes. Segundo o autor, a norma consiste em um limite à discricionariedade das autoridades (judiciais, legislativas e parentais), as quais têm sua atuação submetida ao catálogo de direitos previstos pela Convenção sobre os Direitos da Criança. Antes da aprovação deste documento internacional, na ausência de um rol definido de direitos à população infantojuvenil, o melhor interesse se configurava como um "objetivo social desejável" realizado por uma autoridade benevolente. Tinha como função, nesse quadro, iluminar a consciência dos decisores para que fizessem escolhas corretas, como um "bom pai" faria.[279]

No momento atual, as autoridades, ao tomarem decisões que envolvam interesses de crianças e adolescentes, encontram-se restringidas às regras e aos princípios previstos na Convenção sobre os Direitos da Criança. Qualquer determinação que supostamente beneficie a criança, mas que contrarie aquilo que está definido pela Convenção, descumpre o princípio do melhor interesse.[280]

Apesar de não apresentar conteúdo impreciso, o princípio em análise inegavelmente é flexível, configurando-se esta característica como necessária à resolução dos casos concretos. Sobre isso, Schauer defende que o uso de *standards* (a exemplo do melhor interesse) permite julgamentos individualizados, nos quais há maiores chances de ser proferida uma decisão adequada à situação.[281] Também nesse sentido, Cruz defende que a aplicação da norma deve ser "orientada de acordo com as circunstâncias do caso concreto, afastando-se a mera análise em abstrato sobre a violação do princípio".[282]

A participação da criança e do adolescente no processo de definição daquilo que consiste no seu melhor interesse favorece

---

Tese (Doutorado) – Programa de Pós-Graduação em Direito, Setor de Ciências Jurídicas, Universidade Federal do Paraná, Curitiba, 2019.

[279] CILLERO BRUÑOL, Miguel. O interesse superior da criança no marco da Convenção Internacional sobre os Direitos da Criança. *In*: GARCIA MÉNDEZ, Emilio; BELOFF, Mary (Org.). *Infância, lei e democracia na América Latina*. Blumenau: EDIFURB, 2001. v. 1. p. 102-103.

[280] TOBIN, John. Children's health needs. *In*: FREEMAN, Michael (Ed.). *Children's rights*: progress and perspectives – Essays from the International Journal of Children's Rights. Boston: Martinus Nijhoff Publishers, 2011. p. 268.

[281] SCHAUER, Frederick. *Thinking like a lawyer*: a new introduction to legal reasoning. Cambridge: Harvard University Press, 2012. p. 194-195.

[282] CRUZ, Elisa Costa. A vulnerabilidade de crianças na jurisprudência da Corte Interamericana de Direitos Humanos: análise de casos e de formas de incorporação no direito brasileiro. *Revista dos Tribunais*, São Paulo, v. 999, p. 43-65, 2019.

decisões adequadas ao caso concreto e efetivamente protetivas. No momento atual, desde a aprovação da Convenção, não parece aceitável desconsiderar as manifestações dos reais interessados. É diante disso que, ao se analisar a questão "a quem cabe estabelecer qual é o melhor interesse de crianças e adolescentes?", abre-se uma nova resposta. Segundo Bodin de Moraes, as correntes que afirmavam que essa definição caberia exclusivamente aos pais ou ao Estado mostram-se insuficientes. Nesse quadro, foi concebida uma terceira corrente, segundo a qual, a partir do direito de participação, as crianças e os adolescentes podem contribuir na decisão sobre o que compreende seu melhor interesse e, a depender da medida da evolução de suas capacidades, poderão elas mesmas defini-lo nos casos concretos.[283]

A distinção entre melhor interesse e interesse manifesto merece atenção. O primeiro, definido por adultos a partir do que consideram o melhor para a criança, nem sempre coincidirá com aquilo que a própria criança manifesta como o seu interesse.[284] Muito embora as manifestações dos menores de dezoito não vinculem as decisões parentais, administrativas ou judiciais, defende-se que sejam ao menos conhecidas e consideradas.

Sobre isso, Campoy Cervera afirma que a suposta proteção do melhor interesse da criança e do adolescente sem a necessidade de atender a seus desejos e opiniões permite que a vida do infante seja exclusivamente dirigida pelos desejos e opiniões dos seus pais. Sem sua participação, o melhor interesse sempre poderá ser relegado e sacrificado quando estiver em conflito com os interesses dos pais.[285] Em sentido semelhante, Manrique aponta que a invocação do melhor interesse, sem tomar em consideração a opinião da criança, é ato puramente

---

[283] MORAES, Maria Celina Bodin de. Instrumentos para a proteção dos filhos frente aos próprios pais. *Civilística.com*, Rio de Janeiro, v. 7, n. 3. 2018. p. 11. Disponível em: http://civilistica.com/wp-content/uploads/2019/01/Bodin-de-Moraes-civilistica.com-a.7.n.3.2018.pdf. Acesso em: 10 jun. 2020.

[284] NÚCLEO ESPECIALIZADO DA INFÂNCIA E DA JUVENTUDE DA DEFENSORIA PÚBLICA DO ESTADO DE SÃO PAULO. *Parecer de Atendimento 12/19* – Atendimento de crianças e adolescentes na Defensoria Pública. São Paulo: 2020. Disponível em: https://www.defensoria.sp.def.br/dpesp/Repositorio/33/Documentos/Parecer%20Atendimento%20Criancas%20DPESP_Versao%20Final_Revisado.pdf. Acesso em: 14 mar. 2021.

[285] CAMPOY CERVERA, Ignacio. La construcción de un modelo de derechos humanos para los niños, con o sin discapacidad. *Derechos y Libertades*, Madrid, n. 37, p. 131-165, jun. 2017. p. 136.

paternalista. Para este autor, a pessoa menor de dezoito anos deve ser protagonista insubstituível na definição do que seja o melhor para si.[286]

Estes posicionamentos se embasam nos já mencionados direitos de participação (previsto no art. 12 da Convenção sobre os Direitos da Criança) e de exercício progressivo dos direitos por crianças e adolescentes (previsto no art. 5º do mesmo documento). Sobre o direito de participação, estabelece a Convenção que os Estados devem considerar as manifestações das crianças em todos os temas que sejam a elas relacionados, tendo como parâmetros sua idade e maturidade. Dessa forma, as autoridades – parentais ou institucionais – não podem discricionariamente descartar as opiniões daqueles que não atingiram a maioridade.[287] Para além do direito de participação, a Convenção também previu o princípio da autonomia progressiva, inscrito em seu art. 5º, segundo o qual aqueles que não atingiram a maioridade podem exercer seus direitos e consonância com a evolução de suas capacidades.

Em relação às crianças pequenas, ainda inaptas a manifestar sua opinião ou a exercer seus direitos diretamente, o princípio do melhor interesse representa importante mecanismo de proteção, na medida em que estabelece deveres que os pais e o Estado não podem discricionariamente deixar de cumprir. Quanto mais novas as crianças, maior sua dependência de heteroproteção, a qual deve estar vinculada aos ditames da Convenção.

Mas, conforme as crianças e os adolescentes adquirem habilidades e autonomia individual, a eles necessita ser garantido o direito de participação nas questões que lhes afetam. E, se já apresentam maturidade suficiente, a eles deve ser aberta a possibilidade de exercício de seus direitos, especialmente no sentido de realizarem sua autoproteção. Dessa forma, a tutela dos direitos de crianças e adolescentes nos termos da Convenção paulatinamente passa da exclusiva heteroproteção para o favorecimento da autoproteção; em outras palavras, da definição externa sobre o que representa o seu melhor interesse para a definição pela própria pessoa menor de idade.

---

[286] PÉREZ MANRIQUE, Ricardo C. Participación judicial de los niños, niñas y adolescentes. *In*: ÁVILA SANTAMARÍA, Ramiro; CORREDORES LEDESMA, María Belén (Ed.). *Derechos y garantías de la niñez y adolescencia*: hacia la consolidación de la doctrina de protección integral. Quito: Unicef, 2010. p. 575.

[287] Esta é a posição de Méndez, declarada no julgamento do Caso *Atala Riffo y Niñas vs. Chile*, de 2012, em que constou como perito (CORTE IDH. *Caso Atala Riffo y Niñas vs. Chile*. 2012. Disponível em: http://corteidh.or.cr/docs/casos/articulos/seriec_239_esp.pdf. Acesso em: 13 jan. 2020).

O modelo tradicional de proteção jurídica a crianças e adolescentes pautou-se unicamente na heteroproteção, dado seu ancoramento em sistemas excludentes de incapacidades e em concepções sociais adultocêntricas e patriarcais. A adoção de elementos de autoproteção, que permitam aos menores de idade participar na definição de seu melhor interesse, depende da reconstrução da noção de capacidade a partir da superação da sua vinculação com a maioridade. A Convenção sobre os Direitos da Criança lança o princípio da autonomia progressiva como chave para esta reconstrução.

4.3 O princípio da autonomia progressiva de crianças e adolescentes: a resposta que concilia modelos protecionistas e liberacionistas

Constata-se na doutrina que aborda a possibilidade de crianças e adolescentes exercerem seus direitos subjetivos a tensão entre os modelos protecionistas e liberacionistas.[288] Em um movimento de síntese das contribuições de ambas as vertentes e de alinhamento entre heteroproteção e autoproteção, a Convenção sobre os Direitos da Criança adotou em seu art. 5º o princípio da autonomia progressiva.[289]

A Convenção foi aprovada após quase um século de vigência do modelo tutelar, o qual, fundamentado na noção de que crianças e adolescentes se caracterizariam pela irracionalidade e pela plena dependência em relação a adultos, deu origem a uma abordagem jurídica exclusivamente protecionista e heteroprotetiva. Nela, a família (especialmente se contasse com condições materiais) e o Estado estariam

---

[288] Essa distinção é proposta por Ignacio Campoy Cervera na obra *La fundamentación de los derechos de los niños. Modelos de reconocimiento y protección* (CAMPOY CERVERA, Ignacio. *La fundamentación de los derechos de los niños*. Modelos de reconocimiento y protección. Madrid: Dykinson, 2006).

[289] "Art. 5º Os Estados Partes devem respeitar as responsabilidades, os direitos e os deveres dos pais ou, quando aplicável, dos membros da família ampliada ou da comunidade, conforme determinem os costumes locais, dos tutores legais ou de outras pessoas legalmente responsáveis pela criança, para proporcionar-lhe instrução e orientação adequadas, de acordo com sua capacidade em evolução, no exercício dos direitos que lhe cabem pela presente Convenção". Este princípio manifesta-se também no art. 14.2: "Os Estados Partes devem respeitar o direito e os deveres dos pais e, quando aplicável, dos tutores legais de orientar a criança com relação ao exercício de seus direitos, de maneira compatível com sua capacidade em desenvolvimento" (BRASIL. Decreto n. 99.710, de 21 de novembro de 1990. Promulga a Convenção sobre os Direitos da Criança. *Diário Oficial da União*, Brasília, DF, 1990. Disponível em: http://www.planalto.gov.br/ccivil_03/decreto/1990-1994/D99710.htm. Acesso em: 16 jan. 2020).

aptos a definir o melhor interesse dos personagens infantis e a lhes conferir o tratamento que entendessem adequado, sem consultá-los.

Este modelo oficialmente adotado – tanto nos documentos internacionais quanto nas legislações internas dos países – foi criticado, desde o início do século XX, por diversos autores das ciências sociais que questionavam a perspectiva protetiva-hierárquica e que propuseram, a partir de abordagens diversas, o modelo liberacionista. Entre eles, destaca-se, na década de 1920, a produção teórica do polonês Korczak e, a partir da década de 1970, a dos estadunidenses Holt, Farson e Cohen.[290] Como se verá adiante, a Convenção, ao adotar o princípio da autonomia progressiva, promoveu uma releitura do protecionismo ao recepcionar importantes contribuições do liberacionismo.

O modelo protecionista, que é o prevalente, foi abordado com profundidade neste estudo e, por isso, será objeto de uma breve retomada de seus pontos centrais. De acordo com Campoy Cervera, o protecionismo fundamenta-se na concepção de criança como ser indefeso, imperfeito e incapaz e nos entendimentos de que tais predicados podem ser igualmente constatados durante toda sua fase de formação e de que são automaticamente descartados a partir da maioridade, quando as pessoas se tornam aptas a viver de modo autônomo e pleno. Durante a infância e a adolescência, nesta linha, a pessoa deve ser protegida das ações de terceiros bem como de suas próprias ações. Na concepção protecionista, a tutela dos direitos das crianças e dos adolescentes é promovida por adultos (em regra, pelos pais), sem que seja necessária a manifestação do próprio titular, eis que incapaz.[291]

O ponto central do protecionismo é o não reconhecimento de força vinculante à vontade e às decisões daqueles que não atingiram a maioridade, muito embora sejam considerados sujeitos de direitos, dada a sua suposta incapacidade natural. Esta é a concepção adotada pelo ordenamento jurídico brasileiro, em que resta vedado (com poucas exceções)[292] o exercício autônomo de direitos subjetivos por

---

[290] ROSEMBERG, Fúlvia; MARIANO, Carmem Lúcia Sussel. A Convenção Internacional sobre os Direitos da Criança: debates e tensões. *Cadernos de Pesquisa*, São Paulo, v. 40, n. 141, 2010.

[291] CAMPOY CERVERA, Ignacio. La construcción de un modelo de derechos humanos para los niños, con o sin discapacidad. *Derechos y Libertades*, Madrid, n. 37, p. 131-165, jun. 2017. p. 135.

[292] De acordo com o Código Civil, adolescente relativamente incapaz é autorizado, mesmo sem a assistência de seus pais ou de outros adultos, a ser ouvido como testemunha (art. 228, I), ser mandatário (art. 666) e fazer testamento (art. 1860, parágrafo único) (BRASIL. Lei nº 10.406, de 10 de janeiro de 2002. *Diário Oficial da União*, Poder Executivo, Brasília, DF, 11 jan. 2001).

crianças e adolescentes – os quais dependem do interesse de seus pais ou representantes para que tenham sua tutela exercida – e em que a participação dos infantes ocorre apenas em casos de colocação em família substituta. Além de desconsiderar as aptidões específicas dos menores de dezoito anos e de mantê-los na condição de propriedade de seus pais, a adoção desta vertente contribui para ocorrência e perpetuação de violação a direitos infantis no cenário familiar.

No outro extremo, concentra-se o modelo liberacionista, que, segundo Campoy Cervera, se desenvolveu especialmente ao longo das décadas de sessenta e setenta nas sociedades inglesa e estadunidense, a partir da herança deixada no campo da pedagogia no início do século XX. Para o autor, este modelo se caracteriza por conceber crianças como pessoas dotadas de capacidades e qualidades (as quais até então haviam sido ignoradas, deliberadamente ou não, pela sociedade), por defender a extinção do modelo tradicional de relação de poder entre pais e filhos e por sustentar que crianças devem ser juridicamente protegidas e que ninguém melhor que elas mesmas para fazê-lo, do que repercute a necessidade de garantir instrumentos adequados a tal fim. De acordo com esta linha teórica, só é possível a liberação da criança das estruturas sociais e jurídicas com a garantia a ela dos mesmos direitos previstos aos adultos e da mesma capacidade de exercício em relação aos seus direitos.[293] O ponto mais relevante desta abordagem é a defesa do reconhecimento de força vinculante à vontade e às decisões daqueles que não atingiram a maioridade, uma vez que sua incapacidade não é natural.

Entre os liberacionistas, merece destaque a teoria precursora de Korczak.[294] Na obra *Como amar uma criança*, publicada originalmente em 1920, o autor polonês afirmou que a concepção pedagógica vigente no momento tendia a paulatinamente sufocar a vontade e a liberdade

---

[293] CAMPOY CERVERA, Ignacio. *La fundamentación de los derechos de los niños*. Modelos de reconocimiento y protección. Madrid: Dykinson, 2006. p. 770.

[294] Janusz Korczak, médico e autor polonês, fundou e manteve, entre 1912 e 1942, o Lar das Crianças, destinado ao acolhimento de crianças vulneráveis em Varsóvia. Aplicava no estabelecimento um sistema de autogestão pelas próprias crianças, uma vez que o "objetivo era que elas desenvolvessem a autonomia do pensamento e dos sentimentos, a responsabilidade por seus próprios atos, a liberdade de escolher e de decidir, para que se tornassem cidadãos responsáveis, conscientes de seus atos". Entre os dispositivos aplicados no lar, destacava-se o Tribunal de Arbitragem, que tinha como atribuição o julgamento das crianças pelas próprias crianças (que eram sorteadas para a função). Na obra *Como amar uma criança*, o autor relata as experiências do lar (TEZZARI, Mauren Lúcia. Dispositivos pedagógicos em Janusz Korczak: Aprendizagem e construção da autonomia em uma perspectiva pedagógica. *In*: ANPED SUL – SEMINÁRIO DE PESQUISA EM EDUCAÇÃO DA REGIÃO SUL, IX, 2012. *Anais...* Caxias do Sul: UCS, 2012).

das crianças, tornando-as gentis, obedientes e incapazes de enfrentar a vida.[295] Defendia, diante disso, o reconhecimento às crianças do direito à morte, do direito à sua vida presente, do direito a ser o que é e do direito de errar.[296] Questionava se, de fato, haveria uma distinção psíquica entre adultos e menores de idade que fundamentaria a marginalização destes das esferas decisórias. Na percepção do autor, o não reconhecimento de direitos às crianças teria menor relação com sua suposta carência psíquica e maior vinculação com a objetivo de segregação social – do mesmo modo como ocorreu com mulheres, camponeses e demais grupos oprimidos.[297]

Após décadas de recuo da abordagem liberacionista, com o movimento de contracultura das décadas de 1960 e 1970, houve o seu resgate.[298] Foram lançadas, neste período, estratégias de resistência contra as mais variadas formas de opressão através do anarquismo, do feminismo e do marxismo. As críticas do movimento feminista tiveram enorme importância ao identificar a família como espaço de desigualdade de poder – não somente em relação às mulheres, mas também quanto às crianças. A noção de autoridade, tanto no cenário familiar quanto no social, estava em crise.[299]

Em 1974, o estadunidense Holt lançou a primeira edição da obra *Escape from childhood*, na qual sustentou a infância como uma prisão da qual crianças e adolescentes teriam o direito de escapar. Para tanto, estes deveriam ter garantidos os mesmos direitos e ser cobrados das mesmas responsabilidades que os adultos. Defendeu à população infantojuvenil os direitos de votar, de controlar seu próprio aprendizado, de decidir quem seria seu guardião, de viajar sem a permissão dos pais, de trabalhar, de ter e administrar seu patrimônio – em suma, de fazer tudo que um adulto pode fazer.[300]

Archard, ao explicar a teoria de Holt, indica que este a fundamentou a partir da diversidade que existe entre as crianças, mas que

---

[295] KORCZAK, Janusz. *Como amare il bambino*. Traduzione: Margherita Bacigalupo Elena Broseghini; Ada Zbrzezna. Milano: Luni Editrice, 2005. p. 27-28.

[296] KORCZAK, Janusz. *Como amare il bambino*. Traduzione: Margherita Bacigalupo Elena Broseghini; Ada Zbrzezna. Milano: Luni Editrice, 2005. p. 55.

[297] KORCZAK, Janusz. *Como amare il bambino*. Traduzione: Margherita Bacigalupo Elena Broseghini; Ada Zbrzezna. Milano: Luni Editrice, 2005. p. 87.

[298] ROSEMBERG, Fúlvia; MARIANO, Carmem Lúcia Sussel. A Convenção Internacional sobre os Direitos da Criança: debates e tensões. *Cadernos de Pesquisa*, São Paulo, v. 40, n. 141, 2010.

[299] ARCHARD, David. *Children*: childs and childhood. 2. ed. London: Routledge, 2004. p. 70.

[300] HOLT, John. *Escape for childhood*: the needs and rights of children. New York: HoltGWS LLC, 2013.

frequentemente é ignorada devido a predicados que são irrealisticamente dirigidos à totalidade dos personagens infantis. É comum adultos apontarem que crianças são agitadas, cheias de energia, intensas, sagazes, inteligentes, sinceras e portadoras de grande capacidade para lidar com o prazer e com a dor. Em outras ocasiões, reconhecem as crianças de modo geral pelas supostas características de pequenez, debilidade, dependência, ignorância e falta de experiência. De acordo com Holt, assim como os adultos, as crianças têm seus próprios predicados e aptidões, que devem ser respeitados. A suposta vulnerabilidade das crianças seria, em verdade, uma projeção das necessidades dos próprios adultos.[301]

Uma das principais contribuições do liberacionismo está em demonstrar que crianças e adolescentes não formam um conjunto homogêneo de pessoas caracterizadas pela incompetência e pela plena dependência em relação aos adultos, uma vez que a idade não é o único fator que deve ser considerado para o reconhecimento jurídico de autonomia às pessoas.[302] Com efeito, crianças terão características e aptidões diferentes a depender dos estímulos, da educação, da socialização e da própria genética.

Há que se ter cautela, no entanto, com a tendência dos liberacionistas de supervalorização das habilidades infantis. Campoy Cervera indica que esta mitificação das características infantis pode ocorrer em três graus distintos: no primeiro, as habilidades dos adultos são igualmente identificadas nas crianças; no segundo, há a valorização positiva dos predicados infantis; no terceiro, considera-se que crianças são mais aptas que adultos para lidar com determinados problemas.[303] Trata-se de uma perspectiva criticável por descuidar da efetiva maior vulnerabilidade de crianças e adolescentes, que decorre do próprio desenvolvimento biopsíquico e que impede que todas as crianças tenham o reconhecimento jurídico do mesmo grau de liberdade que adultos.

Fica evidente a precariedade argumentativa dos liberacionistas quando afirmam que um recém-nascido tem direito, assim como um adulto, de votar e de administrar sua propriedade.[304] Para Garzón

---

[301] ARCHARD, David. *Children*: childs and childhood. 2. ed. London: Routledge, 2004. p. 74.

[302] De acordo com David Archard, a tese liberacionista está correta ao afirmar que o sistema de reconhecimento de direitos com base exclusivamente na idade é injusto, pois arbitrário (ARCHARD, David. *Children*: childs and childhood. 2. ed. London: Routledge, 2004. p. 85).

[303] CAMPOY CERVERA, Ignacio. *La fundamentación de los derechos de los niños*. Modelos de reconocimiento y protección. Madrid: Dykinson, 2006. p. 795.

[304] ARCHARD, David. *Children*: childs and childhood. 2. ed. London: Routledge, 2004. p. 75.

Valdés, a equiparação das crianças aos adultos pelo liberacionismo reforça justamente a vulnerabilidade infantil decorrente da incapacidade básica das crianças para exercer por si mesmas seus direitos.[305] Ainda, a consideração de que os personagens infantis contam com as mesmas aptidões que os adultos – ou de que apresentam aptidões ainda mais relevantes que estes – endossaria a defesa de igualdade formal entre sujeitos-crianças e sujeitos-adultos e fundamentaria, por consequência, a imposição dos mesmos deveres àqueles que não atingiram a maioridade, inclusive a equiparação da responsabilidade criminal.

São diversos os autores que reconhecem as insuficiências das abordagens protecionistas e liberacionistas e propõem perspectivas intermediárias. Um deles é Freeman, defensor do paternalismo liberal. Segundo ele, crianças devem ter assegurado o direito à autonomia presente e também futura, o que pode limitar a força jurídica de suas decisões. Assim, para que não façam escolhas que possam afetar de modo irreversível seu futuro e restringir suas possibilidades posteriores, os adultos podem limitar a autonomia de crianças e adolescentes a partir do critério da irracionalidade. Excepcionalmente, quando menores de dezoito anos pretendem agir de modo irracional – decidindo usar heroína ou não frequentar mais a escola, por exemplo –, seus pais e representantes podem legitimamente interferir nas suas escolhas.[306]

Campoy Cervera segue na mesma linha. Para o autor, medidas paternalistas se justificam quando a ação desejada pela criança possa causar prejuízo ao desenvolvimento de sua personalidade. Se a criança ou adolescente apresenta uma vontade autêntica – formada a partir do uso de suas faculdades racionais, com informação suficiente sobre as circunstâncias da decisão e com experiência para poder valorar adequadamente a informação – esta deve ser juridicamente respeitada.[307]

De modo semelhante, Archard sustenta, ao contrário da tese liberacionista, que crianças e adolescentes nem sempre terão condições de fazer escolhas jurídicas vinculantes. Segundo o autor, seria um erro permitir o exercício de direitos a todas as crianças sob o fundamento de

---

[305] GARZÓN VALDÉS, Ernesto. Desde la "modesta propuesta" de J. Swift hasta "Las casas de engorde" – Algunas consideraciones acerca de los derechos de los niños. *In*: FANLO CORTÉS, Isabel. *Derecho de los niños*: una contribución teórica. México, DF: Fontamara, 2004. p. 204.

[306] FREEMAN, Michael. Tomándo más en serio los derechos de los niños. *Revista de Derechos del Niño*, Santiago de Chile, n. 3-4, p. 251-279, 2006. p. 271-272.

[307] CAMPOY CERVERA, Ignacio. La construcción de un modelo de derechos humanos para los niños, con o sin discapacidad. *Derechos y Libertades*, Madrid, n. 37, p. 131-165, jun. 2017. p. 152-153.

que não são significativamente menos capazes que adultos para tomar decisões racionais autônomas. Para além do critério etário, aqueles que não atingiram a maioridade devem apresentar competência para o exercício autônomo de seus direitos.[308]

É possível afirmar, diante dos posicionamentos acima, que a Convenção sobre os Direitos da Criança adotou perspectiva intermediária entre protecionismo e liberacionismo ao estabelecer o princípio da autonomia progressiva. Sem mitificar as aptidões infantis, o documento internacional desestabiliza a divisão taxativa entre sujeitos plenamente autônomos e sujeitos carentes de autonomia decorrente da definição de uma idade imóvel e geral que autorizaria a realização de todos os atos da vida de uma pessoa.

As consequências do princípio da autonomia progressiva são diversas e impactantes. Primeiramente, afeta as práticas cotidianas, por possibilitar que menores de dezoito anos exerçam direitos subjetivos em razão de outros critérios que não somente o da idade. Em segundo lugar, atinge a ciência jurídica, na medida em que demanda alterações de sentido em relação a conceitos sedimentados na modernidade, a exemplo da autonomia da vontade e da capacidade de agir. Em terceiro lugar, exige práticas diferentes nos campos da medicina, da pedagogia e das demais áreas que lidam com crianças.[309]

O grande mérito do princípio da autonomia progressiva é de harmonizar a posição segundo a qual crianças e adolescentes devam se submeter integralmente às decisões dos pais e aquela que defende uma emancipação plena dos personagens infantis. Conforme afirma Lansdown, esta norma ocupa um lugar central no equilíbrio que a Convenção estabelece entre o reconhecimento das crianças como protagonistas ativos de sua própria vida, com a prerrogativa de serem escutados e respeitados e de que lhes seja concedida autonomia cada vez maior no exercício de seus direitos, e a necessidade que têm, ao mesmo tempo, de receber proteção em função de sua relativa imaturidade.[310]

A autonomia progressiva não implica afirmar que o exercício autônomo de direitos ocorra em toda a infância e adolescência, ou que se trate de uma regra absoluta. Com efeito, em algumas situações o exercício autônomo do direito pela criança ou pelo adolescente não

---

[308] ARCHARD, David. *Children*: childs and childhood. 2. ed. London: Routledge, 2004. p. 94-96.

[309] TORRENS, María Claudia. *Autonomía progresiva*: evolución de las facultades de ninãs, niños e adolescentes. Ciudad Autónoma de Buenos Aires: Astrea, 2019. p. 198.

[310] LANSDOWN, Gerison. *La evolución de las facultades del niño*. Florencia: Centro de Investigaciones Innocenti, 2005. p. 09.

trará riscos; em outras, os riscos estarão presentes. Assim, em alguns momentos essa decisão poderá ser diferida ou deverá contar com apoio técnico para que seja exercida. Em outros casos, ainda, deverá ser executada por um terceiro, assegurada a participação da criança ou do adolescente na maior medida possível.[311]

O art. 5º da Convenção, dessa forma, requer que crianças e adolescentes sejam considerados de modo concreto, a partir do seu amadurecimento, de suas experiências e de sua aptidão para tomar decisões juridicamente relevantes. Afasta, de tal forma, a adoção do critério instransponível da idade para o exercício de direitos, considerando a pessoa através de suas potencialidades e vulnerabilidades. O princípio também se configura como limite ao exercício da autoridade parental, uma vez que a possibilidade de decisões heterônomas cede na medida em que a pessoa criança ou adolescente se mostra apta a fazer escolhas juridicamente relevantes. Diante disso, a heteronomia dos pais deve paulatinamente ceder em prol da promoção da autonomia responsável dos filhos.[312]

No Brasil, em desrespeito à Convenção ratificada na íntegra, desconsidera-se o princípio da autonomia progressiva, muito embora se trate norma jurídica de hierarquia supralegal que, como tal, requer a desconstrução e a reconstrução do regime legal de incapacidades em relação ao exercício de direitos por crianças e adolescentes. A efetivação deste princípio exige a flexibilização do sistema a partir da inclusão de elementos que permitam a análise da evolução das capacidades dos menores de dezoito anos –[313] o que não teve espaço no direito brasileiro.

A afirmação de que o princípio da autonomia progressiva não foi efetivamente internalizado no direito brasileiro é constatada através de análise da legislação e da jurisprudência pátrias.

Em sede legislativa, o princípio da autonomia progressiva tem espaço limitado ao art. 28, §1º, do Estatuto da Criança e do Adolescente, que, ao regulamentar a colocação em família substituta, determina que

---

[311] TORRENS, María Claudia. *Autonomía progresiva*: evolución de las facultades de ninãs, niños e adolescentes. Ciudad Autónoma de Buenos Aires: Astrea, 2019. p. 233-234.

[312] MENEZES, Joyceane Bezerra de; MULTEDO; Renata Vilela. A autonomia ético-existencial do adolescente nas decisões judiciais sobre o próprio corpo e a heteronomia dos pais e do Estado no Brasil. *In*: TEPEDINO, G.; TEIXEIRA, A. C. B.; ALMEIDA, V. (Coord.). *O direito civil entre o sujeito e a pessoa*: estudos em homenagem ao professor Stefano Rodotà. Belo Horizonte: Fórum, 2016. p. 318.

[313] HERRERA, Marisa. Ensayo para pensar una relación compleja: sobre el régimen de la capacidad civil y representación legal de niños, niñas y adolescentes desde el principio de autonomía progresiva en el derecho argentino. *Justicia y Derechos del Niño*, Santiago-Chile, n. 11, p. 107-143, 2009.

sempre que possível "a criança ou o adolescente será previamente ouvido por equipe interprofissional, respeitado seu estágio de desenvolvimento e grau de compreensão sobre as implicações da medida, e terá sua opinião devidamente considerada".[314] Necessário advertir que aludido dispositivo não garante o exercício de decisão jurídica vinculante àquele que não atingiu a maioridade, assegurando apenas o direito de ser escutado e de ter sua opinião considerada.

Não teve êxito o Projeto de Lei nº 5002/2013, de autoria dos deputados Jean Wyllys e Érika Kokay, pelo qual se pretendia criar a Lei de Identidade de Gênero. Referido projeto, em seu art. 5º, tratava da possibilidade de menores de dezoito anos requererem a mudança do prenome e da imagem, "levando em consideração os princípios de capacidade progressiva e interesse superior da criança, de acordo com o Estatuto da Criança e do Adolescente". Caso não houvesse o consentimento dos representantes legais, o próprio interessado poderia recorrer à Defensoria Pública para obter a autorização judicial.[315]

Em sede jurisprudencial, o princípio da capacidade progressiva/ autonomia progressiva não é mencionado em nenhuma decisão do Superior Tribunal de Justiça.[316] Em relação aos tribunais estaduais, localizou-se uma única decisão do Tribunal de Justiça de São Paulo, de 2013, em que há referência ao princípio. Todavia, o uso da expressão "capacidade progressiva" no julgado não se adequa ao sentido dado pela Convenção.[317]

No âmbito administrativo, o princípio em análise se manifestou de forma não expressa em interessante parecer emitido pelo Conselho Regional de Medicina do Ceará no ano de 2005. O caso tratava de uma adolescente de dezessete anos, acometida por osteossarcoma no fêmur esquerdo, que recusava a realização de amputação do membro – que era o tratamento prescrito pela equipe médica e aceito pelos

---

[314] BRASIL. Lei nº 8.069, de 16 de julho de 1990. *Diário Oficial da União*, Poder Executivo, Brasília, DF, 1990.

[315] É possível consultar a íntegra do projeto e sua tramitação no sítio eletrônico da Câmara dos Deputados, através do seguinte *link*: https://www.camara.leg.br/proposicoesWeb/fichadetramitacao?idProposicao=565315. Acesso em: 8 out. 2020.

[316] Pesquisa realizada em 8.10.2020, através do sítio eletrônico do Superior Tribunal de Justiça.

[317] No caso, uma criança de cinco anos, representada por seus genitores, buscava se matricular no primeiro ano do ensino fundamental a despeito de o Conselho Nacional de Educação, à época, apenas autorizar a matrícula em referida série àqueles que já teriam completado seis anos. O argumento utilizado pela família interessada era de que a criança apresentava "capacidade progressiva", e por isso poderia ser matriculada na série seguinte (TJ-SP. *AI 2049161-91.2013.8.26.0000 SP 2049161-91.2013.8.26.0000*. Rel. Osvaldo de Oliveira, j. 23.11.2013).

representantes legais da paciente. Levada a situação ao CRM do estado, o parecer foi de que a paciente "tem autonomia para decidir se aceita ou não procedimentos médicos que porventura lhe sejam propostos; mesmo adolescente, tem ela a capacidade de escolher, pois lhe assiste o discernimento para entender os fatos".[318]

A defesa da aplicação do princípio da autonomia progressiva não significa sustentar a abolição de critérios etários para a definição da maioridade jurídica, pois estes funcionam como balizas jurídicas relevantes e porque, na sua ausência, haveria a necessidade de avaliação da maturidade da criança e do adolescente em todos os casos. Sem dúvidas, isso levaria a uma sobrecarga do Poder Judiciário e dos órgãos auxiliares da justiça. Mas, em outro sentido, restringir a possibilidade de atuação jurídica autônoma exclusivamente com base na idade se mostra uma solução fácil e segura, porém arbitrária e em descompasso com a realidade e com a necessidade de autoproteção por crianças e adolescentes.

Conforme afirma Lansdown, as crianças possuem o direito de terem respeitadas suas capacidades individuais, independentemente da idade, de modo que não o fazer significa negar-lhes a dignidade de que são titulares. A presunção genérica de incapacidade dos menores de dezoito se assemelha às suposições gerais aplicadas a mulheres, a grupos étnicos, a pessoas com deficiências ou a idosos – as quais sempre foram utilizadas para perpetuação de práticas discriminatórias.[319]

É diante disso que se propõe que os critérios etários definidos pela lei possam ser derrotados quando a pessoa menor de dezoito anos demonstrar que está a tomar uma decisão informada e necessária para a proteção de seus direitos. Para tanto, deve-se assegurar a participação de crianças e adolescentes em todas as questões que lhes afetem, seja no âmbito judicial seja administrativo. Esta postura ora defendida demanda um trabalho personalizado das autoridades decisórias, mas que permitirá um maior alinhamento ao melhor interesse da criança e do adolescente e uma proteção de fato *integral*.

---

[318] CONSELHO REGIONAL DE MEDICINA DO ESTADO DO CEARÁ. *Parecer CREMEC nº 16/2005*: O direito do paciente de recusar tratamento. Fortaleza, 26 dez. 2005. Disponível em: https://www.cremec.Org.br/pareceres/2005/par1605.htm. Acesso em: 8 out. 2020.

[319] LANSDOWN, Gerison. *La evolución de las facultades del niño*. Florencia: Centro de Investigaciones Innocenti, 2005. p. 14.

4.4 Conclusões parciais

1 O reconhecimento das crianças e dos adolescentes como sujeitos de direito pela Convenção sobre os Direitos da Criança representou importante conquista no sentido de aliar infância e direitos – elementos que até o final do século XX estiveram desassociados. Esta mudança não passou imune a críticas. Para parcela da doutrina, crianças não precisam de direitos, uma vez que os adultos com elas se relacionam com base no amor e no cuidado. Para outra parcela, não há que se falar em direitos das crianças, mas em deveres dos adultos. Outra vertente, ainda, compreende que crianças não têm efetivos direitos, uma vez que não podem exercê-los de modo autônomo. Essa perspectiva é rebatida por aqueles que defendem que o ponto central da titularidade de direitos por crianças não é o seu exercício, mas o interesse subjacente. A controvérsia doutrinária sobre o tema revela que reconhecer direitos não basta, é necessário também assegurar aos titulares meios para exercê-los. Conforme afirma Freeman, "direitos sem remédios têm importância simbólica, nada mais".[320]

2 A defesa de que crianças e adolescentes possam exercer seus direitos esbarra na interpretação tradicional sobre a definição do melhor interesse da criança. A primeira percepção sobre o princípio era de que caberia aos pais – ou, mais corretamente, ao pai – definir o que seria o melhor para seus filhos. Com a constatação de que muitas vezes os pais poderiam afrontar os direitos de sua prole, o melhor interesse se tornou questão pública, definida pelo Estado através de leis e entendimentos judiciais. Na lógica da família democrática e desde a Convenção sobre os Direitos da Criança, a definição do melhor interesse deve contar, sempre que possível, com a participação da criança ou do adolescente interessado. Não se trata mais de princípio que abre margem para decisões discricionárias de autoridades parentais e institucionais, pois estas se encontram submetidas aos direitos que a Convenção prevê – e, entre eles, o de participação da criança em todas as questões que lhe afetam (art. 12).

3 Quando a criança ou o adolescente demonstra compreensão e maturidade, abre-se a ele a possibilidade de fazer escolhas jurídicas vinculantes. O art. 5º da Convenção define o princípio da autonomia progressiva, o qual estabelece que, na medida da evolução de suas

---

[320] FREEMAN, Michael. Why it remains important to take children's rights seriously. *In*: FREEMAN, Michael (Ed.). *Children's rights*: progress and perspectives – Essays from the International Journal of Children's Rights. Boston: Martinus Nijhoff Publishers, 2011. p. 10.

capacidades, a pessoa que não atingiu a maioridade pode exercer seus direitos subjetivos. Este princípio – ao prever outros critérios para exercício de direitos além da idade, mas sem ignorar que infantes nem sempre terão condições de realizar escolhas jurídicas de modo autônomo – promove a integração entre a corrente protecionista e a liberacionista. Para a primeira, a previsão de direitos às crianças e aos adolescentes não tem como consequência o reconhecimento de força jurídica vinculante à sua vontade, diante do que o exercício de tais garantias depende da decisão (esta vinculante) dos pais ou de outros adultos. Para a segunda, a vontade da criança titular do direito sempre tem força jurídica vinculante, diante do que se defende a utilização de meios técnicos para que seu desejo seja compreendido e considerado pelas autoridades.[321]

4 O princípio da autonomia progressiva, na condição de norma supralegal, deveria ter sido incluído no direito interno brasileiro, o que não ocorreu. Isso não afasta, todavia, a possibilidade de o magistrado, no caso concreto, afastar o critério etário se a criança ou o adolescente apresentar condições de exercer algum direito subjetivo de modo autônomo. Existe fundamento jurídico para tal conduta judicial: o princípio da autonomia progressiva, previsto em diploma internacional de direitos humanos.

---

[321] TORRENS, María Claudia. *Autonomía progresiva*: evolución de las facultades de ninãs, niños e adolescentes. Ciudad Autónoma de Buenos Aires: Astrea, 2019. p. 51.

CAPÍTULO 5

O PRINCÍPIO DA AUTONOMIA PROGRESSIVA E O EXERCÍCIO DE DIREITOS POR CRIANÇAS E ADOLESCENTES

Tem-se defendido, desde as primeiras páginas deste trabalho, a abertura do regime de incapacidades codificado a fim de permitir que crianças e adolescentes participem do processo de tomada de decisão sobre as questões que lhes atingem, inclusive para que, sob determinadas circunstâncias, exerçam seus direitos de modo autônomo. Neste capítulo, será dado aprofundamento à ideia, sobretudo para compreender quais são as repercussões do princípio da autonomia progressiva em relação ao exercício de direitos a pessoas que não atingiram a maioridade.

É certo que reconhecer exceções ao regime de incapacidades codificado – dual e rígido – tem um preço alto, especialmente pelo desafio à segurança jurídica e pela emergência de complexidades que o sistema baseado no binômio capaz-incapaz afasta. É custoso, também, porque a abertura do regime a exceções dá margem à discricionariedade judicial na definição de quais crianças e adolescentes estão aptos a exercer sua autonomia jurídica. Com isso em vista, é imperioso questionar: justifica-se a abertura do sistema de incapacidades a fim de assegurar autonomia jurídica progressiva a crianças e adolescentes? Como se verá adiante, a resposta há de ser afirmativa, tendo como fundamento a dignidade infantil.

Crianças e adolescentes são pessoas e, como tal, têm a si assegurado o direito à dignidade. Muito embora possa parecer uma afirmação dotada de obviedade, a realidade de objetificação dos sujeitos infantis revela que seu conteúdo merece densificação. Em uma sociedade de raiz patriarcal e adultocêntrica, a tendência é de considerar crianças e adolescentes como *coisas* ou como pessoas de menor importância. Essa perspectiva se solidifica em grande medida na pressuposição de que, dada sua suposta irracionalidade, as manifestações, os desejos e as necessidades de pessoas que não atingiram a maioridade não merecem ser considerados.

De Kant extrai-se o vínculo entre dignidade, liberdade e racionalidade. A dignidade humana, segundo o autor, seria decorrência da condição de racionais dos sujeitos, a qual lhes possibilitaria tomar decisões autônomas sobre sua própria existência. A interpretação da noção kantiana sobre dignidade, condicionada à racionalidade e à possibilidade de tomada de decisões livres e autênticas, poderia afastar o reconhecimento de crianças – especialmente as menores – como sujeitos dignos. Há que se analisar, a partir disso, o que caracteriza a racionalidade e se a dignidade humana está condicionada à aptidão para tomar decisões autônomas.

Nesse sentido, quanto à racionalidade, é possível questionar: bebês são seres racionais aptos a manifestar sua vontade? Crianças pequenas, que ainda não verbalizam, o são? Crianças que falam, mas que somam poucas experiências de vida, devem ter suas manifestações consideradas? A resposta depende daquilo que se entende como racional. Se racionalidade for compreendida como "a habilidade de se comunicar por meio da fala, de construir redes sociais complexas e instituições, de organizar o mundo à sua volta, de planejar o futuro",[322] bebês e crianças pequenas certamente não poderão ser considerados como sujeitos racionais.

Essa perspectiva sobre o que são os processos racionais – de construção moderna e ocidental –[323] parte de uma ideia única sobre o

---

[322] GOTTLIEB, Alma. Para onde foram os bebês? Em busca de uma antropologia de bebês (e de seus cuidadores). *Revista de Psicologia da USP*, São Paulo, v. 20, n. 3, São Paulo, jul./set. 2009. Disponível em: https://www.scielo.br/scielo.php?script=sci_arttext&pid=S0103-65642009000300002. Acesso em: 11 jan. 2021.

[323] A antropóloga Gottlieb, no artigo acima referenciado, demonstra que a noção de que bebês não são sujeitos racionais, por serem incapazes de verbalizar seus desejos, é atravessada pela perspectiva ocidental de racionalidade. Pesquisa de campo com a população Beng na Costa do Marfim compreendeu que "Os Beng adultos afirmavam que os bebês são reencarnações de seus ancestrais e, dessa forma, nos primeiros anos de suas vidas, lembram com saudade de suas existências prévias". Por causa disso, a tarefa principal dos pais Beng é "de discernir (por meio de adivinhos) quais os desejos que os bebês supostamente trouxeram de suas encarnações anteriores, para então atendê-los". Segundo a autora, "os bebês Beng estão longe de ser criaturas indefesas sem opinião ou impacto sobre o mundo. Para os Beng, assim como para muitas sociedades não ocidentais, a suposta dependência total dos bebês, da forma como é amplamente pressuposta por antropólogos ocidentais, não existe – e, portanto, desafia a nossa ideologia implícita de que bebês são criaturas passivas, o que impediu a possibilidade de privilegiarmos os bebês como sujeitos legítimos, e muito menos como produtores ativos de cultura" (GOTTLIEB, Alma. Para onde foram os bebês?

que constitui a racionalidade e ignora que bebês e crianças pequenas manifestam seus desejos de modo não verbal, vivenciam seus corpos e experimentam o mundo a seu próprio modo. Sobre isso, Woodfiel aponta que a racionalidade não é uma qualidade única, mas formada por um conjunto de componentes. Este rol é composto, de modo não taxativo, pela capacidade da pessoa de agir à luz de seus desejos, de formar crenças baseadas em suas percepções, de deduzir conclusões, de formar generalizações e de gerir as próprias crenças. O autor embasa a hipótese de que bebês e crianças pequenas são racionais a partir de um elemento específico da racionalidade, que é a categorização. Segundo ele, para categorizar um objeto é necessário que o sujeito faça um julgamento sobre sua essência. Essa conduta, praticada por crianças de pouca idade, revela sua condição de racionais.[324]

A conclusão a que se chega é de que bebês e crianças pequenas não apresentam todos os elementos da racionalidade – certamente muitos adultos também não –, mas se afirmam como sujeitos racionais na medida em que, desde muito cedo, expressam seus desejos e promovem categorizações. Com efeito, as manifestações infantis, quando devidamente interpretadas, podem funcionar como parâmetro para decisões judiciais em casos difíceis, a exemplo de situações que envolvem alienação parental. Se as crianças, mesmo as menores, são seres racionais (ao menos de acordo com uma visão mais acurada sobre racionalidade) e manifestam suas vontades e crenças de forma individualizada, isso afasta qualquer dúvida sobre sua condição de detentores de dignidade de acordo com a matriz kantiana deste conceito.

No entanto, apesar de racionais e de expressarem suas necessidades, o exercício da autonomia individual por crianças é limitado nos primeiros anos de vida. À vista disso é possível questionar: a inaptidão para a atuação autônoma afasta a condição de dignidade dos bebês e das crianças pequenas? Por certo, não. Isso porque, segundo Sarlet, a autonomia deve ser considerada em abstrato, "como sendo a capacidade potencial que cada ser humano tem de autodeterminar sua conduta".[325]

Durante a primeira infância, o papel dos pais e dos demais cuidadores é de garantir que a criança reúna condições de, no futuro,

---

Em busca de uma antropologia de bebês (e de seus cuidadores). *Revista de Psicologia da USP*, São Paulo, v. 20, n. 3, São Paulo, jul./set. 2009. Disponível em: https://www.scielo.br/scielo.php?script=sci_arttext&pid=S0103-65642009000300002. Acesso em: 11 jan. 2021).

[324] WOODFIELD, Andrew. Racionalidade nas crianças: os primeiros passos. *Trans/Form/Ação*, São Paulo, v. 14, p. 53-72, 1991.

[325] SARLET, Ingo Wolfgang. *Dignidade da pessoa humana e direitos fundamentais na Constituição Federal de 1988*. 7. ed. rev. e atual. Porto Alegre: Livraria do Advogado, 2009. p. 45.

agir de forma livre. Assim, neste momento, a dignidade é assegurada especialmente pela heteroproteção, ou seja, pelo cuidado de terceiros. A despeito de preponderar a heteronomia, as manifestações não verbais dos bebês e das crianças pequenas podem indicar suas demandas e evidenciar o que constitui o melhor interesse nas situações concretas.

Com o desenvolvimento biopsíquico e com um maior repertório de experiências pessoais, as crianças e os adolescentes se tornam progressivamente aptos a exercer sua autonomia individual. O momento em que a pessoa atinge condições de tomar decisões autônomas sobre sua própria existência, porém, é incerto e variável. A legislação, a fim de reduzir as complexidades atinentes ao desenvolvimento humano, estabelece como marco intransponível a idade de dezoito anos. Ao fazê-lo, prefere a segurança jurídica e a generalização em face da dignidade humana e da autonomia individual.

O regime de incapacidades disposto no Código Civil, em função de sua rigidez, categoriza como incapazes crianças e adolescentes que, faticamente, apresentam condições de exercer autonomia jurídica – com exceção nos casos de emancipação. Contudo, uma vez que a dignidade humana foi erigida ao *status* de princípio fundamental pela Constituição Federal, e tendo em vista que a condição de incapaz macula a autonomia individual – que é uma das parcelas da dignidade –,[326] a abertura do regime de incapacidades é medida que se impõe como forma de adequação do Código Civil ao projeto constitucional.

O custo desta abertura, conforme já apontado, é alto. Mas, apesar disso, é justificado pelo propósito da Constituição Federal e dos direitos humanos de tutela à pessoa em si considerada, de acordo com suas vulnerabilidades e potencialidades. O reconhecimento de autonomia jurídica a crianças e adolescentes permite que se sintam engajados com suas escolhas de vida, que desenvolvam maior senso de responsabilidade[327] e, ainda, que protejam seus interesses próprios quando conflitantes com os dos representantes e assistentes. É, portanto, medida compromissada com a dignidade infantil.

O desafio que se coloca é de compreender em relação a quais direitos é possível que crianças e adolescentes exerçam sua autonomia

---

[326] BARROSO, Luís Roberto; MARTEL, Letícia de Campos Velho. A morte como ela é: dignidade e autonomia individual no final da vida. *In*: GOZZO, Débora; LIGIERA, Wilson Ricardo (Org.). *Bioética e direitos fundamentais*. São Paulo: Saraiva, 2012. p. 39.

[327] CAMPOS, Adriano Leitinho. O defensor da criança e do adolescente como instrumento de autonomia infantojuvenil. *In*: CAMPOS, Adriano Leitinho *et al.* (Org.). *A defesa dos direitos da criança e do adolescente*: uma perspectiva da Defensoria Pública. Rio de Janeiro: Lumen Juris, 2020. p. 8.

progressiva e quais condições devem ser reunidas para que isso seja possível. Trata-se do objetivo do presente capítulo.

5.1 O princípio da autonomia progressiva como fundamento de derrotabilidade das regras de capacidade do Código Civil e a questão da segurança jurídica

Defende-se neste estudo que as regras de capacidade de agir positivadas no Código Civil, aplicáveis a crianças e a adolescentes, podem ser derrotadas em hipóteses nas quais a pessoa menor de dezoito anos apresente aptidão para exercer direitos subjetivos de forma autônoma, através da aplicação do princípio da autonomia progressiva. No tópico subsequente, serão analisadas as condições que autorizam esta possibilidade. Neste, o enfoque está no conceito de derrotabilidade e na sua aplicação em relação à temática em análise.

Derrotabilidade é, em poucas palavras, a capacidade de uma regra (tomada aqui em um sentido amplo) de acomodar exceções sem por isso se tornar inválida. O estudo sobre o tema iniciou-se na área da computação, cuja inovação foi a criação de sistemas lógicos não monotônicos. Neles, diferentemente das lógicas clássica e silogística, com o acréscimo de uma premissa a um conjunto inicial de premissas, as conclusões antes deduzidas não necessariamente seguirão valendo. Isso porque a premissa adicionada pode derrotar a conclusão inicial e assim gerar outra diversa. Na década de 1990, verificou-se que o raciocínio jurídico é exemplo de raciocínio derrotável, diante do que se iniciou o estudo da derrotabilidade no âmbito do direito.[328]

Alonso compreende a derrotabilidade no âmbito jurídico em dois sentidos: (i) derrotabilidade implícita, que diz respeito especialmente ao conflito entre regra e princípio jurídico ou entre uma regra e os efeitos da interpretação do caso individual em virtude da interpretação de um princípio jurídico, e (ii) derrotabilidade explícita, que se refere ao conflito entre duas regras de direito positivo.[329] A situação que se analisa – conflito entre as regras de capacidade aplicáveis a menores de

---

[328] SERBENA, Cesar Antonio. Normas jurídicas, inferência e derrotabilidade. *In*: SERBENA, Cesar Antonio (Org.). *Teoria da derrotabilidade*: pressupostos teóricos e aplicações. Curitiba: Juruá, 2012. p. 15.

[329] ALONSO, Juan Pablo. *Interpretación de las normas y derecho penal*. Buenos Aires: Editores del Puerto, 2010. p. 287-291.

dezoito anos e o princípio da autonomia progressiva – pode ser então identificada como caso de derrotabilidade implícita.

Regras jurídicas são derrotáveis porque são imperfeitas. De acordo com Schauer, um sistema baseado em regras é vantajoso por reduzir a discricionariedade dos julgadores.[330] Ocorre, no entanto, que, por representarem uma generalização, as regras nem sempre geram resultados satisfatórios, seja por incluírem situações que não se adequam à justificação subjacente (casos de sobreinclusão), seja por não se aplicarem a situações que se adequam à justificação subjacente (casos de subinclusão).[331]

A tendência de sobreinclusão é facilmente identificada quando analisado o regime de incapacidades codificado. Crianças e adolescentes que apresentam maturidade e discernimento para tomada de decisões vinculantes sobre as próprias vidas são impedidos de agir com autonomia em função de não terem atingido a maioridade. A regra, assim, aplica-se tanto àqueles que não reúnem condições de tomar decisões juridicamente vinculantes como àqueles que se mostram aptos para tanto. Tal sistemática gera injustiças nos casos concretos.

Schauer pondera que a segurança decorrente da aplicação de regras tem como consequência a possibilidade de resultados que não eram os esperados para o caso concreto. Sugere o jurista, com isso, que o uso de *standards* pode ser interessante em diversas circunstâncias, especialmente naquelas em que é necessária alguma maleabilidade para lidar com elementos da realidade. Conclui, assim, que o modelo "tudo ou nada" ínsito à aplicação das regras nem sempre estará comprometido com a justiça.[332] É o caso das regras de incapacidade aplicadas à infância e à adolescência.

---

[330] Na obra *Profiles, probabilities, and stereotypes,* publicada no ano de 2006, Schauer ressalta a importância da generalização permitida pelas regras. Afirma, nesse sentido, que conferir grande liberdade ao julgador pode se revelar perigoso. "When the 'rule of law' is contrasted with the 'rule of men', the core idea is that individual power, creativity, initiative, and discretion have their dark side". Tradução livre: "Quando o 'estado de direito' é contrastado com a 'regra dos homens', a ideia central é que o poder individual, a criatividade, a iniciativa e a discrição têm seu lado sombrio" (SCHAUER, Frederick. *Profiles, probabilities, and stereotypes.* Cambridge: Harvard University Press, 2006. p. 246).

[331] STRUNCHINER, Noel; CHRISMANN, Pedro H. V. Aspectos filosóficos e psicológicos das punições: reunindo algumas peças do quebra-cabeça. *Caderno CRH,* Salvador, v. 25, n. 2, p. 133-150, 2012.

[332] Segundo Schauer, "Highly specific directives – rules – will maximize certainty, constraint, and predictability, but they will do so at the cost of retaining the ability to achieve exactly the correct result in some currently unanticipated case or situation". Tradução livre: "Diretivas altamente específicas – regras – maximizarão a certeza, a restrição e a previsibilidade, mas farão isso com o custo de manter a capacidade de alcançar exatamente o resultado correto

O princípio da autonomia progressiva, reconhecido na Convenção sobre os Direitos da Criança e vinculado ao propósito de emancipação da população infantojuvenil, permite que seja afastada, nos casos concretos, a aplicação das regras de incapacidade dispostas no Código Civil. Entende-se que o princípio que ora se estuda não promove a *abolição* do regime de incapacidades aplicável a crianças e adolescentes, mas permite que, com a adição de novas premissas – o reconhecimento de que a pessoa menor de idade está apta a tomar decisões jurídicas vinculantes sobre a própria vida e de que a atuação dos representantes/assistentes viola seu melhor interesse –, haja a derrotabilidade das regras usualmente incidentes.

Não se compreende, diferentemente de outros autores,[333] que o princípio da autonomia progressiva tenha como consequência necessária a alteração do Código Civil na parte que se refere à menoridade. Defende-se que a incapacidade de agir de crianças e adolescentes permaneça como a regra, mas que possa ser afastada nas hipóteses em que reste demonstrado que a pessoa menor de idade reúne discernimento e que o exercício pessoal do direito seja medida adequada à satisfação do melhor interesse. O princípio da autonomia progressiva funciona, então, como elemento de abertura do sistema jurídico ao fato de que crianças e adolescentes amadurecem de forma gradual e não homogênea e de que a atuação de representantes e assistentes pode violar seus direitos básicos.

A abolição das regras de capacidade direcionadas à infância e à adolescência acarretaria um aumento considerável da complexidade do sistema jurídico e das decisões que envolvem crianças e adolescentes, uma vez que em todos os casos seria necessário aferir o grau de amadurecimento da pessoa. Há que se pontuar, sobre isso, que no Brasil a população é composta por aproximadamente 60 milhões de indivíduos que estão na faixa entre 0 e 18 anos.[334] Por certo, a estrutura

---

em algum caso ou situação não antecipada" (SCHAUER, Frederick. *Thinking like a lawyer*: a new introduction to legal reasoning. Cambridge: Harvard University Press, 2012. p. 195).

[333] Um exemplo é Grosman, para quem a operatividade da convenção exige a modificação das normas do Código Civil referentes aos menores de idade, eliminando-se a qualificação de "incapazes" e agregando que a condição de crianças e de adolescentes é de capacidade, mas de uma capacidade progressiva (Cecilia Grosman *apud* HERRERA, Marisa. Ensayo para pensar una relación compleja: sobre el régimen de la capacidad civil y representación legal de niños, niñas y adolescentes desde el principio de autonomía progresiva en el derecho argentino. *Justicia y Derechos del Niño*, Santiago-Chile, n. 11, p. 107-143, 2009. p. 119).

[334] A projeção do número de crianças e adolescentes no Brasil pode ser consultada no seguinte endereço eletrônico: https://www.ibge.gov.br/estatisticas/sociais/populacao/9109-projecao-da-populacao.html?=&t=downloads.

judicial brasileira – especialmente no que concerne à conformação das varas da infância e das equipes multidisciplinares – não se mostra suficiente para análise individualizada de todos. Em outro giro, há que se considerar que uma parcela reduzida da população infantojuvenil buscará o exercício de seus direitos e uma maior responsabilidade sobre a própria vida.

A aplicação dos institutos da representação e da assistência não é merecedora de objeção na generalidade das situações. As críticas se justificam em casos em que crianças e adolescentes que apresentem reconhecido grau de amadurecimento desejam exercer pessoalmente seus direitos pois suas perspectivas de melhor interesse colidem com a visão dos representantes e assistentes. Nessas situações, com apoio das equipes multidisciplinares, os aplicadores do direito podem afastar as regras de capacidade do Código Civil com fundamento no princípio da autonomia progressiva e, assim, satisfazer de modo efetivo os direitos assegurados à população infantojuvenil.

Cumpre frisar, uma vez mais, que os institutos da representação e da assistência *podem* configurar, nas hipóteses em que pais e filhos têm opiniões e ideologias diversas, uma barreira à satisfação do melhor interesse de crianças e adolescentes. Nessas situações, garantir autonomia jurídica ao menor de idade é medida que tem por propósito a sua proteção.

O reconhecimento da derrotabilidade das regras de capacidade de agir gera um questionamento sobre a segurança jurídica. A sistemática flexível que se defende pode abrir espaço para o casuísmo e para o abuso de discricionariedade pelas autoridades. Nevares e Schreiber demonstram a complexidade do tema quando indagam "como assegurar o justo equilíbrio entre a proteção das vulnerabilidades concretas e o grau de abstração que se faz necessário a garantir a realização efetiva da isonomia?".[335] A resposta a essa pergunta, ao que parece, alude à coerência e à fundamentação das decisões judiciais.

Conforme afirma Ramos, não se sustenta o argumento de que enunciados normativos determinados ofereçam maior segurança que aqueles indeterminados. Isso porque quanto mais enclausurado o conteúdo de uma norma, maiores as chances de esta se tornar inadequada à realidade. A experiência da codificação oitocentista é

---

[335] NEVARES, Ana Luiza Maia; SCHREIBER, Anderson. Do sujeito à pessoa: uma análise da incapacidade civil. *In*: TEPEDINO, G.; TEIXEIRA, A. C. B.; ALMEIDA, V. (Coord.). *O direito civil entre o sujeito e a pessoa*: estudos em homenagem ao professor Stefano Rodotà. Belo Horizonte: Fórum, 2016. p. 40.

pródiga em demonstrar que normas altamente precisas envelhecem mal e demandam constantes mudanças legislativas.[336]

A Convenção sobre os Direitos da Criança optou pelo uso de *standard* ao tratar da capacidade de quem não alcançou a maioridade, e com isso abriu o sistema de proteção infantil à pessoalidade e às contingências de infâncias reais e diversas. "Autonomia progressiva" é um enunciado deliberadamente indeterminado que, devido a essa característica, requer que o processo de tomada de decisão seja orientado pela exigência de coerência.[337]

É imprescindível, em um Estado de Direto, que as pessoas recebam tratamento jurídico isonômico. Sobre isso, MacCormick afirma que se é mister tratar igualmente casos iguais e diferentemente casos distintos, então novos casos que tenham semelhanças relevantes com decisões anteriores devem ser (*prima facie*, pelo menos) decididos de maneira igual ou análoga aos casos passados.[338]

Ainda de acordo com o autor, a chave para a coerência do direito está na argumentação jurídica, cujo objetivo é de garantir maior racionalidade e determinação às decisões jurídicas. Tendo em vista que as normas jurídicas positivadas nem sempre se mostram aptas a resolver os problemas que emergem na sociedade e, por isso, podem ser derrotadas, torna-se necessária a adoção da argumentação racional, que permita reduzir as incertezas jurídicas. O recurso à argumentação revela o caráter discursivo e persuasivo do direito, que é, segundo MacCormick, um dos elementos do Estado de direito em sua perspectiva dinâmica.[339]

Conclui-se, diante disso, que as regras de capacidade de agir aplicadas a crianças e adolescentes podem ser derrotadas em função do princípio da autonomia progressiva. Essa possibilidade, todavia, deve estar atenta à segurança jurídica e, portanto, submetida à argumentação jurídica. Para tanto, há que se ter uma maior clareza quanto às condições que autorizam o afastamento das regras de capacidade em relação à

---

[336] RAMOS, André Luiz Arnt. *Segurança jurídica e enunciados normativos deliberadamente indeterminados*: o caso da função social do contrato. Tese (Doutorado) – Programa de Pós-Graduação em Direito, Universidade Federal do Paraná, Curitiba, 2019. p. 130-132.

[337] RAMOS, André Luiz Arnt. *Segurança jurídica e enunciados normativos deliberadamente indeterminados*: o caso da função social do contrato. Tese (Doutorado) – Programa de Pós-Graduação em Direito, Universidade Federal do Paraná, Curitiba, 2019. p. 131.

[338] MACCORMICK, Neil. *Retórica e o Estado de direito*. Tradução de Conrado Hübner Mendes. Rio de Janeiro: Elsevier, 2008. p. 191.

[339] MACCORMICK, Neil. *Retórica e o Estado de direito*. Tradução de Conrado Hübner Mendes. Rio de Janeiro: Elsevier, 2008. p. 191.

população infantojuvenil. No tópico seguinte, busca-se definir em quais casos é possível assegurar autonomia jurídica a crianças e adolescentes.

5.2 Condições para o afastamento das regras de capacidade de agir em relação a crianças e adolescentes

O princípio da autonomia progressiva é uma resposta à tensão que recai à infância, a qual pode ser resumida da seguinte forma: de um lado, crianças e adolescentes são pessoas em estágio de desenvolvimento biopsíquico, fato este que permite categorizá-los como sujeitos vulneráveis que dependem de heteroproteção; de outro, o processo de amadurecimento não é linear nem homogêneo, de modo que crianças e adolescentes, antes mesmo de atingirem a maioridade, podem apresentar condições de exercer sua autonomia e de se autoproteger – situação em que a heteroproteção representa violação à individualidade da pessoa menor de dezoito anos.

A Convenção sobre os Direitos da Criança – marco normativo da presente análise – combina heteroproteção e autoproteção ao definir que o poder de decisão dos pais, em relação aos direitos dos filhos, deve retrair na medida em que estes se tornam autônomos para tomar decisões sobre sua própria vida. O elemento que induz à redução da heteroproteção é a autonomia das crianças e dos adolescentes, que é obtida conforme estes amadurecem. É imperioso ressaltar que nem todas as crianças e os adolescentes estão igualmente em condições de formular interesses juridicamente vinculantes. É justamente por isso, aliás, que a Convenção trata da autonomia dos menores de dezoito anos à luz da progressividade.

O princípio da autonomia progressiva opera de duas formas diferentes: em primeiro lugar, para assegurar que uma criança ou adolescente que apresente autonomia possa exercer seus direitos e, em segundo lugar, para impedir que menores de dezoito anos sejam expostos a situações para as quais não estejam preparados ou em que não desejam intervir. Por certo, a garantia de direitos a crianças e adolescentes não está adstrita à obtenção de autonomia para autoproteção, diante do que a heteroproteção se faz também necessária.[340]

---

[340] SIMON CAMPAÑA, Farith. Garantías de los derechos de la infancia y adolescencia (de las legislaciones integrales al "Estado constitucional de derechos"). Algunas notas sobre los mecanismos de aplicación. *In*: ÁVILA SANTAMARÍA, Ramiro; CORREDORES LEDESMA,

CAPÍTULO 5
O PRINCÍPIO DA AUTONOMIA PROGRESSIVA E O EXERCÍCIO DE DIREITOS POR CRIANÇAS E ADOLESCENTES | 147

Neste ponto, torna-se imperioso compreender a relação entre autonomia progressiva (art. 5º da Convenção) e o direito à participação (art. 12, também da Convenção): o reconhecimento da primeira depende da garantia do segundo. Assim, a salvaguarda de autonomia jurídica a crianças e adolescentes pressupõe que estes possam participar das questões que lhes afetam. Isso não significa, frise-se, que em todos os casos a opinião manifestada pelo menor de dezoito será prevalente.

O direito de participação não se limita à expressão verbal. A criança pode se exprimir de formas variadas – pelas emoções, através de pinturas, músicas ou representações teatrais, o que permite que aquelas muito pequenas ou com dificuldades de aprendizagem também possam ter suas manifestações conhecidas.[341] A consideração e a avaliação destas outras formas de participação restam condicionadas ao trabalho de profissionais habilitados.[342]

Identificam-se, de acordo com Lansdown, quatro níveis de participação da criança e do adolescente em processos decisórios: (i) ser informado; (ii) expressar uma opinião informada; (iii) ter sua opinião levada em consideração; (iv) ser o principal responsável ou corresponsável pela tomada de decisão. Trata-se, em todos casos, de um direito resguardado às crianças e aos adolescentes, não se configurando em nenhuma hipótese como dever.[343] Segundo a autora, não é necessária a expressão verbal nos três primeiros níveis apontados.[344] Nestas situações, muito embora não seja a criança ou adolescente quem decide, sua participação no processo é garantida.

María Belén (Ed.). *Derechos y garantías de la niñez y adolescencia*: hacia la consolidación de la doctrina de protección integral. Quito: Unicef, 2010. p. 475.

[341] LANSDOWN, Gerison. *La evolución de las facultades del niño*. Florencia: Centro de Investigaciones Innocenti, 2005. p. 20.

[342] PÉREZ MANRIQUE, Ricardo C. Participación judicial de los niños, niñas y adolescentes. *In*: ÁVILA SANTAMARÍA, Ramiro; CORREDORES LEDESMA, María Belén (Ed.). *Derechos y garantías de la niñez y adolescencia*: hacia la consolidación de la doctrina de protección integral. Quito: Unicef, 2010. p. 577.

[343] O Comitê dos Direitos da Criança, na Observação Geral nº 12 de 2009, que trata especificamente sobre o direito de crianças e adolescentes de ser escutados, esclarece que se trata de uma prerrogativa aberta a pessoa menor de dezoito anos, e não de uma obrigação: "Item 16: El niño, sin embargo, tiene derecho a no ejercer ese derecho. Para el niño, expresar sus opiniones es una opción, no una obligación. Los Estados partes deben asegurarse de que el niño reciba toda la información y el asesoramiento necesarios para tomar una decisión que favorezca su interés superior" (COMITÊ DOS DIREITOS DA CRIANÇA. *Observação Geral n. 12, de 20 de julho de 2009*. Disponível em: https://www.acnur.Org/fileadmin/Documentos/BDL/2011/7532.pdf. Acesso em: 11 mar. 2021).

[344] LANSDOWN, Gerison. *La evolución de las facultades del niño*. Florencia: Centro de Investigaciones Innocenti, 2005. p. 20.

A participação da criança ou do adolescente, nos quatro níveis, seja no âmbito judicial ou administrativo, deve ser acompanhada por profissionais da área da psicologia, da medicina, da assistência social, da pedagogia, entre outros, os quais sejam aptos a analisar o nível de autonomia da pessoa. É necessário, ainda, que a entrevista seja feita em ambiente adequado, por meio de linguagem a ela acessível ou através de instrumentos lúdicos.

O quarto nível de participação – o qual envolve a tomada de decisão pela própria criança ou adolescente – estabelece desafio à lógica jurídica adultocêntrica e por isso requer maior atenção. A Convenção sobre os Direitos da Criança não define quais condições autorizam à pessoa menor de dezoito anos o exercício da sua autonomia. Essa carência de requisitos preestabelecidos é decerto proposital, pois possibilita que a pessoa criança ou adolescente seja considerada de forma concreta, a partir de suas condições individuais, pela autoridade competente.

No entanto, constata-se a necessidade de parâmetros mínimos, de modo que não haja abertura para a excessiva discricionariedade do decisor. Cabe lembrar que o adultocentrismo e o protecionismo atravessam as instituições políticas e jurídicas, diante do que a liberdade absoluta do julgador pode acarretar o não reconhecimento da autonomia jurídica de menores de dezoito anos, independentemente de sua situação fática.

O exercício de direitos por crianças e adolescentes é uma possibilidade aberta à pessoa, e não um dever. Assim, deve apresentar de modo claro o desejo de assumir responsabilidades por conta própria, sem que seja forçada a tomar decisões para as quais não se sinta preparada ou sem a vontade de fazê-lo.[345] Partindo-se do pressuposto de que a pessoa criança ou adolescente deseja tomar uma decisão autônoma, defende-se que essa possibilidade fique condicionada à reunião de dois elementos: (a) capacidade para discernir; (b) violação do melhor interesse pela atuação ou não atuação dos representantes ou assistentes.

5.2.1 A capacidade para discernir

Diversos autores, ao defenderem a relativização do critério etário para exercício de direitos, apontam o discernimento como o elemento que fundamenta a não aplicação da representação e da assistência nos

---

[345] LANSDOWN, Gerison. *La evolución de las facultades del niño*. Florencia: Centro de Investigaciones Innocenti, 2005. p. 20.

casos concretos, porém sem definir com precisão o que o caracteriza.[346] O propósito, aqui, é de dar concretude ao conceito de capacidade para discernir.

Sobre isso, é necessário resgatar o histórico e os propósitos da aplicação da noção de discernimento em relação à infância pelo direito brasileiro. Tanto o Código Penal de 1830 como o de 1890 o previram como fundamento para a punição e incidência de regime disciplinar sobre crianças.[347] Sem qualquer previsão legislativa quanto aos critérios e procedimentos para a aferição da capacidade de discernir, abria-se margem para a discricionariedade do magistrado – que, inclusive, poderia definir a internação pelo prazo que julgasse adequado. O uso deste critério aberto, historicamente, legitimou repressão e exclusão à parcela das crianças e dos adolescentes que era compreendida como perigosa.

Assim, tendo como base a experiência histórica, mostra-se indispensável o detalhamento sobre o que compõe a aptidão para discernir. Sem uma maior clareza conceitual, mesmo que se reconheça no âmbito nacional o princípio da autonomia progressiva, a tendência dos juízes e dos tribunais poderá ser de afirmar, genericamente, que crianças e adolescentes são inábeis a tomar decisões juridicamente vinculantes sobre suas próprias vidas, haja vista a tradição que vincula menoridade e incapacidade.

O tema referente à autonomia de crianças e adolescentes tem sido analisado especialmente no campo da pediatria, por duas razões. Em primeiro lugar, porque um dos princípios da bioética é o da autonomia e este aponta para a necessidade da participação do paciente nas decisões referentes a tratamentos e procedimentos médicos que lhe serão aplicados, mesmo em casos de paciente pediátrico. Em segundo lugar, porque coube aos pesquisadores da área a definição de parâmetros para aferir a capacidade de discernimento em relação a essa população.

---

[346] Cita-se, a título de exemplo, Stanzione (STANZIONE, Pasquale. Diritto civile e legalità. *In*: AUTORINO, G.; STANZIONE, P. *Diritto civile e situazioni esistenziali*. Torino: G. Giappichelli Editore, 1998. p. 97-98) e Menezes e Multedo (MENEZES, Joyceane Bezerra de; MULTEDO; Renata Vilela. A autonomia ético-existencial do adolescente nas decisões judiciais sobre o próprio corpo e a heteronomia dos pais e do Estado no Brasil. *In*: TEPEDINO, G.; TEIXEIRA, A. C. B.; ALMEIDA, V. (Coord.). *O direito civil entre o sujeito e a pessoa*: estudos em homenagem ao professor Stefano Rodotà. Belo Horizonte: Fórum, 2016. p. 317).

[347] O art. 30 do Código Penal de 1890 previa que "Os maiores de 9 annos e menores de 14, que tiverem obrado com discernimento, serão recolhidos a estabelecimentos disciplinares industriaes, pelo tempo que ao juiz parecer, comtanto que o recolhimento não exceda á idade de 17 annos".

Embora tais parâmetros tenham sido estabelecidos para a verificação da autonomia de crianças e adolescentes para tomada de decisões em matéria de saúde como repercussão do princípio bioético da autonomia, sua aplicação deve se estender às decisões pessoais que se relacionem com o livre desenvolvimento da personalidade da pessoa. Com efeito, o princípio da autonomia não se resume à bioética e, em relação à população infantojuvenil, o princípio jurídico da autonomia está previsto na Constituição Federal, na Convenção sobre os Direitos da Criança e no Estatuto da Criança e do Adolescente.

Destaca-se, nesse ponto, a contribuição de Harrison e colaboradores na definição dos critérios de diagnóstico da autonomia de crianças e adolescentes. Segundo os autores, a avaliação do indivíduo menor de idade deve considerar (i) sua habilidade de receber, entender e transmitir informações importantes; (ii) sua capacidade de refletir e realizar escolhas com algum grau de independência; (iii) sua habilidade de prever riscos, benefícios e possíveis danos, bem como de considerar múltiplas opções e consequências; e (iv) a interiorização de um conjunto de valores razoavelmente estável.[348]

No cenário jurídico português, Pereira, a partir dos estudos do germânico Armelung, defende que o discernimento deve ser analisado com base em exame individualizado da pessoa, em que se verifique sua capacidade de decidir acerca de valores, sua capacidade de entender os fatos, sua capacidade de compreensão acerca das alternativas e sua capacidade de se autodeterminar a partir das informações que foram apresentadas.[349] Ausente algum desses elementos, não é possível que a pessoa seja considerada capaz de discernir.

No que se refere à capacidade de decidir sobre valores, exige-se que a criança ou adolescente estejam aptos a considerar os custos e benefícios da sua decisão, inclusive no que atine a seus valores pessoais. Quanto à capacidade para apreciar os fatos, trata-se da possibilidade de prever as consequências futuras de sua decisão. Para tanto, faz-se necessário que a pessoa relacione a sua escolha com os eventos que dela decorrerão, para o que se requer algum nível de inteligibilidade.

---

[348] HARRISON, Christine *et al*. Bioethics for clinicians – Involving children in medical decisions. *Canadian Medical Association Journal*, Ottawa, n. 156, p. 825-828, 1997. Disponível em: https://www.ncbi.nlm.nih.gov/pmc/articles/PMC1227047/pdf/cmaj_156_6_825.pdf. Acesso em: 9 mar. 2021.

[349] PEREIRA, André Gonçalo Dias. A capacidade para consentir: um novo ramo da capacidade jurídica. *In*: FACULDADE DE DIREITO DA UNIVERSIDADE DE COIMBRA. *Comemorações dos 35 anos do Código Civil e dos 25 anos da Reforma de 1975*: a Parte Geral do Código e a teoria geral do direito civil. Coimbra: Coimbra Editora, 2006. v. II. p. 209-213.

Consta como requisito, ainda, que o indivíduo esteja apto a analisar as alternativas para o seu caso. Por fim, somente será considerado como capaz para discernir aquele que estiver apto a relacionar seus valores com seus conhecimentos – isto é, apto a se autodeterminar a partir das informações que recebeu.

A avaliação de tais requisitos, com efeito, requer o exame singular da criança ou adolescente. Afirma Martins-Costa, nesse sentido, que cabe ao intérprete "operar um raciocínio atento às singularidades da pessoa ('raciocínio por concreção'), diverso do que desenvolve quando a incapacidade é determinada em vista de uma condição genérica, como idade, por exemplo".[350] Entende-se que essa análise cabe à equipe multidisciplinar, formada por médicos, psicólogos, enfermeiros, pedagogos e assistentes sociais.

A partir do laudo elaborado pela equipe, cabe à autoridade decisória analisar se a pessoa criança ou adolescente apresenta uma vontade autêntica – ou seja, pautada pela racionalidade, formada a partir de informações idôneas sobre as circunstâncias da decisão e baseada em experiência suficiente para a valoração das informações atinentes – apta a fundamentar o exercício de uma decisão jurídica vinculante.[351]

Defende-se, todavia, que não basta o discernimento para que haja a derrotação das regras de capacidade de agir. Isso porque, se assim fosse, pessoas que não atingiram a maioridade, mas que contam com discernimento, poderiam fazer escolhas desassociadas de seu melhor interesse. É necessário, então, a constatação de que a atuação ou a não atuação do representante ou assistente, no lugar da pessoa criança ou adolescente, coloca em risco seu melhor interesse.

5.2.2 Violação do melhor interesse pela atuação ou pela não atuação do representante ou do assistente

Inicia-se este ponto com o resgate do conceito de melhor interesse da criança e do adolescente, desenvolvido no tópico 4.2 deste trabalho. De acordo com Cillero Bruñol, o princípio é definido pela plena satisfação

---

[350] MARTINS-COSTA, Judith. Capacidade para consentir e esterilização de mulheres tornadas incapazes pelo uso de drogas: notas para uma aproximação entre a técnica jurídica e a reflexão bioética. *In*: MARTINS-COSTA, Judith; MÖLLER, Letícia Ludwig (Org.). *Bioética e responsabilidade*. Rio de Janeiro: Forense, 2009. p. 326.

[351] CAMPOY CERVERA, Ignacio. La construcción de un modelo de derechos humanos para los niños, con o sin discapacidad. *Derechos y Libertades*, Madrid, n. 37, p. 131-165, jun. 2017. p. 152-153.

dos direitos previstos às crianças e aos adolescentes.[352] Os institutos da representação e da assistência – cuja regulamentação pelo Código Civil de 2002 é bastante similar àquela dada pela codificação de 1916 – não estão vinculados ao princípio do melhor interesse.

A incompatibilidade entre os institutos do direito civil aplicáveis a crianças e adolescentes e a doutrina da proteção integral torna-se evidente quando se verifica que representação e assistência protegem fundamentalmente a liberdade dos pais para exercer os direitos de seus filhos. Em outras palavras, na sistemática codificada, são os próprios representantes e assistentes que escolhem quais direitos serão exercidos em nome das crianças e adolescentes e de que forma. Para reduzir a liberdade dos pais em relação aos direitos dos filhos, o ECA estabelece certos deveres cabíveis àqueles, a exemplo da matrícula na escola e da vacinação, cujo descumprimento justifica a aplicação de sanções.

A despeito da previsão estatutária sobre os direitos dos infantes, diversas parcelas de proteção à população infantojuvenil não são revertidas em deveres exequíveis ou passíveis de punição dos pais ou demais representantes em hipóteses de descumprimento. Ao final, verifica-se que o espaço de liberdade dos adultos responsáveis pela efetivação dos direitos de crianças é amplo. Ocorre que a atuação ou a não atuação dos representantes e assistentes, em diversas situações, pode ocasionar violação ao melhor interesse da criança ou do adolescente, ou seja, pode obstar a satisfação dos seus direitos.

O ponto central deste trabalho se ancora na ideia de que os direitos de crianças e adolescentes não podem ser obstados pela barreira imposta pelos institutos da representação e da assistência. Em muitas situações, pais e filhos adotam perspectivas conflitantes sobre política, educação, sexualidade, uso da imagem, entre tantos outros pontos. O fato é que as divergências intrafamiliares não podem funcionar como obstáculo à satisfação de direitos dos filhos.

Há diversos exemplos que podem ser citados: pais que professam religiões conservadoras e não aceitam a identidade de gênero do(a) filho(a), impedindo a retificação do prenome; pais que são contrários à educação de gênero nas escolas e decidem pelo *homeschooling*, sem considerar a opinião dos filhos; pais que entendem que a vida somente pode ser tirada por Deus e impedem que o tratamento do filho portador de doença terminal seja interrompido; pais que expõem a imagem e

---

[352] CILLERO BRUÑOL, Miguel. O interesse superior da criança no marco da Convenção Internacional sobre os Direitos da Criança. *In*: GARCIA MÉNDEZ, Emilio; BELOFF, Mary (Org.). *Infância, lei e democracia na América Latina*. Blumenau: EDIFURB, 2001. v. 1. p. 102-103.

a privacidade dos filhos em redes sociais, ignorando a contrariedade deles; pais que deliberam contratos a serem executados pessoalmente pelos filhos em termos não aceitos por estes...

Em todas as situações hipotéticas apontadas acima, a tensão entre pais e filhos poderá ter como consequência a violação a algum direito garantido a crianças e a adolescentes – direito à dignidade, direito à convivência social e à pluralidade de ideias, direito à morte digna, direito à imagem e à privacidade, direito à participação, entre outros. Em tal tensão, devido ao regime de incapacidades e à aplicação dos institutos da representação e da assistência, a perspectiva dos pais tenderá a ser sempre a dominante. Conforme afirma Bodin de Moraes, em determinadas circunstâncias os filhos precisam de instrumentos para se proteger de seus pais.[353]

É diante disso que se justifica o exercício de direitos pela própria criança ou adolescente que tem capacidade de discernimento e cujos direitos podem não ser satisfeitos devido à compreensão particular dos pais ou outros representes sobre o que é o melhor para o filho. O posicionamento que se defende não está alinhado ao liberacionismo, uma vez que não se advoga pela extinção do regime de incapacidades na parte aplicável a crianças e adolescentes. Por outro lado, também não se alinha ao protecionismo, pois se entende que menores de dezoito anos podem apresentar discernimento suficiente para proteger de forma autônoma seus próprios interesses e direitos. Propugna-se que a garantia de parcela de autonomia jurídica a crianças e adolescentes representa incremento de sua proteção.

5.3 O princípio da autonomia progressiva pode autorizar o exercício de quais direitos por crianças e adolescentes?

No âmbito doutrinário nacional e internacional, são numerosos os autores que defendem, em relação a crianças e adolescentes, a flexibilização do regime de incapacidades para exercício de direitos existenciais. Esta defesa é realizada com base na perspectiva do direito civil-constitucional, tomando como baluarte a noção de que no tocante

---

[353] MORAES, Maria Celina Bodin de. Instrumentos para a proteção dos filhos frente aos próprios pais. *Civilística.com*, Rio de Janeiro, v. 7, n. 3. 2018. Disponível em: http://civilistica.com/wp-content/uploads/2019/01/Bodin-de-Moraes-civilistica.com-a.7.n.3.2018.pdf. Acesso em: 10 jun. 2020.

aos direitos personalíssimos o regime de incapacidades unitário é insuficiente. Um dos precursores desta concepção é Perlingieri, cuja teorização influenciou a construção da metodologia civil-constitucional no Brasil. Sobre a inadequação da adoção do critério etário de capacidade, em relação aos direitos existenciais, o autor sustenta:

> As capacidades de entender, de querer, de discernir, são expressões da gradual evolução da pessoa que, enquanto titular de direitos fundamentais, por definição não transferíveis a terceiros, deve ser colocada na condição de exercê-los paralelamente à sua efetiva idoneidade, não se justificando a presença de obstáculos de direito ou de fato que impeçam o seu exercício: o gradual processo de maturação do menor leva a programática inseparabilidade entre titularidade e exercício nas situações existenciais a uma progressiva realização.[354]

Com aprofundamento ainda maior, Stanzione afirma que a capacidade de agir foi constituída e é analisada a partir de uma concepção economicista, com a desconsideração dos aspectos pessoais do sujeito. Segundo ele, as situações jurídicas patrimoniais ocupam uma posição instrumental no ordenamento, de modo que as de natureza existencial ficam à mercê do tratamento dado àquelas. Com isso, a capacidade negocial se tornou a regra aplicável também ao exercício de direitos personalíssimos.[355] Quanto à capacidade de fato de crianças e adolescentes, Stanzione alerta que o processo de amadurecimento não ocorre de forma brusca, mas, ao contrário, de modo lento e gradual. A despeito disso, a legislação italiana, tal como a brasileira, definiu um critério etário rígido de demarcação entre capazes e incapazes para o exercício de direitos: a maioridade. Esta, assim, representa o pressuposto de fato da capacidade de agir.[356]

Para o autor, é necessário que as regras de capacidade considerem a natureza do ato a ser exercido – isto é, se patrimonial ou existencial. Em se tratando de situações jurídicas patrimoniais, a distinção entre capacidade de direito e capacidade de agir se sustenta, uma vez que esta segunda categoria foi criada exatamente para assegurar relações de conteúdo patrimonial. Por outro lado, em relação aos direitos

---

[354] PERLINGIERI, Pietro. *O direito civil na legalidade constitucional*. Tradução de Maria Cristina de Cicco. Rio de Janeiro: Renovar, 2008. p. 1003-1004.

[355] STANZIONE, Pasquale. Diritto civile e legalità. *In*: AUTORINO, G.; STANZIONE, P. *Diritto civile e situazioni esistenziali*. Torino: G. Giappichelli Editore, 1998. p. 63-64.

[356] STANZIONE, Pasquale. Diritto civile e legalità. *In*: AUTORINO, G.; STANZIONE, P. *Diritto civile e situazioni esistenziali*. Torino: G. Giappichelli Editore, 1998. p. 66.

existenciais, Stanzione afirma que foram concebidos em prol do desenvolvimento da pessoa humana e, com isso, não há sentido em reconhecê-los abstratamente sem conceder ao titular a possibilidade de exercê-los de modo imediato.[357] A partir dessa construção, aponta que o critério para exercício de situações jurídicas existenciais deve ser o discernimento do titular.

Haja vista a influência do direito civil-constitucional italiano na doutrina civilista brasileira, a crítica ao regime unitário de incapacidade pode ser encontrada em diversas e importantes obras no cenário jurídico nacional. Com efeito, não são poucos os doutrinadores que asseveram a possibilidade de crianças e adolescentes exercerem situações jurídicas existenciais. A título de exemplo, cabe citar a produção de Menezes e Multedo,[358] de Teixeira,[359] de Sêco,[360] de Corrêa,[361] de Meireles[362] e de Machado,[363] entre tantas outras obras que abordam a questão.[364]

---

[357] STANZIONE, Pasquale. Diritto civile e legalità. *In*: AUTORINO, G.; STANZIONE, P. *Diritto civile e situazioni esistenziali*. Torino: G. Giappichelli Editore, 1998. p. 96.

[358] Em artigo referente à autonomia de crianças e adolescentes para tomarem decisões sobre o próprio corpo, as autoras afirmam que "O exercício da autonomia pela autodeterminação existencial é inexorável ao desenvolvimento da pessoa, enquanto sujeito independente e, portanto, expressão material do princípio da dignidade da pessoa humana considerada *in concreto*". Em outra passagem, defendem que "Não parece razoável atribuir-se a alguém a titularidade de uma situação existencial (*rectius*, de um direito fundamental) sem lhe conceder a capacidade de exercício" (MENEZES, Joyceane Bezerra de; MULTEDO; Renata Vilela. A autonomia ético-existencial do adolescente nas decisões judiciais sobre o próprio corpo e a heteronomia dos pais e do Estado no Brasil. *In*: TEPEDINO, G.; TEIXEIRA, A. C. B.; ALMEIDA, V. (Coord.). *O direito civil entre o sujeito e a pessoa*: estudos em homenagem ao professor Stefano Rodotà. Belo Horizonte: Fórum, 2016. p. 310; 317).

[359] Teixeira, sobre o tema, aponta que, "para as situações existenciais, não há justificativa em separar-se a capacidade de direito da capacidade de fato, por ser instransferível o exercício dos direitos de personalidade" (TEIXEIRA, Ana Carolina Brochado. *Família, guarda e autoridade parental*. 2. ed. revista e atualizada de acordo com as leis 11.698/08 e 11.924/09. Rio de Janeiro: Renovar, 2009. p. 151).

[360] SÊCO, Thaís Fernanda Tenório. *A autonomia da criança e do adolescente e suas fronteiras*: capacidade, família e direitos da personalidade. Dissertação (Mestrado) – Universidade do Estado do Rio de Janeiro, Rio de Janeiro, 2013.

[361] Para a autora, em sua obra referente ao consentimento livre e esclarecido, as matérias de cunho personalíssimo podem "ser decididas apenas pela própria pessoa, excluindo-se, portanto, a possibilidade de decisão por parte do representante ou assistente" (CORRÊA, Adriana Espíndola. *Consentimento livre e esclarecido*: o corpo objeto de relações jurídicas. Florianópolis: Conceito, 2010. p. 119).

[362] Meireles também defende que "os atos de autonomia privada relacionados à esfera existencial da pessoa somente podem ser exercidos pessoalmente, salvo por razões de necessidade, e em benefício do próprio titular" (MEIRELES, Rose Melo Vencelau. *Autonomia privada e dignidade humana*. Rio de Janeiro: Renovar, 2009. p. 134).

[363] MACHADO, Diego Carvalho. *Capacidade de agir e pessoa humana*: situações subjetivas existenciais sob a ótica civil-constitucional. Curitiba: Juruá, 2013.

[364] Em sua dissertação de mestrado, a autora do presente trabalho apontou a impertinência do regime unitário de incapacidades em relação à recusa a tratamento médico por pessoas

As críticas à teoria unitária de capacidade, feitas pelos autores acima indicados e por diversos outros, são relevantes na medida em que demonstram que a construção do instituto da capacidade de agir se deu na égide do paradigma patrimonialista e excludente do direito civil. Os movimentos de constitucionalização e de repersonalização das relações civis – ao enfocarem o *ser* ao invés do *ter* – evidenciaram sua incompatibilidade com a tutela da dignidade humana e da autonomia privada. De modo pertinente e necessário, os críticos da teoria unitária contribuem ao defender que a pessoa deve ser considerada na medida de suas potencialidades e vulnerabilidades, de modo que o regime de incapacidades, ao se referir a situações jurídicas existenciais, deve ser pautado pela análise concreta e personalizada do indivíduo, sem fazer uso de critérios genéricos e abstratos. As críticas, de modo geral, vêm desacompanhadas de propostas de procedimentos e do estabelecimento de critérios.

Nota-se, ademais, que estes estudiosos tendem a se basear em uma divisão estanque entre esferas patrimonial e existencial. Desconsidera-se que situações jurídicas existenciais apresentam repercussões patrimoniais e que instrumentos jurídicos criados para a promoção de circulação de riquezas passaram a ser utilizados, nas últimas décadas, para o livre desenvolvimento da personalidade.

Com efeito, o limite entre direitos patrimoniais e existenciais tem sido paulatinamente atenuado. Isso porque, desde que assumida a tendência de despatrimonialização do direito civil, a proteção ao patrimônio se justifica na medida em que representa suporte ao livre desenvolvimento individual.[365] Dessa forma, a finalidade do contrato na contemporaneidade não se restringe à seara patrimonial, pois tem sido reconhecido como "instrumento de livre desenvolvimento para a realização de aspirações existenciais".[366] Nesse sentido:

---

menores de dezoito anos e defendeu a utilização, em tais casos, da categoria da capacidade para consentir (COPI, Lygia Maria. *Recusa a tratamento médico por adolescentes pacientes terminais*: do direito à morte com dignidade e autonomia à insuficiência do regime das incapacidades. 2016. Dissertação (Mestrado) – Universidade Federal do Paraná, Curitiba, 2016. Disponível em: http://hdl.handle.net/1884/43196. Acesso em: 19 out. 2020).

[365] CORTIANO JUNIOR, Eroulths. Alguns apontamentos sobre os chamados direitos da personalidade. *In*: FACHIN, Luiz Edson (Coord.). *Repensando fundamentos do direito civil brasileiro contemporâneo*. Rio de Janeiro: Renovar, 2000. p. 33.

[366] RUZYK, Carlos Eduardo Pianovski. *Institutos fundamentais do direito civil e liberdade(s)*: repensando a dimensão funcional do contrato, da propriedade e da família. Rio de Janeiro: GZ, 2011. p. 274.

Despatrimonialização, dignidade da figura do contratante e função social do contrato encontram o seu fio condutor na figura do homem e no seu livre desenvolvimento, refundando-se o Direito Civil em torno do respeito aos valores da pessoa. A autonomia contratual, antes de ser instrumento de circulação de riquezas, no atual estágio de desenvolvimento constitucional, presta-se ao livre desenvolvimento da pessoa contratante, sem que dela se possa excluir um quase inevitável conteúdo patrimonial mínimo.[367]

É também necessário considerar que nas últimas duas décadas, em decorrência especialmente do apogeu tecnológico, parcelas da personalidade humana – a exemplo da imagem, dos dados pessoais e da privacidade – tornaram-se mercadorias. Sibilia afirma que no momento presente "a imagem pessoal é o principal valor de troca".[368] No mesmo sentido, Han aponta que na sociedade da exposição cada sujeito é seu próprio objeto de publicidade.[369] A intimidade, nesse contexto, se torna um dos mais relevantes produtos ofertados pela mídia, o que indica que a fronteira entre um "eu privado" e um "eu público" é cada vez menos identificável. Trata-se do fenômeno da espetacularização da intimidade.[370]

Este fenômeno abrange a infância, fazendo com o que o *ser* e o *ter* se enredem também nas vidas das crianças e dos adolescentes. O valor mercantil da privacidade e da imagem dos personagens infantis é evidenciado com a ascensão de *reality shows* protagonizados por crianças e adolescentes e de canais de *youtubers* mirins, nos quais seus direitos da personalidade se tornam objetos de contratos que envolvem valores elevados e que são celebrados por seus pais ou representantes sem a obrigatoriedade de sua participação.

Com isso, rejeitar a adoção de critérios fechados de capacidade apenas quando estão em tela direitos existenciais significa ignorar que os negócios jurídicos patrimoniais também têm por objetivo o desenvolvimento da personalidade e afetam diretamente a realização pessoal. A afirmação de que os pais são sempre aptos a exercer a representação e a assistência dos filhos, independentemente da participação destes no

---

[367] NALIN, Paulo. *Do contrato*: conceito pós-moderno. Curitiba: Juruá, 2008. p. 249.

[368] SIBILIA, Paula. *O show do eu*: a intimidade como espetáculo. Rio de Janeiro: Nova Fronteira, 2008. p. 235.

[369] HAN, Byung-Chul. *La sociedad de la transparencia*. Tradução de Raúl Gabás. Barcelona: Herder, 2013. p. 30.

[370] SIBILIA, Paula. *O show do eu*: a intimidade como espetáculo. Rio de Janeiro: Nova Fronteira, 2008. p. 247-248.

negócio jurídico, quando se trata de situações jurídicas patrimoniais de crianças e adolescentes, aparenta desconsiderar os fenômenos de repersonalização dos institutos tradicionais do direito civil e a mercantilização dos direitos da personalidade dos personagens infantis.

Reconhece-se o contributo teórico dos autores filiados ao direito civil-constitucional que denunciaram a inadequação do regime de incapacidades em relação aos direitos existenciais. No entanto, o momento presente demanda a superação da dicotomia entre direitos existenciais e direitos patrimoniais, uma vez que as parcelas do *ser* e do *ter* encontram-se em relação inextricável. Nesse quadro, as críticas ao regime de incapacidades inflexível e dual mostram-se igualmente pertinentes quando em tela situações jurídicas patrimoniais, uma vez que nelas, também, o exercício da representação e da assistência pode contrariar o melhor interesse da criança ou do adolescente. Com isso, a promoção da participação do infante envolvido nos negócios jurídicos patrimoniais – inclusive, em alguns casos, com a garantia de que a pessoa menor protagonize o exercício de seus direitos, podendo contar com sistema de apoio – é medida apta a promover o livre desenvolvimento da personalidade e a coibir eventuais abusos dos pais, conforme se verá adiante.

Necessário considerar que a Convenção sobre os Direitos da Criança, ao prever o direito de participação, não definiu que este se limita aos direitos existenciais. O art. 12.1, que trata do tema, garante que as pessoas que não atingiram a maioridade têm o direito de expressar suas opiniões livremente sobre *todos* os assuntos relacionados a ela. O recurso à expressão "todos os assuntos relacionados a ela", sem menção à sua natureza, permite a compreensão de que o direito de participação, nos termos da Convenção, aplica-se não apenas a situações jurídicas existenciais, mas também quando estão em análise direitos patrimoniais.

Feita essa análise, nos tópicos subsequentes será abordada a potencialidade da aplicação do princípio da autonomia progressiva em relação a direitos existenciais e patrimoniais de crianças e adolescentes em situações de conflitos intrafamiliares. Com base em experiências jurídicas estrangeiras, ficará evidente que a aplicação inexorável das regras de capacidade de agir em relação à população infantojuvenil não necessariamente repercute na sua proteção.

5.4 Tensões familiares e o exercício de direitos existenciais por crianças e adolescentes: experiências jurídicas estrangeiras e horizontes para o direito brasileiro

O melhor interesse de crianças e adolescentes nem sempre poderá ser satisfeito através da tomada de decisão por terceiros. Em certas situações, especialmente quando envolvem aspectos da intimidade da pessoa, a aplicação dos institutos da representação e da assistência pode violar os próprios direitos da criança ou do adolescente que os titulariza e, por consequência, seu melhor interesse. Neste tópico, demonstrar-se-á a insuficiência do direito brasileiro na proteção dos direitos existenciais de crianças e adolescentes que vivenciam tensões intrafamiliares.

A análise proposta permeará experiências de países que demonstram um maior compromisso com a doutrina da proteção integral. Como se verá adiante, o tratamento aos direitos de crianças e adolescentes, em países como Espanha, Argentina e Colômbia, é atravessado pelo princípio da autonomia progressiva e garantidor de autonomia jurídica e de autoproteção a quem não atingiu a maioridade.

Os três países, da mesma forma que o Brasil, são signatários da Convenção sobre os Direitos da Criança. Argentina e Colômbia são países latino-americanos que também enfrentam realidade de desigualdade social, de violência e de precariedade de serviços públicos,[371] além de apresentarem semelhanças históricas com o Brasil. A Espanha, apesar de membro da União Europeia, é um dos países europeus que vivencia crise econômica de forma profunda.[372] A despeito de diversas semelhanças com o Brasil, os três Estados adotam tratamento à infância muito mais alinhado à doutrina da proteção integral, combinando proteção e autonomia jurídica. Em tais países, o regime de incapacidades comporta exceções, como forma de tutelar os direitos da população infantojuvenil.

Nesse sentido, o Código Civil e Comercial argentino define, entre os princípios que regem a responsabilidade parental, a autonomia

---

[371] Em 2019, a Colômbia apresentou IDH de 0,767, enquanto o índice argentino foi de 0,845 e o brasileiro, de 0,765. Em agosto de 2020, a mídia divulgou que até o final daquele ano seria provável que um a cada dois argentinos entrasse na faixa da pobreza (Disponível em: https://veja.abril.com.br/mundo/um-em-cada-dois-argentinos-pode-entrar-na-faixa-de-pobreza-ate-fim-de-2020/. Acesso em: 11 mar. 2021).

[372] O IDH da Espanha, em 2019, foi de 0,863, não muito superior ao índice argentino do mesmo ano. A crise econômica espanhola não é recente. Desde 2008 o país tem enfrentado forte recessão econômica, o que se agravou em virtude da pandemia.

progressiva do filho conforme suas características psicofísicas, aptidões e desenvolvimento, bem como o direito de serem ouvidos e de terem sua opinião considerada segundo a idade e o grau de maturidade.[373] Assim, muito embora as crianças e os adolescentes exerçam seus direitos, em regra, através de representantes ou assistidos por seus pais, é possível que o façam por si mesmos quando demonstrem apresentar maturidade suficiente.[374]

Em sentido semelhante, o Código Civil espanhol garante que se os filhos tiverem maturidade suficiente deverão ser sempre ouvidos antes da adoção de decisões que possam lhe afetar. Assegura, ainda, que a representação legal pelos pais não se estende aos atos relativos a direitos da personalidade que o filho, de acordo com sua maturidade, possa exercer por si mesmo. Nestes casos, os pais intervirão como assistentes, a partir do dever de cuidado.[375]

Na Colômbia não há previsão expressa de exceções ao regime de capacidades no Código Civil, mas o princípio da autonomia progressiva é reconhecido e aplicado pelos tribunais do país. A jurisprudência constitucional colombiana tem se afastado do tratamento à infância que vincula menoridade e incapacidade e reconhecido o potencial de crianças e adolescentes para se envolver na tomada de decisões que lhes dizem respeito. De acordo com a Corte Constitucional, de sujeitos incapazes sobre os quais incidiam profundas limitações para exercício de direitos, menores de dezoito passaram a ser concebidos como pessoas livres e autônomas com plenos direitos, que de acordo com sua idade e maturidade podem decidir sobre sua própria vida e assumir responsabilidades.[376]

Verifica-se que nos ordenamentos jurídicos argentino e espanhol o princípio da autonomia progressiva foi legalmente reconhecido como fundamento para a derrotabilidade das regras de capacidade codificadas

---

[373] Trata-se do conteúdo do art. 638 do Código Civil e Comercial Argentino (Disponível em: http://www.saij.gob.ar/docs-f/codigo/Codigo_Civil_y_Comercial_de_la_Nacion.pdf).

[374] O art. 26 do Código Civil e Comercial Argentino dispõe que: "La persona menor de edad ejerce sus derechos a través de sus representantes legales. No obstante, la que cuenta con edad y grado de madurez suficiente puede ejercer por sí los actos que le son permitidos por el ordenamiento jurídico. En situaciones de conflicto de intereses con sus representantes legales, puede intervenir con asistencia letrada" (Disponível em: http://www.saij.gob.ar/docs-f/codigo/Codigo_Civil_y_Comercial_de_la_Nacion.pdf. Acesso em: 10 fev. 2021).

[375] Os arts. 154 e 162 do Código Civil espanhol dispõem nesse sentido (Disponível em: https://www.boe.es/buscar/pdf/1889/BOE-A-1889-4763-consolidado.pdf. Acesso em: 10 fev. 2021).

[376] Este entendimento foi consignado no Acórdão C-113/17, proferido pela Corte Constitucional da Colômbia. O julgado pode ser acessado no seguinte *link*: https://www.corteconstitucional.gov.co/relatoria/2017/C-113-17.htm. Acesso em: 11 mar. 2021.

de caráter moderno, enquanto na Colômbia esse movimento ocorreu no campo jurisprudencial. No Brasil, diferentemente, este princípio é revelado de forma muito limitada na legislação estatutária – exclusivamente para assegurar a participação de crianças e adolescentes em demandas envolvendo família substituta – e não tem repercussão jurisprudencial. A despeito disso, tendo em vista sua previsão na Convenção sobre os Direitos da Criança, que ostenta hierarquia supralegal no ordenamento jurídico pátrio, o princípio em análise também pode funcionar no direito brasileiro como fundamento para a derrotação das regras codificadas de capacidade.

A partir de três direitos especialmente sensíveis – direito à morte digna, direito à identidade sexual e direito à interrupção voluntária de gestação –, demonstrar-se-á que o afastamento das regras de capacidade, em determinadas situações, pode representar medida apta à promoção do melhor interesse de crianças e adolescentes. Através da análise de experiências estrangeiras, serão vislumbradas possibilidades de garantir autonomia jurídica a menores de dezoito anos sem descuidar da proteção de que necessitam.

5.4.1 Direito à morte digna

Harrison e colaboradores, em texto sobre a autonomia do paciente pediátrico, relatam o caso de Samantha, uma garota de onze anos de idade portadora de osteossarcoma. Para tratar o câncer, foi submetida à quimioterapia e teve seu braço esquerdo amputado. Teve, ainda, que doar seu gato após o procedimento cirúrgico, para evitar o risco de contaminação, o que a deixou muito triste. Passados dezoito meses – período em que foi considerada como curada – submeteu-se a novo exame, o qual constatou recidiva do câncer e metástase para os pulmões. Mesmo que passasse pelos tratamentos mais agressivos, a chance de cura de Samantha, segundo a equipe médica, seria de menos de 20%. A garota negava se submeter novamente à quimioterapia. Seus pais, apesar de devastados pela notícia, não estavam dispostos a desistir da vida da filha. Os profissionais que a tratavam tinham dúvidas éticas sobre como agir no caso.[377]

---

[377] HARRISON, Christine *et al*. Bioethics for clinicians – Involving children in medical decisions. *Canadian Medical Association Journal*, Ottawa, n. 156, p. 825-828, 1997. Disponível em: https://www.ncbi.nlm.nih.gov/pmc/articles/PMC1227047/pdf/cmaj_156_6_825.pdf. Acesso em: 9 mar. 2021.

Questões dessa magnitude, envolvendo o direito à morte digna de crianças e adolescentes em estado terminal, tendem a ser cada vez mais comuns. Diante do desenvolvimento tecnológico na área da saúde, constata-se a tendência de *cronificação* das doenças e o elastecimento do processo de morrer. Segundo relatório da Organização Mundial da Saúde – OMS disponibilizado em 2020, intitulado *Global Atlas of Palliative Care at the End of Life*, o estado de saúde de 56,8 milhões de pessoas requer, anualmente, cuidados paliativos. Desse total, pelo menos 7% são crianças.[378] Com frequência a mídia noticia casos de pessoas em estado de terminalidade, inclusive crianças e adolescentes,[379] invocando o direito de morrer com dignidade.

A garantia do direito à morte digna requer que os desejos dos enfermos – independentemente da idade que possuam – sejam considerados. Morte digna traduz-se, então, na permissão de morrer de acordo com o próprio caráter, personalidade e estilo, levando em consideração as vontades de cada um, inclusive em relação aos tratamentos que serão aplicados ao paciente. Crianças e adolescentes, tal como qualquer adulto, também são titulares do direito à morte digna.

Ocorre que, quando se trata de pessoas consideradas capazes, de acordo com a legislação civil, é possível a recusa a tratamento médico, desde que instrumentalizada em termo de consentimento livre e esclarecido[380] ou através das diretivas antecipadas de vontade. Entretanto, quando a situação envolve menores de dezoito anos, a regra é a aplicação dos institutos da representação e da assistência,[381] o que os impede de tomar decisões referentes ao próprio corpo.

---

[378] WORLD HEALTH ORGANIZATION; WORLDWIDE PALLIATIVE CARE ALLIANCE. *Global Atlas of Palliative Care at the End of Life*. 2. ed. [s.l.]: [s.n.], jan. 2014. Disponível em: http://www.thewhpca.Org/resources/global-atlas-on-end-of-life-care. Acesso em: 4 dez. 2020.

[379] A título de exemplo, pode ser citado o caso da inglesa Hannah Jones – paciente terminal de 13 anos que decidiu pela recusa a tratamento médico – noticiado pela revista Época (AZEVEDO, Solange. Personagem da semana: Hannah Jones – 'Quero morrer com dignidade'. Época, São Paulo, nov. 2008. Disponível em: http://revistaepoca.globo.com/Revista/Epoca/0,,EMI17176-15215,00.html. Acesso em: 5 dez. 2020).

[380] Em nosso país, a exigência do consentimento para procedimentos de saúde é estabelecida pelo Código de Ética Médica, em seu art. 22, que define ser vedado ao médico "deixar de obter consentimento do paciente ou de seu representante legal após o esclarecer sobre o procedimento a ser realizado, salvo em caso de risco iminente de morte" (CONSELHO FEDERAL DE MEDICINA. Código de Ética Médica – CEM, aprovado pela Resolução CFM nº 1.931/2009, de 24 de setembro de 2009, *Diário Oficial da União*, Brasília, DF, 2009. Disponível em: http://www.portalmedico.Org.br/novocodigo/artigos.asp. Acesso em: 10 out. 2020).

[381] Exemplar do que ora se afirma é a previsão da Resolução nº 466/2012, do Conselho Nacional de Saúde – CNS, referente às pesquisas envolvendo seres humanos, a qual define, em seu

As escolhas individuais sobre a própria saúde têm por objetivo o livre desenvolvimento pessoal. Nesse sentido, "é essencial que a pessoa detentora de discernimento possa decidir acerca do próprio destino corporal, inclusive no âmbito de um tratamento médico".[382] Na relação médico-paciente, depois de estabelecido o diálogo e prestadas as devidas informações, uma das possibilidades dos enfermos é a de não aceitar o procedimento indicado pelo profissional, tendo por fundamento a autonomia individual.

A autonomia sobre o próprio corpo é, todavia, negada a crianças e adolescentes – independentemente de seu grau de maturidade – devido à aplicação inexorável do critério etário de capacidade, em vista do qual cabe aos pais ou aos representantes a outorga do consentimento ou da negativa a tratamento no lugar da própria pessoa interessada.[383] Essa sistemática não se releva adequada por duas diferentes razões.

Primeiramente, porque pressupõe que a obtenção de autonomia ocorre de forma automática com a maioridade e ignora que o desenvolvimento de crianças e adolescentes é progressivo e gradual. A ideia de que a pessoa se torna apta a fazer escolhas sobre o próprio corpo e sobre a própria vida a partir dos dezoito anos é nitidamente artificial. Se um adolescente de dezessete anos, nas vésperas de seu aniversário de dezoito anos, necessitar de um procedimento cirúrgico, precisará obter o consentimento de seus pais, mas, se a cirurgia se der no dia seguinte, poderá ele mesmo consentir ou dissentir acerca da terapia.[384]

As crianças e os adolescentes, como pessoas em fase de desenvolvimento, edificam a personalidade a partir das perspectivas que gradualmente adotam para a própria vida. Nesse processo continuado de formação, aqueles que não atingiram a maioridade desenvolvem seus

---

ponto II.5, que o consentimento livre e esclarecido é a "anuência do participante da pesquisa e/ou de seu representante legal, livre de vícios (simulação, fraude ou erro), dependência, subordinação ou intimidação, após esclarecimento completo e pormenorizado sobre a natureza da pesquisa, seus objetivos, métodos, benefícios previstos, potenciais riscos e o incômodo que esta possa acarretar". De acordo com a resolução, o consentimento livre e esclarecido dos incapazes é realizado por seus representantes legais, aos quais cabe a autorização para participação no estudo (CONSELHO NACIONAL DA SAÚDE. Resolução nº 466, de 12 de dezembro de 2012. *Diário da Justiça*, Brasília, DF, 2012. p. 2. Disponível em: http://conselho.saude.gov.br/resolucoes/2012/Reso466.pdf. Acesso em: 31 jul. 2020).

[382] TEIXEIRA, Ana Carolina Brochado. *Saúde, corpo e autonomia privada*. Rio de Janeiro: Renovar, 2010. p. 299.

[383] TEIXEIRA, Ana Carolina Brochado. *Saúde, corpo e autonomia privada*. Rio de Janeiro: Renovar, 2010. p. 149.

[384] DADALTO, Luciana. Capacidade versus discernimento: quem pode fazer diretivas antecipadas de vontade? *In*: DADALTO, Luciana (Coord.). *Diretivas antecipadas de vontade*: ensaios sobre o direito à autodeterminação. Belo Horizonte: Letramento, 2013. p. 224.

gostos, suas opiniões, seus planos para o futuro, bem como suas escolhas profissionais, espirituais e sexuais. Em suma, constroem continuamente sua pessoalidade e sua perspectiva sobre existência digna, que devem ser respeitadas na maior medida possível.

Em segundo lugar, a sistemática ora vigente também se revela inadequada porque se fundamenta na lógica de que crianças são extensões de seus pais, os quais podem decidir livremente sobre seus corpos e suas vidas. Na condição de titulares do direito à dignidade e à autonomia, menores de dezoito anos em condição de terminalidade, porém com discernimento, necessitam dispor de instrumentos jurídicos de autoproteção de seus interesses, quando conflitante com seus pais, a fim de não se submeterem a tratamentos que gerem exagerado sofrimento. Nesse sentido, caso cumpram com os requisitos pontuados no tópico acima, devem contar com a possibilidade de tomar decisões vinculantes sobre os tratamentos de saúde que lhes serão aplicados e, mesmo que não cumpram, merecem ter sua opinião considerada e na máxima medida respeitada.

Assim, caso verificado que a criança ou o adolescente apresenta discernimento suficiente para compreender as informações prestadas pela equipe de saúde no que se refere ao diagnóstico, ao prognóstico e ao tratamento cabível e que compreende as decorrências da eventual recusa ao procedimento indicado, e se constatado, ainda, que a perspectiva dos pais ou representantes impede que o paciente pediátrico tenha acesso a uma morte digna, deve ser a ele facultado o exercício autônomo do consentimento livre e esclarecido, afastando-se as regras do regime de capacidade. Permitir que pais cuja compreensão é de que a vida se trata de um valor absoluto decidam pelos filhos que estão em situação de terminalidade, mas capazes de discernir, tem como consequência a violação de sua dignidade e de sua autonomia.

Em outro giro, se constatado que a pessoa criança ou adolescente não apresenta discernimento necessário para a decisão em saúde, justifica-se a aplicação de escolhas heterônomas – isto é, tomadas por pessoa diversa do titular do direito. No entanto, mesmo nesses casos, não é possível que decisões sejam tomadas em completa desconsideração dos desejos da pessoa criança ou adolescente. Nos termos de Dias, em tais situações, "[...] a heteronomia não intervém livremente, antes se encontra sempre em dialéctica permanente com a autonomia daquele concreto paciente".[385] Cabe lembrar que, de acordo com a Convenção sobre os Direitos da Criança, aqueles que não atingiram a maioridade têm direito à participação em todas as questões que lhes afetam. Por certo, as manifestações das crianças e dos adolescentes sobre sua saúde, seu corpo e sua vida devem ser ao máximo consideradas, como meio de garantir o livre desenvolvimento da personalidade.

Foi o que ocorreu no caso relatado no início deste tópico. Muito embora a equipe de saúde tenha entendido que Samantha não reunia as condições necessárias para tomar uma decisão autônoma, sua opinião foi levada em consideração por todos os envolvidos. Ao final, com o apoio de psiquiatra, psicólogo, assistente social, especialista em cuidados paliativos, a família decidiu substituir a busca pela cura pela busca por cuidado, de modo que o tratamento foi substituído por cuidados paliativos. Samantha retornou para sua casa e morreu pacificamente.[386]

Com o propósito de serem ao máximo evitadas decisões heterônomas em matéria de corpo e saúde, tem sido defendida a utilização do *testamento vital*,[387] instrumento pelo qual se viabiliza que decisões autônomas do paciente sejam antecipadas e gerem efeitos em momento de impossibilidade de manifestação de vontade. Em suma, trata-se do documento pelo qual a pessoa, em estado de lucidez, pré-determina seus desejos em matéria de assistência médica, os quais deverão ser levados a cabo na hipótese de o indivíduo perder sua capacidade decisória. Impõe-se analisar, sobre isso, se crianças e adolescentes podem ser autoras de diretivas antecipadas de vontade.

---

[385] PEREIRA, André Gonçalo Dias. A capacidade para consentir: um novo ramo da capacidade jurídica. *In*: FACULDADE DE DIREITO DA UNIVERSIDADE DE COIMBRA. *Comemorações dos 35 anos do Código Civil e dos 25 anos da Reforma de 1975*: a Parte Geral do Código e a teoria geral do direito civil. Coimbra: Coimbra Editora, 2006. v. II. p. 203-204.

[386] HARRISON, Christine *et al*. Bioethics for clinicians – Involving children in medical decisions. *Canadian Medical Association Journal*, Ottawa, n. 156, p. 825-828, 1997. Disponível em: https://www.ncbi.nlm.nih.gov/pmc/articles/PMC1227047/pdf/cmaj_156_6_825.pdf. Acesso em: 9 mar. 2021.

[387] Uma das polêmicas que envolve o documento pelo qual o paciente determina os tratamentos que lhe serão (e não serão) aplicados caso esteja sem lucidez diz respeito à terminologia empregada, uma vez que a nomenclatura *testamento vital* é objeto de diversas críticas. Nesse sentido, tem-se o posicionamento de Luciana Dadalto, para quem tal forma de designação é inadequada, entendendo que o termo "declaração prévia do paciente terminal" reflete com mais precisão o instrumento em análise. Afirma mencionada autora que "[...] testamento vital [...] não é a melhor denominação, vez que remete ao instituto do testamento, negócio jurídico unilateral de eficácia *causa mortis*, o que, de todo, não é adequado". Acolhe-se, neste estudo, a crítica feita pela doutrinadora e adota-se a terminologia "diretivas antecipadas de vontade", abreviada pela sigla DAV, que abrange tanto a *declaração prévia do paciente terminal* quanto a nomeação de procurador de cuidados de saúde (DADALTO, Luciana. *Testamento vital*. 3. ed. São Paulo: Atlas, 2015. p. 2-3).

Enquanto o consentimento livre e esclarecido é uma expressão da autonomia pessoal, o *testamento vital* é expressão de uma autonomia prospectiva – que representa uma autonomia ampliada.[388] Pelas declarações prévias, a pessoa pode proceder à recusa a tratamento médico anteriormente, para a eventualidade de se tornar um paciente terminal e de estar sem condições de consentir ou dissentir com a terapia. Por esse documento, torna-se possível ao paciente em estado terminal e que está em estado de inconsciência morrer nas condições que julga dignas.

No Brasil, as diretivas antecipadas foram regulamentadas pela Resolução nº 1.995/2012 do Conselho Federal de Medicina, a qual definiu o dever dos médicos de respeitar os desejos expressos pelos enfermos em tais instrumentos.[389] É de se ressaltar, todavia, que aludida regulamentação vincula apenas a classe médica, pois foi elaborada por entidade profissional.

Ao se examinar a Resolução nº 1.995/2012, verifica-se que em seus três artigos não foram previstos os requisitos para a elaboração das diretivas antecipadas de vontade. Como o Conselho Federal de Medicina não tem competência para legislar e considerando ser o *testamento vital* um negócio jurídico, afirma-se a necessidade de a manifestação adequar-se aos requisitos previstos pelo art. 104 do Código

---

[388] SÁNCHEZ GONZÁLEZ, Miguel Angel. Um novo testamento: testamentos vitais e diretivas antecipadas. Tradução Diaulas Costa Ribeiro. *In*: BASTOS, Elenice Ferreira; LUZ, Antônio Fernandes da (Coord.). *Família e Jurisdição II*. Belo Horizonte: Del Rey, 2005. p. 92.

[389] Consta na Resolução nº 1.995/2012 que o Conselho Federal de Medicina resolve: "Art. 1º Definir diretivas antecipadas de vontade como o conjunto de desejos, prévia e expressamente manifestados pelo paciente, sobre cuidados e tratamentos que quer, ou não, receber no momento que estiver incapacitado de expressar, livre e autonomamente, sua vontade. Art. 2º Nas decisões sobre cuidados e tratamentos de pacientes que se encontram incapazes de comunicar-se, ou de expressar de maneira livre e independente suas vontades, o médico levará em consideração suas diretivas antecipadas de vontade. §1º Caso o paciente tenha designado um representante para tal fim, suas informações serão levadas em consideração pelo médico. §2º O médico deixará de levar em consideração as diretivas antecipadas de vontade do paciente ou representante que, em sua análise, estiverem em desacordo com os preceitos ditados pelo Código de Ética Médica. §3º As diretivas antecipadas do paciente prevalecerão sobre qualquer outro parecer não médico, inclusive sobre os desejos dos familiares. §4º O médico registrará, no prontuário, as diretivas antecipadas de vontade que lhes foram diretamente comunicadas pelo paciente. §5º Não sendo conhecidas as diretivas antecipadas de vontade do paciente, nem havendo representante designado, familiares disponíveis ou falta de consenso entre estes, o médico recorrerá ao Comitê de Bioética da instituição, caso exista, ou, na falta deste, à Comissão de Ética Médica do hospital ou ao Conselho Regional e Federal de Medicina para fundamentar sua decisão sobre conflitos éticos, quando entender esta medida necessária e conveniente. Art. 3º Esta resolução entra em vigor na data de sua publicação" (CONSELHO FEDERAL DE MEDICINA. Resolução nº 1.995, de 31 de agosto de 2012, *Diário Oficial da União*, Brasília, DF, 2012. Disponível em: http://www.portalmedico.Org.br/resolucoes/CFM/2012/1995_2012.pdf. Acesso em: 20 out. 2020).

CAPÍTULO 5
O PRINCÍPIO DA AUTONOMIA PROGRESSIVA E O EXERCÍCIO DE DIREITOS POR CRIANÇAS E ADOLESCENTES | 167

de Direito Civil – agente capaz, objeto lícito, possível, determinado ou determinável e forma prescrita ou não defesa em lei.[390] Emerge, então, a compreensão de que as diretivas antecipadas de vontade somente podem ser redigidas por quem ostenta capacidade, nos termos dos arts. 3º e 4º da legislação civil, o que afasta a possibilidade de que crianças e adolescentes as elaborem.

Ocorre, entretanto, que o critério da legitimidade das diretivas antecipadas de vontade deve ser o discernimento da pessoa – criança, adolescente ou adulta – para a tomada de decisão e não mais a capacidade civil.[391] Assim, se o paciente apresenta condições de entender a informação, de fazer um julgamento quanto à informação a partir de seus valores, de buscar um resultado específico e de comunicar com liberdade o seu desejo,[392] cumpre ser-lhe facultada a tomada de decisões individualmente.

A maior parte dos países que legislou a aplicabilidade das diretivas antecipadas de vontade vinculou-se à teoria clássica das incapacidades e, assim, estabeleceu que apenas os maiores de dezoito anos em plenas faculdades mentais podem recusar tratamentos médicos e definir as condições do derradeiro período da vida por meio do instrumento.[393] Diferentemente, as comunidades autônomas de Aragon, Catalunha e La Rioja, da Espanha, afastaram-se do critério da capacidade e adotaram o discernimento como requisito para elaboração do documento.[394]

---

[390] É o caso, a título de exemplo, de Roberto Dias, para quem o testamento vital, a fim de que seja considerado válido, deve reverenciar os requisitos do dispositivo 104 do Código Civil (DIAS, Roberto. *O direito fundamental à morte digna*: uma visão constitucional da eutanásia. Belo Horizonte: Fórum, 2012. p. 194).

[391] DADALTO, Luciana. Capacidade versus discernimento: quem pode fazer diretivas antecipadas de vontade? *In*: DADALTO, Luciana (Coord.). *Diretivas antecipadas de vontade*: ensaios sobre o direito à autodeterminação. Belo Horizonte: Letramento, 2013. p. 226.

[392] NAVES, Bruno Torquato de Oliveira; SÁ, Maria de Fátima Freire de. Da relação jurídica médico-paciente: dignidade da pessoa humana e autonomia privada. *In*: SÁ, Maria de Fátima Freire de (Org.). *Biodireito*. Belo Horizonte: Del Rey, 2002. v. 1. p. 119-120.

[393] Consoante explica Luciana Dadalto, é o exemplo (i) de Portugal – que definiu, por meio da Lei nº 25/2012, que um dos critérios para realização de *testamento vital* é a maioridade; (ii) dos Estados Unidos, que também adota o critério etário objetivo para a confecção do documento, e (iii) da Espanha, que dispõe na Lei nº 41/2002 a necessidade de maioridade do outorgante (DADALTO, Luciana. Capacidade versus discernimento: quem pode fazer diretivas antecipadas de vontade? *In*: DADALTO, Luciana (Coord.). *Diretivas antecipadas de vontade*: ensaios sobre o direito à autodeterminação. Belo Horizonte: Letramento, 2013. p. 228-229).

[394] DADALTO, Luciana. Capacidade versus discernimento: quem pode fazer diretivas antecipadas de vontade? *In*: DADALTO, Luciana (Coord.). *Diretivas antecipadas de vontade*: ensaios sobre o direito à autodeterminação. Belo Horizonte: Letramento, 2013. p. 228-229.

Na Colômbia, foi-se além. Em 2017, a Corte Constitucional decidiu, com fundamento no princípio do interesse superior, pela possibilidade de crianças e adolescentes solicitarem a submissão à eutanásia.[395] Na decisão, a Corte colombiana incumbiu o *Ministerio de Salud y Protección Social* de regulamentar o tema, o que foi feito através da *Resolución* nº 825 de 2018. Nela, restou definido que adolescentes com mais de doze anos podem solicitar a eutanásia. Em relação à população entre seis e doze anos, o pedido somente será aceito caso a pessoa apresente um amadurecimento excepcional que lhe permita tomar uma decisão livre, voluntária, informada e inequívoca. Ainda, se o solicitante tem menos de catorze anos, o pedido deve contar com a concorrência de quem exerce o poder familiar; se o solicitante tem mais de catorze, é desnecessária a concorrência das autoridades familiares.[396]

Na Argentina, desde a entrada em vigor do Código Civil e Comercial de 2015, adolescentes com mais de dezesseis anos são equiparados a adultos para a tomada de decisões referentes ao próprio corpo.[397] Com isso, independem da autorização de seus pais para escolhas em matéria de saúde. Muito embora não se concorde com o estabelecimento de idades fixas para o exercício de determinados direitos, reconhece-se que o sistema jurídico argentino, ao reduzir a idade para tomada de decisões em matéria de saúde, mostra um maior compromisso com a garantia de autonomia jurídica progressiva a crianças e adolescentes.

A partir da experiência estrangeira, vislumbram-se perspectivas para o direito brasileiro. Com a aplicação do princípio da autonomia progressiva e possível derrotação das regras de capacidade do Código Civil, é favorecida a satisfação do melhor interesse de crianças e adolescentes em situação de terminalidade, notadamente quando representantes ou assistentes – em decorrência de suas crenças religiosas ou compreensões pessoais – não favorecem o acesso dos filhos ao direito à morte digna através da renúncia a tratamento médico.

---

[395] A Sentencia T-544/17, da Corte Constitucional Colombiana, está disponível no seguinte *link*: https://www.corteconstitucional.gov.co/relatoria/2017/t-544-17.htm. Acesso em: 20 fev. 2021.

[396] A *Resolución* nº 825 de 2018 está disponível no seguinte endereço: https://www.minsalud. gov.co/sites/rid/Lists/BibliotecaDigital/RIDE/DE/DIJ/resolucion-825-de-2018.pdf. Acesso em: 20 fev. 2021.

[397] O Código Civil e Comercial argentino está disponível no seguinte endereço: http://www. saij.gob.ar/docs-f/codigo/Codigo_Civil_y_Comercial_de_la_Nacion.pdf. Acesso em: 11 mar. 2021.

5.4.2 Direito à autodeterminação de gênero

Identidade de gênero diz respeito à forma como cada pessoa vivencia internamente o seu gênero. Trata-se, nos termos de Vieira, da consciência de pertencer ao gênero masculino ou ao feminino.[398] Crianças e adolescentes, tal como adultos, são titulares de direitos sexuais e, inclusive, do direito à identidade de gênero.[399] Contudo, a tutela jurídica pátria é especialmente insuficiente no que diz respeito à proteção desse direito quando titularizado por crianças e aos adolescentes transgêneros.

De acordo com a lógica prevalente, somente é possível àqueles que não atingiram a maioridade a alteração da imagem e do prenome através da autorização dos pais ou responsáveis. Com isso, se a família não aceita a condição trans da criança ou do adolescente, determinados direitos somente serão assegurados quando atingida a maioridade. A tendência, todavia, é que a pessoa vivencie a identificação de gênero de modo definitivo entre seis e sete anos de idade[400] e, assim, o período de desproteção pode durar mais que uma década.

A noção de proteção integral à infância e à adolescência se revela limitada a determinados padrões.[401] A criança e o adolescente que o sistema pretende proteger é presumidamente heterossexual e com o gênero normatizado, apresentando marcadores outros como raça e classe que também se situam no padrão hegemônico/dominante. Trata-se de uma criança não corporificada e, apesar disso, muito presente no imaginário social.[402]

A aplicação inexorável das regras de capacidade a crianças e adolescentes afeta com gravidade acentuada aqueles que não se

---

[398] VIEIRA, Tereza Rodrigues. A vulnerabilidade do transexual. *In*: SANCHEZ, M. A.; GUBERT, I. C. *Bioética e vulnerabilidades*. Curitiba: UFPR, 2012. p. 90.

[399] Os princípios de Yogyakarta, que apresentam hierarquia supralegal, aplicam-se também à população infantojuvenil. Os princípios estão disponíveis no seguinte endereço: http://www.clam.org.br/uploads/conteudo/principios_de_yogyakarta.pdf. Acesso em: 27 fev. 2021.

[400] NASCIMENTO, Fernanda Karla *et al*. Crianças e adolescentes transgêneros brasileiros: atributos associados à qualidade de vida. *Revista Latino-Americana de Enfermagem*, Ribeirão Preto, v. 28, 2020. Disponível em: https://www.scielo.br/scielo.php?script=sci_arttext&pid=S0104-11692020000100424&lng=pt&nrm=iso&tlng=pt. Acesso em: 3 mar. 2021.

[401] PRECIADO, Beatriz. Quem defende a criança queer? *Revista Jangada*, Viçosa, p. 96-99, 2013. Disponível em: https://www.revistajangada.ufv.br/Jangada/article/view/17/2. Acesso em: 8 mar. 2021.

[402] COPI, Lygia Maria; GADENZ, Danielli; LIMA, Francielli E. N. Reflexões sobre a (in)adequação do regime de incapacidades a partir de experiências trans e intersexo infanto-juvenis. *In*: QUEIROZ, João Pedro Pereira de; COSTA, Regina Alice Rodrigues A. (Org.). *Gênero, direitos humanos e política social*: debates contemporâneos. Recife: FASA, 2020. v. 1. p. 47.

enquadram aos padrões cis-heteronormativos. Isso porque, além do desafio constante de viver em uma sociedade em que impera a heteronormatividade, o ambiente familiar, que deveria ser espaço de acolhimento e de cuidado, pode se tornar o mais intenso violador de direitos.[403]

Sobre isso, recente pesquisa feita com pessoas transgêneros de dois estados do país analisou o impacto do apoio da família no processo de afirmação de gênero. Nela, constatou-se que, do total de 421 entrevistados, 29,45% afirmaram que não tiveram qualquer apoio de seus pais em relação à sua condição de transgênero; 20,43% responderam que tiveram pouco apoio; 20,43% afirmaram que os pais os apoiaram; 5,46% responderam que os pais apoiaram completamente e 5,46% afirmaram não ter pai e/ou mãe. O estudo também avaliou a autoestima das pessoas transgênero em relação ao apoio familiar. Aqueles que afirmaram não ter recebido qualquer suporte apresentaram pontuação média de 14,54, enquanto aqueles que afirmaram ter recebido apoio apresentaram índice médio de 18,75. Entre as pessoas não transgênero, o índice médio é de 18,9. A pesquisa indicou, ainda, que a falta de apoio parental aumentou em quase quatro vezes a chance de a pessoa trans viver sem moradia fixa.[404]

Para além do aspecto subjetivo da autoestima, o suporte familiar se relaciona diretamente com o gozo de determinados direitos pela criança ou adolescente trans. A falta de apoio dos pais repercute na impossibilidade de retificação do nome social e de acesso a tratamentos hormonais. Uma vez mais, a representação e assistência podem se transformar em barreiras para que crianças e adolescentes gozem de direitos de que são titulares.

O Conselho Federal de Medicina, através da Resolução nº 2.265 de 2019, reduziu a idade mínima para realização de cirurgia de redesignação sexual de vinte e um para dezoito anos. Em relação a adolescentes com mais de dezesseis anos, estabeleceu que é possível a realização de hormonioterapia cruzada. Determinou o Conselho que,

---

[403] COPI, Lygia Maria; GADENZ, Danielli; LIMA, Francielli E. N. Reflexões sobre a (in) adequação do regime de incapacidades a partir de experiências trans e intersexo infanto-juvenis. *In*: QUEIROZ, João Pedro Pereira de; COSTA, Regina Alice Rodrigues A. (Org.). *Gênero, direitos humanos e política social*: debates contemporâneos. Recife: FASA, 2020. v. 1. p. 47.

[404] SEIBEL, Bruna L. *et al*. The impact of the parental support on risk factors in the process of gender affirmation of transgender and gender diverse people. *Frontiers in Psychology*, Londres, v. 9, 2018. Disponível em: https://www.frontiersin.Org/articles/10.3389/fpsyg.2018.00399/full. Acesso em: 1º mar. 2021.

antes disso, a partir da puberdade, é possível o bloqueio hormonal em caráter experimental, com acompanhamento psicológico.[405]

Nos termos do art. 12 da resolução, em todos os casos de tratamentos envolvendo pessoas menores de dezoito anos, é obrigatória assinatura de termo de consentimento livre e esclarecido e termo de assentimento – aquele assinado pelos pais ou responsáveis e este pelo próprio paciente que não atingiu a maioridade. Diante da exigência de consentimento dos pais, crianças e adolescentes que poderiam ter um acréscimo de qualidade de vida através de tratamentos hormonais ficam sujeitos ao entendimento de seus pais para vivenciar mudanças em sua imagem, o que agrava quadros de discriminação, violência e marginalização.

Outro ponto afeto à dignidade sexual de crianças e adolescentes trans se refere à alteração do prenome. Em 2018, o Supremo Tribunal Federal decidiu pela possibilidade de a pessoa transgênero mudar seu prenome e sua classificação de gênero no registro civil mesmo sem a realização de procedimento cirúrgico de redesignação sexual, podendo exercer essa faculdade judicialmente ou pela via administrativa.[406] A retificação, porém, resta limitada a pessoas trans adultas. É o que define o art. 2º do Provimento nº 73 do CNJ, segundo o qual "toda pessoa maior de 18 anos completos habilitada à prática de todos os atos da vida civil poderá requerer ao ofício do RCPN a alteração e a averbação do prenome e do gênero, a fim de adequá-los à identidade autopercebida".[407]

Não há no ordenamento jurídico previsão expressa da possibilidade de retificação do prenome aplicável a crianças e adolescentes trans. Apesar disso, somam-se casos recentes de famílias que obtiveram êxito na alteração do nome civil de filho transgênero. O ponto comum entre eles é que o pedido foi realizado pelos próprios pais da pessoa menor de dezoito anos ou com a sua anuência.[408] Os institutos da representação

---

[405] CONSELHO FEDERAL DE MEDICINA. Resolução n. 2.26, de 20 de setembro de 2019. *Diário Oficial da União*, Brasília, DF, 2019. Disponível em: https://www.in.gov.br/en/web/dou/-/resolucao-n-2.265-de-20-de-setembro-de-2019-237203294. Acesso em: 5 mar. 2021.

[406] A decisão do Supremo Tribunal Federal pode ser acessada através do seguinte endereço eletrônico: http://portal.stf.jus.br/processos/detalhe.asp?incidente=4192182.

[407] CONSELHO NACIONAL DE JUSTIÇA. Provimento n. 73, de 28 de junho 2018. *Diário da Justiça*, Brasília, DF, 2018. Disponível em: https://atos.cnj.jus.br/atos/detalhar/2623. Acesso em: 5 mar. 2021.

[408] Em 2019, a Justiça de Goiás autorizou a mudança do prenome de adolescente de dezesseis anos. A autorização foi embasada no fato de que o jovem estava assistido por seus pais, fato esse que afastaria irregularidades jurídicas (JUSTIÇA de Goiás autoriza mudança de nome de adolescente trans menor de 18 anos.

e da assistência, no entanto, podem impedir crianças ou adolescentes que não contam com apoio de seus pais de terem assegurado o direito à autodeterminação de gênero.

Há que se mencionar o contraponto estabelecido por decisão de 2018 do Tribunal Regional Federal da 4ª Região. No caso, o Sindicato das Escolas Particulares de Santa Catarina buscava autorização para que as escolas da rede privada afiliadas à entidade autora se abstivessem da observância extralegal expressa na Resolução nº 12/2015 do Conselho Nacional de Combate à Discriminação e Promoção dos Direitos de Lésbicas, Gays, Bissexuais, Travestis e Transexuais, de garantia ao reconhecimento e da adoção, nos formulários, sistemas de informatização, instrumentos internos e documentos oficiais, do nome social àqueles cuja identificação civil não reflita adequadamente sua identidade de gênero.[409]

O TRF da 4ª Região reforçou a obrigatoriedade de observância dos Princípios de Yogyakarta de 2006, haja vista sua hierarquia de norma supralegal. Ainda, a decisão reconheceu o direito à utilização do nome social pelo(a) estudante, independentemente da anuência dos pais, a fim de concretizar a dignidade da população infantojuvenil, uma vez que "(a) defesa da criança e do adolescente passa pela sua proteção inclusive contra os abusos cometidos a nível familiar", entre os quais se inclui "a obrigação de utilização do nome que não corresponde à própria identidade, nas escolas e universidades, provocando situações vexatórias".[410]

IBDFam, 24 jul. 2019. Disponível em: http://www.ibdfam.org.br/noticias/7007/Justi%C3%A7a+de+Goi%C3%A1s+autoriza+mudan%C3%A7a+de+nome+de+adolescente+trans+menor+de+18+anos. Acesso em: 5 mar. 2021). Em 2020, no Rio Grande do Sul, outro adolescente obteve o direito de retificação do prenome, com apoio de seus pais (ADOLESCENTE de 16 anos obtém retificação de nome e de gênero no registro civil após ação da Defensoria Pública. *Defensoria Pública do Estado do Rio Grande do Sul*, 10 nov. 2020. Disponível em: http://www.defensoria.rs.def.br/adolescente-de-16-anos-obtem-retificacao-de-nome-e-de-genero-no-registro-civil-apos-acao-da-defensoria-publica. Acesso em: 5 mar. 2021).

[409] TRIBUNAL REGIONAL FEDERAL DA 4ª REGIÃO. *Apelação/Remessa Necessária n. 5010492-86.2016.4.04.7200/SC*. Rel. Des. Rogério Favreto, j. 31 jul. 2018. Disponível em: https://www2.trf4.jus.br/trf4/controlador.php?acao=consulta_processual_resultado_pesquisa&txtValor=5010492862016404720 0&selOrigem=SC&chkMostrarBaixados=1&selForma=NU&hdnRefId=&txtPalavraGerada=. Acesso em: 6 mar. 2021.

[410] TRIBUNAL REGIONAL FEDERAL DA 4ª REGIÃO. *Apelação/Remessa Necessária n. 5010492-86.2016.4.04.7200/SC*. Rel. Des. Rogério Favreto, j. 31 jul. 2018. Disponível em: https://www2.trf4.jus.br/trf4/controlador.php?acao=consulta_processual_resultado_pesquisa&txtValor=5010492862016404720 0&selOrigem=SC&chkMostrarBaixados=1&selForma=NU&hdnRefId=&txtPalavraGerada=. Acesso em: 6 mar. 2021.

Na esfera estrangeira, destaca-se o tratamento espanhol à questão do exercício de direito à autodeterminação de gênero por crianças e adolescentes. O Tribunal Constitucional Espanhol, em decisão de 2019, julgou inconstitucional o art. 1º da Lei nº 3/2007. Em tal dispositivo, a lei previa exclusivamente às pessoas maiores de idade o direito à retificação da menção registral do sexo e do prenome das pessoas transgênero. Com a decisão, tornou-se possível aos menores de dezoito anos com maturidade suficiente e que se encontram em situação estável de transexualidade o pleito pela retificação do gênero e do nome no registro civil.[411]

De acordo com a decisão, restringir a possibilidade de alteração às pessoas adultas representa um menor grau de satisfação do melhor interesse de crianças e adolescentes e viola o direito ao livre desenvolvimento da personalidade e à privacidade. Para a Corte, a exigência de maioridade para tomada de decisão sobre retificação do prenome não se projeta aos menores de idade que tenham maturidade suficiente e que demonstrem estabilidade quanto à identidade de gênero.

A partir dessas reflexões, ressalta-se a necessidade de que todas as ações, no âmbito público ou privado, que envolvam direitos personalíssimos de crianças e adolescentes cuja identidade desafia os parâmetros impostos pelas normas médicas, sociais e jurídicas, sejam orientadas pela dignidade e pelo reconhecimento da autonomia da pessoa na medida de sua maturidade, devendo ser consideradas suas percepções e opiniões quanto ao seu corpo e demais características pessoais.[412] Com efeito, o reconhecimento de autonomia jurídica aos menores de idade transgêneros é medida apta a promover seu melhor interesse nos casos concretos, especialmente quando os pais não aceitam a condição trans.

5.4.3 Direito à interrupção voluntária da gravidez

No Brasil, o aborto não é objeto de tipo penal quando realizado em apenas três situações: (i) quando a gravidez coloca em risco a vida da

---

[411] TRIBUNAL CONSTITUCIONAL ESPAÑOL. Sentencia 99/2019, de 18 de julio de 2019. *BOE*, n. 192, 12 ago. 2019. Disponível em: https://www.boe.es/diario_boe/txt.php?id=BOE-A-2019-11911. Acesso em: 6 mar. 2021.

[412] COPI, Lygia Maria; GADENZ, Danielli; LIMA, Francielli E. N. Reflexões sobre a (in)adequação do regime de incapacidades a partir de experiências trans e intersexo infanto-juvenis. *In*: QUEIROZ, João Pedro Pereira de; COSTA, Regina Alice Rodrigues A. (Org.). *Gênero, direitos humanos e política social*: debates contemporâneos. Recife: FASA, 2020. v. 1. p. 52.

gestante;[413] (ii) em casos de estupro;[414] e (iii) na hipótese de anencefalia.[415] Não se pretende abordar a questão do aborto em toda sua amplitude, de modo que a análise terá como recorte a possibilidade de crianças e adolescentes decidirem pelo aborto, nas hipóteses acima indicadas, sem a autorização de seus pais.

Em relação aos casos de estupro, o art. 128, inc. II, do Código Penal define que o aborto não será objeto de punição quando "a gravidez resulta de estupro e o aborto é precedido de consentimento da gestante ou, quando incapaz, de seu representante legal". A legislação penal, assim, condiciona expressamente a realização do aborto, em casos que envolvam meninas menores de dezoito anos, ao consentimento de representante legal. No mesmo sentido, o Ministério da Saúde, através da recente Portaria nº 2.282/2020, regulamenta o procedimento de justificação e autorização da interrupção da gravidez nos casos de estupro e define suas fases. Resta definido, no documento, que caso a gestante seja menor de idade é necessário o seu consentimento e também de seu representante legal.[416]

Sobre a hipótese de anencefalia, o Supremo Tribunal Federal não definiu o procedimento aplicável a gestantes menores de dezoito anos em sua decisão de 2012. A questão é tratada por norma técnica do Ministério da Saúde, de 2014, que faz menção às regras do Código Civil, nos seguintes termos:

> A partir dos 16 anos e antes dos 18 anos, o consentimento da adolescente deve ser assistido pelos pais ou representante legal, que se manifestam e assinam o consentimento conjuntamente. Antes dos 16 anos, a criança

---

[413] Trata-se da previsão do art. 128, I, do Código Penal: "Art. 128. Não se pune o aborto praticado por médico: I - se não há outro meio de salvar a vida da gestante".

[414] Trata-se da previsão do art. 128, II, do Código Penal: "Art. 128. Não se pune o aborto praticado por médico: [...] II - se a gravidez resulta de estupro e o aborto é precedido de consentimento da gestante ou, quando incapaz, de seu representante legal".

[415] Esta terceira hipótese é decorrente do julgamento realizado em 2012, pelo Supremo Tribunal Federal, da Arguição de Descumprimento de Preceito Fundamental nº 54/DF, em que foi declarada a inconstitucionalidade de interpretação segundo a qual a interrupção da gravidez de feto anencéfalo é conduta tipificada nos arts. 124, 126 e 128, incs. I e II, todos do Código Penal. A decisão pode ser consultada no seguinte endereço eletrônico: http://redir.stf.jus.br/paginadorpub/paginador.jsp?docTP=TP&docID=3707334.

[416] BRASIL. Ministério da Saúde. Portaria n. 2.282, de 07 de agosto de 2020. *Diário Oficial da União*, Brasília, DF, 2020. Disponível em: https://www.in.gov.br/en/web/dou/-/portaria-n-2.282-de-27-de-agosto-de-2020-274644814l. Acesso em: 6 mar. 2021.

ou a adolescente deve ser representada pelos pais, que se manifestam e assinam o termo de consentimento por ela.[417]

Prevê, no entanto, que havendo conflito de interesses entre adolescente e seu(s) representante(s), a vontade da gestante deve ser respeitada. Assim, caso não deseje realizar a interrupção da gestação, o procedimento não deve ser realizado, mesmo que contrariamente à vontade dos pais. Em outro giro, caso a adolescente queira realizar o aborto e seus pais neguem consentimento à decisão, "o serviço de saúde deverá encaminhar o caso para o Ministério Público ou Poder Judiciário, se entender a equipe de saúde que a adolescente pode se conduzir pelos próprios meios". Nessa situação, caberá à autoridade judicial decidir sobre a autorização para realizar o procedimento, independentemente da assinatura dos pais.[418]

O documento dispõe, ainda, que "sempre que a mulher ou a adolescente tiver condições de discernir e/ou expressar sua vontade, deverá manifestar o seu consentimento e ter a sua decisão respeitada".[419] A solução adotada pelo Ministério da Saúde aos casos de adolescente em gestação anencefálica mostra-se atenta ao princípio da autonomia progressiva e apta a proteção do melhor interesse, diferentemente do procedimento aplicado aos casos de gestação infantojuvenil decorrente de estupro.

Conforme afirmam Schiocchet e Barbosa, a exigência de autorização dos pais para a realização do procedimento de aborto legal em adolescente poderá representar obstáculo intransponível ao exercício deste direito ou retardá-lo sobremaneira, o que intensifica o trauma decorrente da situação. Com isso, assegurar autonomia jurídica a meninas que contam com a possibilidade do aborto é uma forma de promover seus direitos à dignidade, à liberdade e à saúde.[420] Em suma, é modo de promoção de seu melhor interesse.

---

[417] BRASIL. Ministério da Saúde. *Atenção às mulheres com gestação de anencéfalos*: norma técnica. Brasília: Ministério da Saúde, 2014. Disponível em: http://bvsms.saude.gov.br/bvs/publicacoes/atencao_mulheres_gestacao_anencefalos.pdf. Acesso em: 6 mar. 2021.

[418] BRASIL. Ministério da Saúde. *Atenção às mulheres com gestação de anencéfalos*: norma técnica. Brasília: Ministério da Saúde, 2014. Disponível em: http://bvsms.saude.gov.br/bvs/publicacoes/atencao_mulheres_gestacao_anencefalos.pdf. Acesso em: 6 mar. 2021.

[419] BRASIL. Ministério da Saúde. *Atenção às mulheres com gestação de anencéfalos*: norma técnica. Brasília: Ministério da Saúde, 2014. Disponível em: http://bvsms.saude.gov.br/bvs/publicacoes/atencao_mulheres_gestacao_anencefalos.pdf. Acesso em: 6 mar. 2021.

[420] SCHIOCCHET, Taysa; BARBOSA, Amanda Souza. Tutela e efetividade do aborto legal: reflexões jurídicas acerca da autonomia de adolescentes e do direito à objeção de consciência.

Esse, aliás, é o entendimento que a Corte Constitucional da Colômbia tem adotado há mais de quinze anos. Em julgado de 2006, o Tribunal decidiu que mesmo as garotas com menos de catorze anos podem consentir autonomamente quanto à realização do aborto nos casos previstos em lei, dada sua condição de titulares dos direitos ao livre desenvolvimento da personalidade e ao reconhecimento de sua autonomia progressiva.[421] Em 2009, a Corte determinou a exclusão de quaisquer barreiras que possam impedir meninas de gozar tais direitos – inclusive a necessidade de autorização dos representantes legais. Estabeleceu o Tribunal que impedir que crianças e adolescentes interrompam a gravidez com fundamento exclusivo na idade seria consagrar uma discriminação irrazoável.[422] Por fim, em 2016, o Tribunal definiu que a prática do aborto em crianças e adolescentes requer apenas que a gestante receba as informações de modo claro, transparente e atendendo às suas capacidades sobre os riscos que podem acometer sua saúde e sobre os procedimentos mais apropriados.[423]

Na Argentina, desde a entrada em vigor do Código Civil e Comercial em 2014, restou definido que a partir dos dezesseis anos qualquer pessoa pode consentir de forma autônoma sobre qualquer prática médica em seu corpo; entre treze e dezesseis, se se tratar de prática que não coloque em risco sua saúde ou sua vida, e antes dos treze é necessária assistência. A definição das idades, contudo, comporta flexibilização em função da autonomia progressiva da criança ou do adolescente. Um ponto interessante da legislação argentina é a figura dos *allegados*, que são pessoas adultas de confiança do menor de dezoito anos que dão suporte durante o processo de tomada de decisão. Com

---

In: MUTIZ, Felipe Asensi; ARÉVALO, Paula Lucia; PINHEIRO, Roseni (Org.). *Direito e saúde* – Enfoques interdisciplinares. Curitiba: Juruá, 2013. v. 1. p. 351-364.

[421] A Sentencia C 355/2006 está disponível no seguinte endereço: https://www.corteconstitucional.gov.co/relatoria/2006/c-355-06.htm. Acesso em: 11 mar. 2021.

[422] A Sentencia T-388/2009 estabeleceu de forma enumerativa as condutas obrigatórias e vedadas em relação ao aborto de meninas. Entre as vedadas, consta impedir que meninas menores de catorze anos, em estado de gravidez, exteriorizem livremente seu consentimento para efetuar a interrupção voluntária da gestação, quando seus pais ou representantes legais não estejam de acordo com o aborto. Consta, também, a proibição de imposição de requisitos adicionais, como autorização por parte de familiares. A decisão pode ser acessada através do seguinte *link*: https://www.corteconstitucional.gov.co/relatoria/2009/t-388-09.htm. Acesso em: 11 mar. 2021.

[423] A Sentencia T-697 está disponível em: https://www.corteconstitucional.gov.co/relatoria/2016/T-697-16.htm. Acesso em: 11 mar. 2021.

isso, há uma ampliação do acesso de crianças e adolescentes ao aborto em casos em que os representantes legais não autorizam o procedimento.[424]

A aplicação do sistema de apoio, em relação a crianças e adolescentes, assegura a conciliação entre autoproteção e heteroproteção, uma vez que permite que pessoas menores de dezoito anos tenham o suporte de pessoas em quem confiam, que lhes repassará as informações necessárias para a tomada de uma decisão jurídica vinculante adequada. Em diversos casos os pais, devido às suas convicções religiosas e ideológicas, são inaptos para garantir a proteção aos direitos de seus filhos. É exatamente nessas situações – em que pais colocam em risco a saúde mental, a intimidade, a dignidade e o livre desenvolvimento da personalidade dos(as) filhos(as) – que a derrotação das regras de capacidade e o afastamento dos institutos da representação e da assistência se justificam.

5.5 Tensões familiares e o exercício de direitos patrimoniais por crianças e adolescentes: experiências estrangeiras e horizontes para o direito brasileiro

Conforme já pontuado no tópico 5.3, há mais de uma década é sustentada, tanto no cenário nacional quanto internacional, a possibilidade de crianças e adolescentes exercerem pessoalmente direitos existenciais em determinadas situações, desde que apresentem discernimento para tanto, como modo de promover o livre desenvolvimento da personalidade. Argumenta-se, nesse sentido, que é defensável a garantia de autonomia para que crianças e adolescentes exerçam atos concernentes à sua individualidade, contanto que tenham discernimento da gravidade e das consequências do ato.

A fronteira entre direitos patrimoniais e existenciais, todavia, mostra-se cada vez mais embaçada. Dessa forma, repensar o regime das incapacidades e suas abstrações apenas quando estão em tela direitos existenciais é negar que os direitos patrimoniais também podem afetar diretamente a individualidade da pessoa. Sobre isso, Castro afirma

---

[424] CONSORCIO LATINOAMERICANO CONTRA EL ABORTO INSEGURO – CLACAI. *Embarazo y maternidad en niñas y adolescentes menores de 15 años*: Aportes de evidencia socio-sanitaria y jurídica en la región. Peru, 2019. Disponível em: https://clacaidigital. info/bitstream/handle/123456789/1273/P1_Embarazo%20y%20maternidad%20 en%20ni%C3%B1as%20y%20adolescentes%20menores%20de%2015%20a%C3%B1os. pdf?sequence=1&isAllowed=y. Acesso em: 11 mar. 2021.

que a satisfação do melhor interesse de crianças e adolescentes requer a promoção da autonomia individual e do livre desenvolvimento da personalidade, o que depende do reconhecimento da capacidade de agir também no âmbito patrimonial.[425]

A regra de invalidade dos negócios jurídicos celebrados por crianças e adolescentes desafia a doutrina do direito contratual especialmente ante as práticas sociais de consumo.[426] Cotidianamente, sem a participação direta de seus pais, menores de dezoito anos celebram diversos tipos de contrato: contrato de compra e venda (quando compram lanche na cantina da escola; adquirem revistas, figurinhas e brinquedos; compram ingressos para festas; adquirem roupas, calçados e acessórios pessoais, bem como quando compram aplicativos para seus *smartphones*); contrato de comodato (quando emprestam materiais escolares, jogos de videogame, livros e roupas aos colegas e amigos); contrato de prestação de serviço (quando solicitam uma corrida pelo aplicativo Uber através de seus *smartphones*), entre tantos outros. De acordo com o Código Civil, esses negócios jurídicos, praticados diariamente por menores de idade, são inválidos. Todavia, conforme afirma Castro y Bravo, a incapacidade geral dos menores de dezoito anos não está adequada à realidade prática, em que crianças e adolescentes com alguma frequência celebram contratos.[427]

Em relação ao contexto brasileiro, Mello afirma que as explicações da doutrina para considerar nulos todos os negócios jurídicos da pessoa até os dezesseis anos são "infundadas e de artificialidade inadmissível". E continua o autor: "O que há [...] é adoção pelo legislador civil de regra que desatende à realidade, apesar de existirem, em outros sistemas

---

[425] VARELA CASTRO, Ignacio. El interés del menor como derecho subjetivo. Especial referencia a la capacidad para contratar del menor. *Boletín del Ministerio de Justicia*, Madrid, ano LXX, n. 2188, p. 3-56, 2016. p. 33.

[426] Muito embora não seja objeto do presente estudo o consumismo infantil e juvenil enquanto fenômeno social, necessário trazer as palavras de Bauman sobre a inclusão dos menores na sociedade do consumo: "Tão logo aprendem a ler, ou talvez bem antes, a 'dependência das compras' se estabelece nas crianças. Não há estratégias de treinamento distintas de meninos e meninas – o papel de consumidor, diferentemente do de produtor, não tem especificidade de gênero. Numa sociedade de consumidores, todo mundo precisa ser, deve ser e tem que ser um consumidor por vocação (ou seja, ver e tratar o consumo como vocação). Nessa sociedade, o consumo visto e tratado como vocação é ao mesmo tempo um direito e um dever humano universal que não conhece exceção. A esse respeito, a sociedade de consumidores não reconhece diferenças de idade ou gênero (embora de modo contrafactual) e não lhes faz concessões" (BAUMAN, Zygmunt. *Vida para consumo*: a transformação das pessoas em mercadorias. Rio de Janeiro: Zahar, 2008. p. 73).

[427] Castro y Bravo *apud* TORRENS, María Claudia. *Autonomía progresiva*: evolución de las facultades de ninãs, niños e adolescentes. Ciudad Autónoma de Buenos Aires: Astrea, 2019. p. 254.

O PRINCÍPIO DA AUTONOMIA PROGRESSIVA E O EXERCÍCIO DE DIREITOS POR CRIANÇAS E ADOLESCENTES

jurídicos, soluções que compatibilizam a necessidade de proteção do incapaz com a realidade da vida". Explica, ainda que no direito francês, bem como no italiano e no mexicano, a insuficiência de idade não acarreta a nulidade do ato, mas sua anulabilidade. No direito alemão, por outro lado, a incapacidade absoluta cessa aos sete anos de idade.[428]

Outros doutrinadores, na tentativa de demonstrar que os *pequenos* contratos devam ser considerados válidos, mas sem enfrentar propriamente as incongruências do regime de incapacidades, apresentam respostas insatisfatórias ao tema. A título de exemplo, Veloso aponta que os contratos comumente celebrados por crianças e adolescentes envolvem baixas quantias de dinheiro e são situações corriqueiras, traduzindo-se, portanto, em costume jurídico.[429] Essa forma de analisar a questão requer cautela. Doutrinariamente, há controvérsia sobre a admissão jurídica dos costumes *contra legem*.[430] Além disso, essa perspectiva ignora que, por vezes, tais contratos poderão envolver valores mais elevados e também deixa de considerar as repercussões do princípio da autonomia progressiva.

A realidade evidencia que crianças e adolescentes, enquanto se desenvolvem biopsiquicamente, podem apresentar maturidade para a celebração de determinados contratos. O não reconhecimento de validade a todo e qualquer negócio jurídico celebrado por menores de dezoito anos, independentemente do seu potencial de lesividade e do nível de discernimento da pessoa, é negar que crianças e adolescentes obtêm autonomia à medida que se desenvolvem. Cabe lembrar, nesse ponto, que a aplicação do princípio da autonomia progressiva – previsto na Convenção sobre os Direitos da Criança – não foi limitada aos direitos personalíssimos.

Na Espanha, a possibilidade de crianças e adolescentes realizarem contratos cotidianos válidos está prevista no art. 1263 do Código Civil, o qual dispõe que os menores não emancipados não podem prestar consentimento contratual, salvo quando se trata de contrato relativo a bens e serviços da vida corrente próprios da sua idade e em conformidade com os usos sociais.[431] Nota-se, em tal previsão, uma preocupação com

---

[428] MELLO, Marcos Bernardes de. *Teoria do fato jurídico*: plano da validade. 14. ed. São Paulo: Saraiva, 2015. p. 122-123.

[429] VELOSO, Zeno. *Invalidade do negócio jurídico*: nulidade e anulabilidade. 2. ed. Belo Horizonte: Del Rey, 2005. p. 37.

[430] ROCHA, Olavo Acyr de Lima. O costume no direito privado. *Revista Justitia*, São Paulo, v. 37, n. 90, p. 257-279, jul./set. 1975. p. 268-269.

[431] O Código Civil espanhol está disponível em: https://www.boe.es/buscar/pdf/1889/BOE-A-1889-4763-consolidado.pdf. Acesso em: 10 fev. 2021.

o desenvolvimento progressivo de crianças e adolescentes. Frise-se que no direito espanhol os negócios jurídicos celebrados por menores de dezoito anos são também anuláveis, e não nulos.

Compreende-se que a anulabilidade dos negócios jurídicos cotidianos celebrados por crianças e adolescentes é resposta que oferece maior segurança jurídica a quem com eles celebra contratos. Ainda, é uma forma de assegurar parcela de autonomia patrimonial àqueles que não atingiram a maioridade. Conforme afirma Alonso, a capacidade de agir de crianças e adolescentes na esfera patrimonial deve ser limitada, porém, não inexistente.[432]

O ponto mais central neste estudo, no que toca à capacidade de exercício de situações jurídicas patrimoniais, alude aos contratos de execução pessoal por crianças e adolescentes. É principalmente em relação a eles que emerge a preocupação com a autonomia e com a pessoalidade de quem não atingiu a maioridade. Defende-se que em contratos dessa natureza seja obrigatório o consentimento da própria pessoa criança ou adolescente, quando possível sua manifestação expressa. Em outras palavras, compreende-se que não basta o consentimento dos representantes ou assistentes, tendo em vista que a execução dos termos do pacto depende de uma conduta que a própria criança ou o adolescente deve tomar.

Como exemplo, é possível citar o contrato celebrado para que um menor de dezoito anos jogue futebol em determinado clube ou para que faça dada publicidade em seu canal no YouTube. Em situações como essas, o instrumento contratual regulamenta uma ação que pessoalmente a criança ou o adolescente deve realizar e, dessa forma, representa um dispositivo que pode tanto promover como também prejudicar o livre desenvolvimento de sua personalidade. A permissão para que pais ou representantes legais assumam compromissos jurídicos que deverão ser cumpridos pelos filhos, porém sem a participação destes, permite abusos e violações a direitos previstos às crianças e aos adolescentes.

Um importante caso espanhol ilustra o que ora se afirma. Os pais de um garoto de treze anos, que sonhava em ser jogador profissional de futebol, firmaram com um grande clube simultaneamente três instrumentos contratuais: um pré-contrato de trabalho, um contrato de jogador não profissional e um contrato de trabalho. Através deste complexo conjunto contratual, restou definido que o adolescente

---

[432] NIETO ALONSO, Antonia. Capacidad del menor de edad en el orden patrimonial civil y alcance de la intervención de sus representantes legales. *Revista de Derecho Civil*, Santiago de Compostela, v. 3, n. 3, p. 1-47, 2016. p. 17.

estaria vinculado ao clube pelas próximas dez temporadas. Em caso de descumprimento, seria aplicada cláusula penal no valor de três milhões de euros. Diante da notícia de que o garoto teria se integrado a outro time, o clube originário ajuizou ação pleiteando indenização e execução da cláusula penal.[433]

Em primeira instância, o Poder Judiciário condenou a parte demandada ao pagamento de trinta mil euros pela quebra antecipada do contrato e de mais quinhentos mil euros pela aplicação da cláusula penal contratual. Diante da apelação do time, a decisão foi reformada e a parte demandada foi condenada ao pagamento de quase três milhões e meio de euros, com fundamento na higidez do pré-contrato firmado. O caso foi então levado ao Supremo Tribunal espanhol, que em 2013 julgou nulos o pré-contrato e, por consequência, a cláusula penal estabelecida. Entre os fundamentos da Corte Constitucional espanhola destaca-se o de que a cláusula penal, na situação em tela, contraria a proteção ao melhor interesse do adolescente, uma vez que limita seu livre desenvolvimento da personalidade e sua liberdade para fazer escolhas profissionais. O Tribunal entendeu, ainda, que o poder de representação dos pais, que decorre da lei e que serve ao melhor interesse do filho, não pode ser estendido às áreas que repercutam no livre desenvolvimento da personalidade da criança ou do adolescente quando ele próprio pode se manifestar.[434]

Com a decisão espanhola é possível concluir, em primeiro lugar, que as esferas patrimoniais e existenciais estão intrinsicamente conectadas, de modo que contratos celebrados por representantes podem afetar direitos existenciais de crianças e adolescentes. Nesse sentido, o julgado ensina que a proteção ao melhor interesse requer, na máxima medida possível, a participação de menores de dezoito anos em negociações que possam repercutir na sua órbita existencial. Por certo, isso não significa que crianças e adolescentes possam celebrar contratos de forma autônoma, sem a participação de seus pais. Significa, todavia, que em contratações cujo objeto pressupõe condutas ativas de crianças e adolescentes, seu consentimento deve também ser obtido como forma de respeitar suas escolhas de vida.

---

[433] VARELA CASTRO, Ignacio. El interés del menor como derecho subjetivo. Especial referencia a la capacidad para contratar del menor. *Boletín del Ministerio de Justicia*, Madrid, ano LXX, n. 2188, p. 3-56, 2016. p. 41-42.

[434] Referida decisão do Supremo Tribunal Espanhol está disponível em: https://supremo.vlex.es/vid/practica-futbol-nulidad-precontrato-penal-419780070. Acesso em: 8 mar. 2021.

Em tais situações, é possível e recomendável a adoção do sistema de apoio, previsto na Convenção sobre os Direitos das Pessoas com Deficiência. Conforme afirma Torrens, a promoção de autonomia jurídica a crianças e adolescentes não se efetiva exclusivamente pelo exercício direto de direitos.[435] Essa, aliás, tende a ser a exceção. Para além dessa forma, é possível conferir autonomia a quem não atingiu a maioridade através da garantia de participação ativa no processo decisório e por meio da tomada de decisão apoiada. A extensão do sistema de apoio a menores de dezoito anos é tema ainda carente de aprofundamento doutrinário.

5.6 Conclusões parciais

1 O princípio da autonomia progressiva, reconhecido na Convenção sobre os Direitos da Criança e vinculado ao propósito de emancipação da população infantojuvenil, permite que seja afastada, nos casos concretos, a aplicação das regras de incapacidade dispostas no Código Civil. Entende-se que o princípio não tem como consequência a *abolição* do regime de incapacidades aplicável a crianças e adolescentes, mas funciona como fundamento para derrotação nos casos concretos.

2 Dada a necessidade de segurança jurídica, propõem-se parâmetros mínimos para que seja reconhecida a autonomia jurídica de crianças e adolescentes e garantido o exercício autônomo de direitos, de modo que não haja abertura para a excessiva discricionariedade dos decisores. Defende-se que o afastamento das regras de capacidade aplicadas à infância e à adolescência fique condicionado à reunião de dois elementos: (a) capacidade para discernir da pessoa menor de dezoito anos; (b) violação do melhor interesse pela atuação ou não atuação dos representantes ou assistentes.

3 É necessário dar concretude ao critério do discernimento, que é frequentemente mencionado na doutrina, porém pouco aprofundado. Compreende-se que uma pessoa – independentemente da idade – somente possa ser considerada capaz para discernir quando apresenta capacidade de decidir acerca de valores, capacidade de entender os fatos, capacidade de compreensão sobre eventuais alternativas e capacidade de se autodeterminar a partir das informações que foram apresentadas.

---

[435] TORRENS, María Claudia. *Autonomía progresiva*: evolución de las facultades de ninãs, niños e adolescentes. Ciudad Autónoma de Buenos Aires: Astrea, 2019. p. 27-28.

Tal análise, em relação a crianças e adolescentes, deve ser procedida por equipe multidisciplinar.

4 Para além da capacidade para discernir, defende-se que uma pessoa menor de dezoito anos somente possa exercer direitos de modo autônomo quando a atuação de seus representantes ou assistentes – em regra, seus pais – os coloque em risco. A proposta não se filia ao voluntarismo e não busca assegurar plena liberdade jurídica a crianças e adolescentes, uma vez que isso poderia acarretar sua desproteção. Ao contrário, a proposta é de incremento à proteção de menores de dezoito anos quando seus pais ou outros adultos ameaçam seus direitos através da representação e da assistência. Tais institutos podem se configurar como barreiras que impedem ou dificultam que crianças e adolescentes tenham seus direitos assegurados e seu melhor interesse assegurado.

5 Há mais de uma década a doutrina civilística tem defendido a possibilidade de crianças e adolescentes exercerem direitos existenciais, pois vinculados ao livre desenvolvimento da personalidade e passíveis de serem afetados pela atuação de representantes e assistentes. Com efeito, nem sempre a satisfação de direitos personalíssimos de menores de dezoito anos será possível quando seu exercício é deslocado para terceiros, notadamente em casos em que pais e filhos adotam perspectivas diferentes sobre a vida. A partir da análise de três direitos existenciais – direito à morte digna, direito à autodeterminação de gênero e direito à interrupção voluntária de gravidez –, demonstrou-se que a proteção a crianças e adolescentes é reforçada quando lhes é garantida maior autonomia jurídica. Nesse sentido, os direitos argentino, colombiano e espanhol – em que há a aplicação do princípio da autonomia progressiva e a possibilidade de derrotação das regras de capacidade codificadas – apresentam horizontes para o tratamento jurídico à infância no Brasil.

6 A possibilidade de afastamento das regras de capacidade, com fundamento no princípio da autonomia progressiva, não deve ficar restrita aos direitos de natureza existencial. A doutrina do direito civil constitucional – exitosa em denunciar as incongruências da aplicação do regime de incapacidades quando em tela direitos personalíssimos – parte de uma divisão estanque entre esfera jurídica patrimonial e existencial, que deve ser repensada. Na contemporaneidade, *ser* e *ter* estão em relação inextricável, de modo que negócios jurídicos tipicamente patrimoniais podem promover ou afetar o livre desenvolvimento da personalidade da pessoa, da mesma forma que situações jurídicas personalíssimas podem repercutir no campo patrimonial. Por isso, é defensável que em contratações cujo objeto envolva prestação pessoal por crianças e adolescentes seja garantida sua participação, bem como obtido seu consentimento. Ainda, defende-se que a anulabilidade dos negócios jurídicos celebrados por crianças e adolescentes menores de dezesseis anos seja resposta menos artificial e mais atenta à autonomia progressiva.

CAPÍTULO 6

RECONSTRUÇÕES NECESSÁRIAS PARA A EFETIVAÇÃO DO PRINCÍPIO DA AUTONOMIA PROGRESSIVA

A efetivação do princípio da autonomia progressiva requer que a evolução das capacidades de crianças e adolescentes seja promovida e também respeitada em todos os espaços: na família, nas instituições escolares, na sociedade e nos processos públicos de tomada de decisões. De acordo com Lansdown, o exercício de direitos por menores de dezoito anos depende de um "enfoque holístico na implementação da Convenção sobre os Direitos da Criança".[436]

Não basta, então, o reconhecimento jurídico do princípio da autonomia progressiva. É necessário mais. Por um lado, cumpre ao Estado, à sociedade e à família garantir condições para que crianças e adolescentes possam desenvolver na máxima medida possível suas capacidades individuais. De outro, cabe a essas mesmas instituições respeitar a participação e a tomada de decisões por crianças e adolescentes quando estes apresentam o discernimento necessário, seja no âmbito doméstico, na comunidade escolar, nos tribunais e nos foros políticos.[437] Para que o princípio da autonomia progressiva se efetive, diversas reconstruções no campo do direito se mostram imprescindíveis.

Inicialmente, é necessária uma mudança de perspectiva em relação ao exercício da autoridade familiar pelos pais, que – conforme já defendido – devem assumir o compromisso de promover a pessoalidade e a autonomia dos filhos. O Estado tem importante papel nesse sentido,

---

[436] LANSDOWN, Gerison. *La evolución de las facultades del niño*. Florencia: Centro de Investigaciones Innocenti, 2005. p. 81.

[437] LANSDOWN, Gerison. *La evolución de las facultades del niño*. Florencia: Centro de Investigaciones Innocenti, 2005. p. 81.

especialmente através da criação de normas que visem à participação das crianças no ambiente familiar e a retração dos institutos da representação e da assistência quando constatada a autonomia progressiva da pessoa menor de dezoito anos.

Se os genitores não reconhecem a autonomia progressiva de seus filhos, estes devem ter assegurada a possibilidade de defender seus próprios interesses. Assim, a participação e o exercício de direitos por crianças e adolescentes dependem de alterações no campo processual, de modo que tenham a plena garantia de acesso à justiça e de defesa técnica. Para tanto, conforme será adiante demonstrado, impõe-se a inclusão da figura do defensor de crianças e adolescentes, profissional habilitado para defender o interesse manifesto da própria pessoa menor de dezoito anos. É importante, também, que tenham acesso à mediação familiar intergeracional, de modo que possam – juntamente com seus pais – encontrar soluções para os conflitos que vivenciam na relação paterno-filial.

Cabe fundamentalmente ao Estado assegurar políticas públicas emancipatórias que contribuam para a promoção da autonomia de crianças e adolescentes, especialmente no campo educacional. Mas, para além disso, é importante também que a população infantojuvenil seja integrada, na máxima medida possível, nos espaços públicos de tomadas de decisão.

Conforme afirma Cillero Bruñol, a efetivação da Convenção sobre os Direitos da Criança requer a extensão do exercício de direitos a quase 50% da população da América Latina. Por esse motivo, sua aplicação está intrinsicamente vinculada à construção de uma sociedade mais democrática e participativa. Para que crianças e adolescentes desenvolvam sua autonomia e possam exercer seus direitos, diversos deveres passam a recair aos pais, à sociedade e ao Estado.[438] O objetivo do presente capítulo é, nesse sentido, de compreender que deveres são esses.

6.1 No âmbito familiar: limites à autoridade parental

Ao longo do processo de desenvolvimento biopsíquico – que é individualizado e heterogêneo –, crianças passam da absoluta

---

[438] CILLERO BRUÑOL, Miguel. Infancia, autonomía y derechos: una cuestíon de principios. *Minoridad y familia, Revista interdisciplinaria sobre la problemática de la niñez – adolescencia y el grupo familiar*, Buenos Aires, n. 10, 1999.

dependência em relação aos seus pais para uma condição de autonomia, que em geral se perfaz na adolescência. Juridicamente, a situação de dependência dos infantes impõe aos pais o encargo legal de proteção, de educação e de aconselhamento dos filhos.

Na doutrina nacional tem sido ressaltado que um dos deveres jurídicos dos pais, decorrente da autoridade parental, é a promoção da autonomia dos filhos crianças e adolescentes. É o caso de Brochado, que defende que o instituto da autoridade parental deve ser compreendido a partir de sua função promocional de garantia aos filhos de desenvolvimento biopsíquico saudável e voltado à autonomia responsável.[439]

Menezes e Pontes, no mesmo sentido, compreendem que "a autoridade paterna/materna há que fomentar a autonomia do filho em cada etapa de sua vida, considerando que o discernimento é uma conquista gradual que acompanha o desenvolvimento de sua personalidade".[440] Para os autores, a autoridade familiar apresenta duas finalidades principais: a proteção dos filhos e a promoção de sua autonomia. Nesse sentido, "o poder familiar oscila entre cercear a liberdade para dispensar mais cuidado, e expandir a liberdade, a fim de favorecer maior autonomia".[441]

A despeito de a doutrina sinalizar a necessidade de conciliação entre proteção e autonomia, nota-se que ainda não se tem discutido em profundidade como assegurar a liberdade de crianças e adolescentes na relação jurídica entre pais e filhos. Trata-se de um grande desafio que se impõe à dogmática, uma vez que os institutos da representação e da assistência, do modo como positivados e compreendidos, não apresentam limites em função da autonomia progressiva dos filhos e, na prática, funcionam como óbices às suas decisões pessoais. Tais institutos, que foram positivados no Código Civil de 2002 seguindo a mesma sistemática da codificação anterior, apresentam forte tendência de valorização da liberdade do representante e do assistente. A doutrina

---

[439] TEIXEIRA, Ana Carolina Brochado. Poder familiar e o aspecto finalístico de promover o desenvolvimento e o bem-estar da pessoa. *In*: MENEZES, Joyceane Bezerra de; MATOS, Ana Carla Harmatiuk (Org.). *Direito das famílias por juristas brasileiras*. São Paulo: Saraiva, 2013. p. 429.

[440] MENEZES, Joyceane Bezerra; PONTES, Luís Paulo dos Santos. A liberdade religiosa da criança e do adolescente e a tensão com a função educativa do poder familiar. *Revista Brasileira de Direito*, Passo Fundo, v. 11, n. 1, 2015.

[441] MENEZES, Joyceane Bezerra; PONTES, Luís Paulo dos Santos. A liberdade religiosa da criança e do adolescente e a tensão com a função educativa do poder familiar. *Revista Brasileira de Direito*, Passo Fundo, v. 11, n. 1, 2015.

majoritária, a despeito disso, trata do tema com superficialidade e a partir de uma lógica de neutralidade.

De início, cabe esclarecer que se tem por certo que crianças, especialmente as mais novas, e também os adolescentes dependem de heteroproteção – a qual se traduz juridicamente na forma de representação e de assistência. Além disso, é seguro afirmar que a heteronomia nas relações paterno-filiais, na maioria das vezes, não equivale à dominação e à disciplina[442] e se caracteriza pelo cuidado. Mas, como já foi extensamente analisado, em algumas circunstâncias a representação e assistência – que recaem aos pais em virtude dos encargos decorrentes da autoridade parental – podem configurar barreiras para a satisfação do melhor interesse de crianças e adolescentes, especialmente em situações de conflitos entre pais e filhos.

É em razão disso que se defende que tais institutos, que ainda pendem para a sobreposição dos interesses dos pais em relação aos interesses dos filhos, sejam relidos juridicamente a partir dos direitos reconhecidos às crianças e aos adolescentes. É necessário, assim, que a perspectiva voluntarista e neutra que a legislação e a manualística impõem a eles seja abandonada em prol de uma abordagem que considera especialmente o melhor interesse da população infantojuvenil.

Muito embora haja uma compreensível resistência em relação à interferência do Estado no ambiente doméstico, cabe esclarecer que a liberdade da família – e especialmente a dos pais – não é ilimitada. Recai ao Estado a função de estabelecer normas que promovam, no cenário familiar, o respeito ao direito de participação e de exercício de direitos por crianças e adolescentes na medida da sua autonomia progressiva.[443]

De acordo com Lansdown, são oportunas normas jurídicas que imponham aos pais deveres mais amplos e ativos, no sentido de obrigá-los a consultar seus filhos e de envolvê-los nas decisões que lhes afetam em função da evolução de suas faculdades.[444] Ainda, entende-se como acertado o estabelecimento de normas que condicionem a validade dos atos de representação e de assistência à promoção do melhor interesse da criança e do adolescente e que limitem o poder dos pais em razão da autonomia progressiva dos filhos.

---

[442] BUSTELLO GRAFFIGNA, Eduardo. Infancia en indefensión. *Salud Coletiva*, v. 1, n. 3, 2005. Disponível em: http://revistas.unla.edu.ar/saludcolectiva/article/view/47. Acesso em: 23 abr. 2021.

[443] LANSDOWN, Gerison. *La evolución de las facultades del niño*. Florencia: Centro de Investigaciones Innocenti, 2005. p. 82.

[444] LANSDOWN, Gerison. *La evolución de las facultades del niño*. Florencia: Centro de Investigaciones Innocenti, 2005. p. 82.

A garantia de exercício de direitos por crianças e adolescentes não significa desconsiderar a importância e a autoridade dos pais. Por certo, o processo de amadurecimento dos filhos reflete o vínculo entre a subjetividade das crianças e o pertencimento a determinada família.[445] O princípio da autonomia progressiva, diferentemente do que se pode imaginar, não está fundamentado no propósito de instalar ou aprofundar conflitos e rivalidades na relação entre pais e filhos. Ao contrário, a norma ressalta o aspecto de interdependência entre eles. Isso porque, de um lado, muitas crianças e adolescentes buscam exercer uma maior autonomia em suas vidas, mas querem fazê-lo com o apoio e com o suporte de seus pais; de outro, a família como um todo pode ser beneficiada pela participação das crianças e dos adolescentes nas decisões, dada a sua predisposição à criatividade, à curiosidade e à inovação. O reconhecimento e a aplicação do princípio da autonomia progressiva reforçam, assim, a ideia de que as relações familiares devem ser pautadas pela interdependência entre seus membros, e não unicamente na suposta dependência das crianças em relação aos adultos.[446]

Em suma, faz-se necessário aliar perspectivas que ainda se relevam dissociadas: a da doutrina da proteção integral e dos direitos das crianças e dos adolescentes com a do direito civil, ainda de tendência liberal e adultocêntrica. Consoante analisado na primeira parte do estudo, a abordagem protecionista e excludente – que é favorecida pelos institutos da representação e da assistência na forma como ainda são compreendidos e aplicados – ainda é muito forte no direito civil, diante do seu propósito mercantil e de seus pressupostos desenhados no (e para o) século XIX.

Enquanto a tradição de dependência e de protecionismo ainda predomina, torna-se necessário refletir sobre formas através das quais crianças e adolescentes possam participar e requerer o exercício autônomo de direitos nas esferas judicial e extrajudicial.

---

[445] BUSTELLO GRAFFIGNA, Eduardo. Infancia en indefensión. *Salud Coletiva*, v. 1, n. 3, 2005. Disponível em: http://revistas.unla.edu.ar/saludcolectiva/article/view/47. Acesso em: 23 abr. 2021.

[446] LANSDOWN, Gerison. *La evolución de las facultades del niño*. Florencia: Centro de Investigaciones Innocenti, 2005. p. 83.

6.2 Nos âmbitos judicial e extrajudicial: acesso à justiça, à figura do defensor de crianças e adolescentes e à mediação familiar intergeracional

O princípio da autonomia progressiva repercute não apenas no regime de incapacidades do Código Civil, mas causa impactos, também, no plano processual. A efetivação da norma depende da implementação de instrumentos de natureza procedimental que favoreçam a participação por crianças e adolescentes nas questões que lhes afetam, tanto na esfera judicial como na administrativa. O exercício da autonomia progressiva requer a possibilidade de acesso direto à justiça por quem não atingiu a maioridade. Sobre isso, o ECA, no art. 141, estabelece que "É garantido o acesso de toda criança ou adolescente à Defensoria Pública, ao Ministério Público e ao Poder Judiciário, por qualquer de seus órgãos".[447]

Três fatores, todavia, limitam a efetividade deste direito fundamental em relação à população infantojuvenil. Primeiramente, o próprio desconhecimento de crianças e adolescentes sobre os direitos que titularizam e sobre a possibilidade de acessarem referidas instituições. Em segundo lugar, o fato de estas não serem pensadas para os receberem e seus profissionais não serem preparados para com eles lidar. Em terceiro lugar, o regime de incapacidades, espelhado no Código de Processo Civil, ao afastar a possibilidade de crianças e adolescentes atuarem em juízo ou administrativamente de forma autônoma,[448] faz com que juízes, promotores e defensores tendam a considerar apenas os interesses de seus representantes.[449] Incapacidade de agir e incapacidade processual estão atreladas e, juntas, formam uma barreira que impede ou,

---

[447] BRASIL. Lei nº 8.069, de 16 de julho de 1990. *Diário Oficial da União*, Poder Executivo, Brasília, DF, 1990.

[448] O art. 71 do CPC define que "o incapaz será representado ou assistido por seus pais, por tutor ou por curador, na forma da lei" (BRASIL. Lei nº 13.05, de 16 de março de 2015. *Diário Oficial da União*, Poder Executivo, Brasília, DF, 2015).

[449] Sobre isso, "Não é incomum que, durante o atendimento especializado ao público, ao se deparar com a presença de uma criança ou adolescente na Defensoria Pública, o(a) Defensor(a), com base na teoria civilista sobre a capacidade civil, deixa de prestar o atendimento jurídico a eles, por entender que se trata de pessoas incapazes para exercer diretamente os atos da civil (absoluta ou relativamente) e, portanto, precisam estar acompanhados de seus genitores ou representante legal" (NÚCLEO ESPECIALIZADO DA INFÂNCIA E DA JUVENTUDE DA DEFENSORIA PÚBLICA DO ESTADO DE SÃO PAULO. *Parecer de Atendimento 12/19* – Atendimento de crianças e adolescentes na Defensoria Pública. São Paulo: 2020. Disponível em: https://www.defensoria.sp.def.br/dpesp/Repositorio/33/Documentos/Parecer%20Atendimento%20Criancas%20DPESP_Versao%20Final_Revisado.pdf. Acesso em: 14 mar. 2021).

ao menos, dificulta que a população infantojuvenil leve suas demandas e interesses próprios em juízo ou ao âmbito administrativo.

Uma vez que o acesso à justiça por crianças e adolescentes é dificultado por questões estruturais e que sua participação em juízo depende, na quase totalidade dos casos, da atuação de seus pais ou de outros representantes legais, os interesses próprios da pessoa menor de dezoito anos tendem a ser desconhecidos e ignorados. Como se verá adiante, a atuação da Defensoria Pública e do Ministério Público, no formato atual, não assegura o direito de participação de crianças e adolescentes. O papel incumbido a estas instituições é fundamentado na lógica adultocêntrica, em desrespeito ao princípio da autonomia progressiva, tendo em vista que defensores e promotores partem de uma noção abstrata sobre o que configura o melhor interesse nos casos concretos, sem, em regra, consultar a própria pessoa criança ou adolescente.

A Defensoria Pública, instituição direcionada à defesa dos mais vulneráveis, atua em prol da população infantojuvenil de diferentes formas: na condição de representante postulatório (quando age em nome e na defesa de crianças e adolescentes, a partir do intermédio dos pais ou representantes), como substituto processual (quando atua em nome próprio, pleiteando interesses de menores de dezoito anos), como *amicus curiae* e *custus vulnerabilis* (quando atua em nome próprio na defesa de direitos humanos da população infantojuvenil) e como curador especial.[450]

O papel do curador especial merece atenção. De acordo com o art. 72, inc. I, do Código de Processo Civil, o magistrado nomeará curador especial ao "incapaz, se não tiver representante legal ou se os interesses deste colidirem com os daquele, enquanto durar a incapacidade".[451] Esta função, incumbida exclusivamente à Defensoria Pública, é fundamentada na incapacidade civil de crianças e adolescentes de promoverem a proteção de seus interesses e direitos. De acordo com Campos, o curador especial não dá voz ativa às crianças e aos adolescentes ao atuar em nome próprio no interesse destes. Age, na prática, de modo despreocupado em relação aos seus desejos, "focado

---

[450] CAMPOS, Adriano Leitinho. O defensor da criança e do adolescente como instrumento de autonomia infantojuvenil. *In*: CAMPOS, Adriano Leitinho *et al.* (Org.). *A defesa dos direitos da criança e do adolescente*: uma perspectiva da Defensoria Pública. Rio de Janeiro: Lumen Juris, 2020. p. 9-15.

[451] BRASIL. Lei nº 13.05, de 16 de março de 2015. *Diário Oficial da União*, Poder Executivo, Brasília, DF, 2015.

numa defesa genérica, que se aproxima de uma visão adultocêntrica e abstrata do princípio do melhor interesse da criança e do adolescente".[452]

Em nenhuma das modalidades de conduta da Defensoria Pública em defesa da população infantojuvenil há o reconhecimento de autonomia à criança ou ao adolescente, que são tratados como figuras passivas – e não na condição de sujeitos de direitos. Evidencia-se a preferência do modelo de heteroproteção, com a mitigação do exercício da autonomia progressiva.

Não é diferente a atuação do Ministério Público. Com rol de atribuições em relação à infância ainda mais amplo, o qual está previsto no art. 201 do Estatuto da Criança e do Adolescente, o *parquet* age na instauração de procedimentos administrativos e sindicâncias, na inspeção de entidades de atendimento, na fiscalização da aplicação das verbas do fundo municipal e na promoção de medidas judiciais e extrajudiciais para zelar o efetivo respeito aos direitos e garantias de crianças e adolescentes.[453] O Ministério Público não atua, no que toca à proteção da população infantojuvenil, na condição de substituto processual. Sua atuação fundamenta-se na legitimidade conferida pelo próprio ordenamento jurídico para defender este interesse social em todos os casos que vierem a seu conhecimento. A proteção promovida pelo Ministério Público também se mostra vertical, de cima para baixo, sem a efetiva participação dos personagens infantis.

É necessário lembrar que tais instituições foram arquitetadas em um momento no qual não se cogitava a participação de crianças e adolescentes nas esferas judicial e administrativa e, menos ainda, o exercício autônomo de direitos por eles. Como consequência, defensores e promotores agem a partir daquilo que individualmente compreendem como o melhor para a pessoa. É diante do desafio de compatibilização do direito interno com a doutrina da proteção integral que se verifica a necessidade de implementação da figura do defensor da criança e do adolescente, a qual se mostra indispensável para que o direito à

---

[452] CAMPOS, Adriano Leitinho. O defensor da criança e do adolescente como instrumento de autonomia infantojuvenil. *In*: CAMPOS, Adriano Leitinho *et al.* (Org.). *A defesa dos direitos da criança e do adolescente*: uma perspectiva da Defensoria Pública. Rio de Janeiro: Lumen Juris, 2020. p. 15.

[453] Não se pretende, aqui, fazer uma análise aprofundada de aludidas atribuições, tendo em vista que este não é o propósito do trabalho. É de se mencionar, apesar disso, que as funções da Defensoria Pública e do Ministério Público, em relação à infância, se sobrepõem em determinados pontos. Nesse sentido, exsurge a necessidade de atuação em rede de ambas as instituições.

participação da população infantojuvenil seja efetivado, bem como seu acesso à justiça.

Trata-se de profissional habilitado para garantir voz a toda criança e adolescente, o qual atua como representante de seus interesses individuais nos procedimentos judiciais e administrativos em que seja parte ou interessado, "equilibrando a relação processual em nome do princípio da igualdade das partes, e garantindo a ampla defesa e o contraditório da criança e do adolescente".[454] Esta figura, que não é adotada no Brasil,[455] tem sido objeto de recentes estudos no país, especialmente no âmbito da Defensoria Pública. A respeito do tema, a Defensoria Pública do Estado de São Paulo apresentou, em 2020, parecer no qual sustenta que cabe à instituição atuar na função de advogada da criança, com a incumbência de defender seu interesse manifesto.[456] No mesmo sentido, Campos sugere que esta função seja exercida por defensor público, aprovado em concurso público e com experiência na defesa da população infantojuvenil.[457]

Cabe ao defensor da criança e do adolescente conhecer os interesses da pessoa menor de dezoito anos – e não de seus pais ou outros representantes – e defendê-los nas esferas judicial e administrativa, sem que seja afetado por seus entendimentos pessoais ou de terceiros. Incumbe a ele informar a criança ou adolescente sobre as possibilidades jurídicas de satisfação de seus interesses e orientá-los quanto a alternativas, mas está impedido de substituir a vontade da pessoa representada. A principal função do defensor, portanto, é de levar o interesse manifestado pela criança ou adolescente ao juiz ou

---

[454] CAMPOS, Adriano Leitinho. O defensor da criança e do adolescente como instrumento de autonomia infantojuvenil. *In*: CAMPOS, Adriano Leitinho *et al.* (Org.). *A defesa dos direitos da criança e do adolescente*: uma perspectiva da Defensoria Pública. Rio de Janeiro: Lumen Juris, 2020. p. 17.

[455] Vislumbra-se uma possível exceção. A Lei Orgânica da Defensoria Pública do Estado do Mato Grosso, Lei Complementar Estadual nº 146/2003, prevê em seu art. 3º que compete à instituição exercer a defesa da criança e do adolescente (inc. VII). Não resta claro se essa defesa será na condição de *custos vulnerabilis* ou como representante dos interesses individuais da pessoa menor de dezoito anos.

[456] NÚCLEO ESPECIALIZADO DA INFÂNCIA E DA JUVENTUDE DA DEFENSORIA PÚBLICA DO ESTADO DE SÃO PAULO. *Parecer de Atendimento 12/19* – Atendimento de crianças e adolescentes na Defensoria Pública. São Paulo: 2020. Disponível em: https://www.defensoria.sp.def.br/dpesp/Repositorio/33/Documentos/Parecer%20Atendimento%20Criancas%20DPESP_Versao%20Final_Revisado.pdf. Acesso em: 14 mar. 2021.

[457] CAMPOS, Adriano Leitinho. O defensor da criança e do adolescente como instrumento de autonomia infantojuvenil. *In*: CAMPOS, Adriano Leitinho *et al.* (Org.). *A defesa dos direitos da criança e do adolescente*: uma perspectiva da Defensoria Pública. Rio de Janeiro: Lumen Juris, 2020. p. 17-18.

ao administrador, a quem cabe decidir pela possibilidade de exercício autônomo da decisão por aquele que não atingiu a maioridade.[458]

Para além da representação dos interesses da própria criança ou adolescente em juízo ou administrativamente, o defensor tem – em países que adotaram esta figura – as incumbências de informar a população infantojuvenil sobre seus direitos através do uso das mídias, de criar canais de comunicação para essa finalidade, bem como de promover a participação de menores de dezoito anos nos debates públicos. Analisar-se-á, adiante, o exemplo de dois países: da Noruega e da Argentina.

Na Noruega, a figura do defensor para crianças existe desde o início da década de 1980. Seus deveres são de garantir que as opiniões das crianças e dos adolescentes sejam ouvidas e que os seus direitos sejam respeitados e de assegurar que as autoridades norueguesas cumpram a Convenção sobre os Direitos da Criança, que está consagrada na legislação interna.[459]

Em 1989 foi implementada, no país, uma linha telefônica específica para que crianças e adolescentes pudessem obter informações sobre seus direitos e para falar de situações de eventuais abusos que estivessem vivenciando. Foi criado, também, um programa de televisão através do qual o defensor transmitia informações de interesse da população infantojuvenil. Ainda, foi implementado pelo defensor juntamente com o Ministério de Assuntos da Infância e da Família e com ONGs o projeto "Vida antes dos 18". Mais recentemente, foi estabelecido o Parlamento Internet, em que crianças e adolescentes podem manifestar suas opiniões acerca de temas que lhes afetam. Um conselho de vinte jovens eleitos de forma democrática entrega as opiniões colhidas para o defensor, o qual deve encaminhar às autoridades estatais.[460]

Na Argentina, a *Ley de Proteccion Integral de los Derechos de las Niñas, Niños y Adolescentes* (*Ley* nº 26.061/2005) alterou significativamente o tratamento jurídico à infância. Até então, o direito interno do país

---

[458] CAMPOS, Adriano Leitinho. O defensor da criança e do adolescente como instrumento de autonomia infantojuvenil. *In*: CAMPOS, Adriano Leitinho *et al*. (Org.). *A defesa dos direitos da criança e do adolescente*: uma perspectiva da Defensoria Pública. Rio de Janeiro: Lumen Juris, 2020. p. 18.

[459] Essas informações podem ser extraídas do sítio eletrônico do *Ombudsperson for Children in Norway* (Disponível em: https://www.barneombudet.no/english/. Acesso em: 21 fev. 2021).

[460] TELLO ESCOBAR, Cristóbal. El defensor del niño: una institución eficaz para la promoción y protección de los derechos de niños y niñas? *Revista de Derechos del Niño*, Santiago, n. 3-4, p. 83-141, 2006. p. 101.

estava em desarmonia com a Convenção sobre os Direitos da Criança, da qual é signatário desde 1990. A lei de 2005, assim, teve como objetivo a compatibilização do sistema interno à doutrina da proteção integral e, para que crianças e adolescentes exerçam seu direito de participação, assegurou que: (i) sejam ouvidos pela autoridade competente sempre que por eles solicitado; (ii) tenham suas opiniões consideradas quando a decisão possa os afetar; (iii) sejam assistidos por advogado, preferencialmente especializado na infância e adolescência, desde o início do processo judicial ou administrativo e, na falta de recursos econômicos, seja designado automaticamente pelo Estado um advogado para patrociná-los; (iv) participem ativamente em todo o procedimento; (v) recorram de qualquer decisão que os afetem.[461]

O novo Código Civil e Comercial, de 2015, definiu em seu art. 26 que a criança ou adolescente, quando em conflito com seus representantes, tem o direito de intervir com advogado especializado. Reafirma, ainda, que a pessoa menor de dezoito anos tem o direito de ser ouvida em todo o processo judicial que lhe concerne, bem como de participar nas decisões sobre si. Diante dessas alterações legislativas, a figura do *abogado del niño* se tornou necessária.

A doutrinadora argentina Rey-Galindo afirma que esta figura é de grande utilidade no país para materializar o paradigma definido internacionalmente de tratamento à infância, pois permite que crianças e adolescentes, na condição de sujeitos de direitos, construam sua própria cidadania e exerçam os direitos que lhes foram assegurados.[462] No entanto, desde a implementação da figura do *abogado del niño* no país até 2017, momento em que realizada a análise pela autora, contabilizaram-se raras experiências de crianças e adolescentes que foram representados por defensor específico. Segundo ela, a baixa procura demonstra a necessidade de maiores estudos e divulgação sobre o tema. Ainda assim, a despeito das barreiras e das resistências que o sistema adultocêntrico impõe, são diversas crianças e adolescentes que,

---

[461] A *Ley* nº 26.061/2005 pode ser acessada através do seguinte endereço: http://servicios. infoleg.gob.ar/infolegInternet/anexos/110000-114999/110778/norma.htm. Acesso em: 23 abr. 2021.

[462] REY-GALINDO, Mariana Josephina. El abogado del niño. Representación de una garantía procesal básica. *Revista Latinoamericana de Ciencias Sociales, Niñez y Juventud*, n. 17, p. 35-46, 2018. Disponível em: http://ns520666.ip-158-69-118.net/rlcsnj/index.php/Revista-Latinoamericana/article/view/3719/979. Acesso em: 14 mar. 2021.

ao realçar sua voz no âmbito judicial, exigem e reivindicam a mudança da qual são protagonistas.[463]

A experiência estrangeira permite concluir que a implementação da figura do defensor para crianças e adolescentes desacompanhada de uma política educativa que promova à população infantojuvenil conhecimento sobre seus direitos, a partir de uma perspectiva emancipatória, tende a ser ineficaz. Apesar disso, constitui um elemento de mudança para um paradigma jurídico em que crianças e adolescentes são reconhecidos como sujeitos de direitos que têm seus interesses próprios defendidos e representados em espaços pensados por adultos e para adultos.

O acesso de crianças e adolescentes à justiça é direito fundamental que abrange tanto a justiça tradicional, conforme visto acima, como também as práticas autocompositivas. A participação da população infantojuvenil deve ser garantida no âmbito da mediação familiar como decorrência do direito de serem ouvidas e terem suas opiniões consideradas na resolução de questões que lhes atingem.

A mediação, de modo geral, é um método pacífico de resolução de conflitos cuja base é a cooperação e cujo objetivo é de que as pessoas envolvidas possam se comunicar de forma efetiva, a partir de um diálogo respeitoso em que exponham suas necessidades e interesses.[464] Conflito, de acordo com Mireles, pode ser conceituado como a existência de necessidades ou interesses divergentes entre duas ou mais pessoas ou entre grupos, que os percebem como irreconciliáveis.[465] A mediação familiar, especificamente, é adotada em conflitos oriundos da relação entre familiares, e tem como objetivos a facilitação da comunicação

---

[463] REY-GALINDO, Mariana Josephina. El abogado del niño. Representación de una garantía procesal básica. *Revista Latinoamericana de Ciencias Sociales, Niñez y Juventud*, n. 17, p. 35-46, 2018. Disponível em: http://ns520666.ip-158-69-118.net/rlcsnj/index.php/Revista-Latinoamericana/article/view/3719/979. Acesso em: 14 mar. 2021.

[464] ALMADA MIRELES, Maria de Lourdes. La mediación familiar y el derecho de niñas, niños y adolescentes a ser escuchados. *Revista del Centro de Investigaciones Jurídicas de la Universidad Autónoma de Ciudad Juárez*, n. 8, p. 78-114, 2021. p. 93. Disponível em: http://cathi.uacj.mx/bitstream/handle/20.500.11961/18244/Mediacion%20familiar%20y%20DD%20de%20NNA.pdf?sequence=1&isAllowed=y. Acesso em: 19 mar. 2021.

[465] ALMADA MIRELES, Maria de Lourdes. La mediación familiar y el derecho de niñas, niños y adolescentes a ser escuchados. *Revista del Centro de Investigaciones Jurídicas de la Universidad Autónoma de Ciudad Juárez*, n. 8, p. 78-114, 2021. p. 89. Disponível em: http://cathi.uacj.mx/bitstream/handle/20.500.11961/18244/Mediacion%20familiar%20y%20DD%20de%20NNA.pdf?sequence=1&isAllowed=y. Acesso em: 19 mar. 2021.

entre os envolvidos, a redução da litigiosidade e a manutenção das relações pessoais entre pais e filhos.[466]

Oportuno esclarecer que não se pretende analisar a mediação familiar em si – seu histórico, os princípios que a regem e seus requisitos, mas a possibilidade de pessoas menores de dezoito anos participarem desta prática e a viabilidade da mediação familiar intergeracional.

A defesa da participação de crianças e adolescentes no âmbito da mediação familiar é recente. Conforme afirma Ferreira, até pouco tempo, considerava-se que os pais seriam os legítimos representantes de seus filhos, porque supostamente conheceriam melhor que ninguém suas necessidades e interesses. Tal compreensão justificava a desnecessidade de os filhos menores participarem diretamente na resolução de conflitos familiares decorrentes da ruptura da união conjugal, especialmente em situações sobre guarda e exercício do poder familiar.[467] No entanto, a resolução eficaz dos conflitos familiares que envolvem crianças e adolescentes requer a compreensão de que estes têm interesses e perspectivas distintas de seus pais.[468]

Além de recente, a participação de crianças e adolescentes na mediação familiar é bastante limitada, ficando restrita aos conflitos decorrentes do término da união dos pais. Em uma análise tradicional, Ripoll-Millet aponta que a mediação familiar é recomendada para situações próprias de ruptura de relacionamentos, como definição da guarda dos filhos, regime de visitas, pagamento de alimentos para os filhos e para o ex-cônjuge. O recurso à mediação familiar, na ótica do autor, restaria vinculada a separações e divórcios, de modo que a participação das crianças se limitaria à opinião sobre estes processos.[469]

A participação de crianças e adolescentes na mediação familiar – além de recente e restrita – é também excepcional, tanto no cenário

---

[466] POÇAS, Isabel. A participação das crianças na mediação familiar. *Revista da Ordem dos Advogados*, Porto, n. 73, 813-862, 2013. p. 835. Disponível em: http://repositorio.uportu.pt/handle/11328/793. Acesso em: 19 mar. 2021.

[467] FERREIRA, Paulo Alexandre Milheiro Gaspar. *Audição de crianças e jovens na mediação familiar nos casos de separação e divórcio.* Tese (Doutorado) – Instituto Superior de Ciências Sociais e Políticas, Universidade Técnica de Lisboa, Lisboa, 2013. p. 135.

[468] ALMADA MIRELES, Maria de Lourdes. La mediación familiar y el derecho de niñas, niños y adolescentes a ser escuchados. *Revista del Centro de Investigaciones Jurídicas de la Universidad Autónoma de Ciudad Juárez*, n. 8, p. 78-114, 2021. p. 90. Disponível em: http://cathi.uacj.mx/bitstream/handle/20.500.11961/18244/Mediacion%20familiar%20y%20DD%20de%20NNA.pdf?sequence=1&isAllowed=y. Acesso em: 19 mar. 2021.

[469] RIPOLL-MILLET, Álex. *Mediación familiar.* Barcelona: Paidós, 2000. p. 2-3. Disponível em: https://www.avntf-evntf.com/wp-content/uploads/2016/06/Mediaci%C3%B3n-Familiar.-%C3%81lex-Ripoll-Millet.pdf. Acesso em: 22 mar. 2021.

nacional como no internacional.[470] A excepcionalidade revela o descompasso da prática com a Convenção sobre os Direitos da Criança, que em seu art. 12 estabelece o direito de participação dos menores de dezoito anos em todas as decisões judiciais ou administrativas que possam lhe afetar. Com isso, ao menos em tese, crianças e adolescentes devem ter a possibilidade de fazer parte da mediação familiar quando questões que lhes atingem estejam em pauta.

Doutrinadores que se inclinam ao protecionismo elencam diversos argumentos contrários à inclusão de crianças e adolescentes na mediação familiar. Em síntese, alegam que a participação de filhos menores na mediação não é adequada, porque eles não são os responsáveis pelo conflito parental e por isso não devem ser nele envolvidos; porque sua participação favorece sua dor e sua confusão; porque podem se sentir pressionados a expressar seus sentimentos e opiniões; porque tendem a se sentir obrigados a fazer uma escolha entre o pai ou a mãe e porque podem se sentir responsabilizados pelo rompimento da união dos pais.[471] Concorda-se com Mireles quando afirma que estes argumentos reforçam a predominância da vontade dos adultos sobre a das crianças, e servem como instrumento para que os pais controlem e submetam os filhos a seus próprios interesses.[472]

De outro lado, aqueles que se posicionam favoravelmente à participação de crianças e adolescentes na mediação familiar defendem que a inclusão dos filhos menores de dezoito anos assegura maior dinamismo e qualidade aos acordos, mais respeito entre os genitores após o rompimento da união, menor chance de alienação parental e apontam, ainda, que dar a oportunidade para falarem é fator que os protege face a situações de risco e que colabora para a formação de indivíduos autônomos.[473]

---

[470] VALERO MATAS, Jesús A. La inclusión de los niños en el proceso de mediación familiar: reflexiones desde el caso neozelandês. *Repositorio Institucional da Universidade de Santiago de Compostela*, v. 9, n. 1, p. 89-100, 2010. p. 89. Disponível em: https://minerva.usc.es/xmlui/bitstream/handle/10347/8390/pg_091-102_rips9-1.pdf?sequence=1&isAllowed=y. Acesso em: 22 mar. 2021.

[471] FERREIRA, Paulo Alexandre Milheiro Gaspar. *Audição de crianças e jovens na mediação familiar nos casos de separação e divórcio*. Tese (Doutorado) – Instituto Superior de Ciências Sociais e Políticas, Universidade Técnica de Lisboa, Lisboa, 2013. p. 139-141.

[472] ALMADA MIRELES, Maria de Lourdes. La mediación familiar y el derecho de niñas, niños y adolescentes a ser escuchados. *Revista del Centro de Investigaciones Jurídicas de la Universidad Autónoma de Ciudad Juárez*, n. 8, p. 78-114, 2021. p. 97. Disponível em: http://cathi.uacj.mx/bitstream/handle/20.500.11961/18244/Mediacion%20familiar%20y%20DD%20de%20NNA.pdf?sequence=1&isAllowed=y. Acesso em: 19 mar. 2021.

[473] VALERO MATAS, Jesús A. La inclusión de los niños en el proceso de mediación familiar: reflexiones desde el caso neozelandês. *Repositorio Institucional da Universidade de Santiago de*

A participação de crianças e adolescentes não é recomendável e possível em todo e qualquer caso de conflito parental. Em primeiro lugar, a inclusão de filhos menores depende do seu desejo e disposição para participação na mediação, pois se trata de um direito e não de um dever. Em segundo lugar, a participação de filhos menores deve ser condicionada à adequação do ambiente e à capacitação dos profissionais envolvidos. Por fim, tal possibilidade depende da autonomia progressiva da criança ou do adolescente. A tendência, com isso, é de que crianças pequenas não sejam partícipes do processo de mediação familiar.

A despeito dessas limitações, compreende-se que a participação de filhos menores de dezoito anos na mediação familiar é vantajosa e deve ser ao máximo promovida. Isso porque, ao serem ouvidos em tal âmbito, são considerados pessoas reais, com suas próprias características e desejos, que têm interesses individuais no que diz respeito ao exercício do poder familiar e da guarda, a título de exemplo. Conforme afirma Poças, o melhor interesse de crianças e adolescentes será atingido se forem informados sobre seus direitos e encorajados e exercê-los em todos os aspectos de suas vidas.[474]

A participação de crianças e adolescentes na mediação familiar não deve, contudo, estar restrita aos conflitos entre adultos cuja resolução afetará suas vidas. É necessário alargar as hipóteses de utilização da prática para situações em que os pais não sejam os principais protagonistas do problema, com sua extensão a conflitos intergeracionais, isto é, entre pais e filhos que não atingiram a maioridade e que enfrentam problemas de convivência.[475] Se a proposta da mediação é promover a paz e educar para a paz, sua aplicação não pode ficar limitada à população adulta.

Tendo em vista que crianças e adultos, dentro do contexto familiar, podem ter visões diferentes sobre os mais diversos temas e que a opinião dos filhos deve ser considerada e ao máximo respeitada, o recurso à mediação familiar em situações de conflito entre pais e filhos é forma de

---

Compostela, v. 9, n. 1, p. 89-100, 2010. p. 95. Disponível em: https://minerva.usc.es/xmlui/bitstream/handle/10347/8390/pg_091-102_rips9-1.pdf?sequence=1&isAllowed=y. Acesso em: 22 mar. 2021.

[474] POÇAS, Isabel. A participação das crianças na mediação familiar. *Revista da Ordem dos Advogados*, Porto, n. 73, 813-862, 2013. p. 862. Disponível em: http://repositorio.uportu.pt/handle/11328/793. Acesso em: 19 mar. 2021.

[475] ALMADA MIRELES, Maria de Lourdes. La mediación familiar y el derecho de niñas, niños y adolescentes a ser escuchados. *Revista del Centro de Investigaciones Jurídicas de la Universidad Autónoma de Ciudad Juárez*, n. 8, p. 78-114, 2021. p. 99. Disponível em: http://cathi.uacj.mx/bitstream/handle/20.500.11961/18244/Mediacion%20familiar%20y%20DD%20de%20NNA.pdf?sequence=1&isAllowed=y. Acesso em: 19 mar. 2021.

reduzir a litigiosidade e de preservar os vínculos familiares. Na maior medida possível, a resolução dos problemas vivenciados entre pais e filhos deve decorrer do diálogo e da autocomposição.

A mediação intergeracional, com a participação de crianças e adolescentes, desafia a lógica adultocêntrica que impera. Isso porque a educação para a paz requer a superação do desiquilíbrio de poder que existe nas relações e nos conflitos entre pais e filhos, de modo que se faz necessário passar de um exercício de domínio através do autoritarismo, da obediência e da submissão para uma relação de colaboração entre crianças e adultos. Para que se encontre uma solução pacífica em embates entre pais e filhos menores, é indispensável que aqueles considerem estes como pessoas iguais em direitos e liberdade. É necessário, assim, que seja estabelecida uma relação dialógica entre os membros da família, baseada no reconhecimento do outro como pessoa diferente e merecedora de igual respeito.[476]

A mediação familiar intergeracional, com a participação de menores de dezoito anos, constitui um instrumento que pode garantir a crianças e adolescentes o direito de viver uma vida livre de violência –[477] não apenas física, mas também psíquica, simbólica e estrutural. É, ainda, uma forma de assegurar à população infantojuvenil o direito à manifestação de opinião e à autonomia. Mas para que isso se realize é necessário que os adultos estejam dispostos a escutar – e não apenas a ouvir – crianças e adolescentes.

6.3 No âmbito educacional: por uma educação emancipatória e participativa

As instituições de saúde, de educação, de assistência social e de deliberação pública, entre tantas outras, constantemente tomam decisões que afetam de modo direto a vida de crianças e de adolescentes sem, no entanto, considerar sua autonomia progressiva e seus interesses

---

[476] ALMADA MIRELES, Maria de Lourdes. La mediación familiar y el derecho de niñas, niños y adolescentes a ser escuchados. *Revista del Centro de Investigaciones Jurídicas de la Universidad Autónoma de Ciudad Juárez*, n. 8, p. 78-114, 2021. p. 99. Disponível em: http://cathi.uacj.mx/bitstream/handle/20.500.11961/18244/Mediacion%20familiar%20y%20DD%20de%20NNA.pdf?sequence=1&isAllowed=y. Acesso em: 19 mar. 2021.

[477] ALMADA MIRELES, Maria de Lourdes. La mediación familiar y el derecho de niñas, niños y adolescentes a ser escuchados. *Revista del Centro de Investigaciones Jurídicas de la Universidad Autónoma de Ciudad Juárez*, n. 8, p. 78-114, 2021. p. 99. Disponível em: http://cathi.uacj.mx/bitstream/handle/20.500.11961/18244/Mediacion%20familiar%20y%20DD%20de%20NNA.pdf?sequence=1&isAllowed=y. Acesso em: 19 mar. 2021.

manifestos. De acordo com Lansdown, a tendência em tais âmbitos é de subestimação das faculdades das crianças e dos adolescentes e, com isso, resta descumprido o respeito aos direitos da população infantojuvenil e perde-se a oportunidade de aproveitar suas relevantes contribuições.[478]

A efetivação do princípio da autonomia progressiva requer, simultaneamente, que os interesses manifestos de crianças e adolescentes sejam considerados e respeitados de acordo com a evolução de suas faculdades, tanto na esfera privada como também na pública, bem como que os sujeitos infantis sejam habilitados e estimulados a participar diretamente em todos os espaços que ocupam, o que exige a adoção de políticas públicas emancipatórias.

A defesa da participação e do exercício de autonomia em relação a crianças e adolescentes não pode se limitar à esfera doméstica. É especialmente no âmbito público – na escola, na comunidade e nos espaços de tomada de decisões públicas – que a população infantojuvenil adquire confiança e competência para participação. Concorda-se com a afirmação de Mireles de que não se pode esperar que crianças e adolescentes, ao atingirem a maioridade, se tornem automaticamente adultos responsáveis e participativos sem qualquer experiência prévia de participação e de exercício de autonomia.[479]

Entende-se que uma das principais formas de assegurar que crianças e adolescentes tenham seus direitos respeitados e sejam habilitados para desenvolver e exercer sua autonomia individual é por meio da garantia de educação escolar. Através dela, a população infantojuvenil é levada da esfera privada para a pública, tem a possibilidade de conviver socialmente e de vivenciar a pluralidade de ideias, conta com mais adultos encarregados de protegê-las, bem como tem suas capacidades e aptidões desenvolvidas.

Tendo isso em vista, compreende-se que a educação domiciliar – que restringe a vivência de crianças e adolescentes ao ambiente doméstico e limita o aprendizado à ideologia e às crenças dos pais – tem como consequência uma maior invisibilização das suas existências, já tão ocultadas, e a potencialidade de reduzir seus direitos, que ainda carecem de efetivação. A limitação do ensino aos lindes domésticos é um potente

---

[478] LANSDOWN, Gerison. *La evolución de las facultades del niño*. Florencia: Centro de Investigaciones Innocenti, 2005. p. 85.

[479] ALMADA MIRELES, Maria de Lourdes. La mediación familiar y el derecho de niñas, niños y adolescentes a ser escuchados. *Revista del Centro de Investigaciones Jurídicas de la Universidad Autónoma de Ciudad Juárez*, n. 8, p. 78-114, 2021. Disponível em: http://cathi. uacj.mx/bitstream/handle/20.500.11961/18244/Mediacion%20familiar%20y%20DD%20 de%20NNA.pdf?sequence=1&isAllowed=y. Acesso em: 19 mar. 2021.

instrumento usado por famílias que adotam religiões fundamentalistas para resistirem à secularização da educação.[480] Com uma grande flexibilidade pedagógica e filosófica, pais têm a oportunidade de ensinar o que querem e da forma que entendem devida, privando seus filhos de uma educação plural e baseada na ciência.

A Convenção sobre os Direitos da Criança, em seu art. 29, estabelece que a educação deve ser orientada no sentido de desenvolver sua personalidade e suas aptidões em todo seu potencial, de incutir nas crianças conhecimento sobre seus direitos e de promover respeito aos seus pais, à sua comunidade, às outras culturas e ao meio ambiente e, ainda, no sentido de prepará-las para assumir uma vida responsável em uma sociedade livre. A Constituição Federal, por sua vez, define em seu art. 205 que a educação tem três principais finalidades: o pleno desenvolvimento pessoal do educando, seu preparo para o exercício da cidadania e a sua qualificação para o trabalho.

Fica evidente, através do documento internacional e do texto constitucional, que os beneficiários do direito à educação são as crianças e os adolescentes, e não os pais. A demanda pelo *homeschooling*, todavia, parte da ideia subvertida de que os pais são os titulares do direito à educação, cabendo a eles o exercício do controle sobre este processo e a definição dos moldes educacionais a serem aplicados a seus filhos. A defesa do *homeschooling* revela-se descompassada com o melhor interesse de crianças e adolescentes e vinculada a uma ótica que considera filhos como propriedade de seus pais. Ao permitir que os genitores tenham pleno poder decisório sobre o processo educacional de seus filhos, ignora-se que crianças e adolescentes titularizam direitos próprios e detêm autonomia progressiva reconhecida na órbita jurídica.

Nesse sentido, a educação domiciliar – ao reafirmar a liberdade dos pais e afastar a intervenção estatal – pode prejudicar o desenvolvimento de habilidades necessárias para que os filhos se tornem cidadãos produtivos e aptos a fazerem escolhas e conduzirem suas vidas, além de violar o direito à autonomia assegurado à população infantojuvenil.[481] Desta forma, compreende-se que o modelo de ensino domiciliar descumpre os postulados internacionais de direitos humanos, uma vez que atende aos interesses dos pais e descuida dos direitos dos filhos.

---

[480] KUNZMAN, Robert. Homeschooling and religious fundamentalism. *International Electronic Journal of Elementary Education*, v. 3, n. 1, p. 17-28, 2010. p. 20.

[481] MORAN, Courtenay E. How to regulate homeschooling: Why history supports the theory of parental choice. *University of Illinois Law Review*, n. 3, p. 1061-1094, 2011. p. 1081.

Em 2018, o Supremo Tribunal Federal julgou a temática do *homeschooling* e adotou tese com o seguinte teor: "Não existe direito público subjetivo do aluno ou de sua família ao ensino domiciliar, inexistente na legislação brasileira".[482] Com isso, enquanto não for regulamentado o *homeschooling* através de lei federal, tal modalidade educativa não é uma opção aberta às famílias. A decisão, todavia, deixa de estabelecer com clareza em quais hipóteses a educação domiciliar é possível e sob quais condições.[483] Deixa, ainda, de esclarecer, em caso de conflito entre pais e filho a respeito da adoção do *homeschooling*, qual interesse deve preponderar. Em relação a este ponto, compreende-se que é necessário respeitar a autonomia progressiva da criança ou adolescente, assegurando-lhe em todos os casos o direito de participação na decisão e, caso constatado seu discernimento, garantindo-lhe o exercício de fazer a escolha.

Por outro lado, a educação escolar, para que cumpra sua função emancipatória, inegavelmente depende de revisões. Arroyo aponta, nesse sentido, a necessidade de a escola se voltar ao desocultamento das vivências infantis, de modo a permitir a construção de identidades sexuais, de gênero, de orientação sexual, raciais e étnicas.[484] A escola precisa, também, se firmar como espaço de promoção de autonomia e de participação de crianças e adolescentes.

Para tanto, é imprescindível que docentes sejam capacitados quanto aos direitos da população infantojuvenil e respeitem a autonomia progressiva dos estudantes; que sejam adotados métodos pedagógicos fundamentados no reconhecimento de que os estudantes não são receptáculos passivos de informações, mas protagonistas de sua aprendizagem; que sejam implementados instrumentos de democratização da escola e, ainda, que as crianças e os adolescentes sejam consultados

---

[482] A decisão pode ser acessada através do seguinte endereço eletrônico: http://www.stf.jus.br/portal/jurisprudenciaRepercussao/verAndamentoProcesso.asp?incidente=4774632&numeroProcesso=888815&classeProcesso=RE&numeroTema=822.

[483] Sobre isso, recomenda-se a leitura de MODESTO, Paulo. Homeschooling é um prejuízo aos direitos da criança e do adolescente. *Conjur*, 25 jul. 2019. Disponível em: https://www.conjur.com.br/2019-jul-25/interesse-publico-homeschooling-prejuizo-aos-direitos-crianca-adolescente#author. Acesso em: 18 abr. 2021.

[484] GONZALEZ ARROYO, Miguel. Corpos precarizados que interrogam nossa ética profissional. *In*: GONZALEZ ARROYO, Miguel; SILVA, Maurício Roberto da (Org.). *Corpo infância*: exercícios tensos de ser criança; por outras pedagogias dos corpos. Petrópolis: Vozes, 2012. p. 35.

periodicamente sobre o que entendem ser prioridade para a reforma do sistema educativo.[485]

Pesquisas feitas a partir de experiências participativas no Reino Unido demonstram que quando os estudantes participam das decisões relativas à vida escolar e se sentem mais respeitados há a elevação da qualidade das relações com os professores, um maior comprometimento com o aprendizado e um maior rendimento escolar.[486] Diferentemente do que se pode acreditar, garantir voz e direitos às crianças e aos adolescentes no ambiente escolar não os torna desrespeitosos, mas mais envolvidos com seu próprio aprendizado.

Embora o modelo escolar brasileiro ainda não esteja devidamente compromissado com o exercício de autonomia por crianças e adolescentes, a escola ainda é o local em que muitas crianças e adolescentes saem do anonimato e têm uma estrutura de proteção a seu favor. Por certo, há que se defender didáticas e pedagogias diferentes das usuais –,[487] mas nesse momento é necessário, antes de tudo, defender a permanência de crianças e adolescentes no ambiente escolar, por se tratar de espaço de pluralidade de ideias, de socialização, de estímulo à autonomia e de proteção.

6.4 No âmbito político: inclusão de crianças e adolescentes nos processos deliberativos

A democracia é boa para as crianças ou as crianças são boas para a democracia?[488] Até pouco tempo, a compreensão que preponderava era de que o regime democrático beneficiaria a população infantojuvenil, mas não se considerava que esta pudesse participar ativamente e contribuir nas deliberações públicas. No momento atual, a histórica exclusão de pessoas menores de dezoito anos em relação ao regime democrático tem sido colocada em xeque.

---

[485] LANSDOWN, Gerison. *La evolución de las facultades del niño*. Florencia: Centro de Investigaciones Innocenti, 2005. p. 85.

[486] LANSDOWN, Gerison. *La evolución de las facultades del niño*. Florencia: Centro de Investigaciones Innocenti, 2005. p. 83.

[487] GONZALEZ ARROYO, Miguel. Corpos precarizados que interrogam nossa ética profissional. *In*: GONZALEZ ARROYO, Miguel; SILVA, Maurício Roberto da (Org.). *Corpo infância*: exercícios tensos de ser criança; por outras pedagogias dos corpos. Petrópolis: Vozes, 2012. p. 50.

[488] BARATTA, Alessandro. Infância e democracia. *In*: GARCIA MÉNDEZ, Emilio; BELOFF, Mary (Org.). *Infância, lei e democracia na América Latina*. Blumenau: EDIFURB, 2001. v. 1.

Adianta-se que a análise que será realizada não se relaciona à abordagem representativa de democracia – vinculada ao direito de votar e de ser votado. Enfocar-se-á no aspecto participativo do modelo democrático, que envolve a deliberação coletiva sobre as questões públicas. Se, por um lado, crianças e adolescentes menores de dezesseis anos enfrentam limites em relação à representação, devido à impossibilidade de votar e de serem votados, de outro, devem ser incluídos nas esferas de deliberação pública, especialmente quando estejam em pauta questões que possam lhes atingir.

A inserção efetiva de crianças e de adolescentes no campo político ainda é um projeto parcialmente cumprido. Isso porque, apesar de o ordenamento jurídico – no ECA, em seu art. 16, e na Lei da Primeira Infância, em seu art. 4º, inc. II e parágrafo único, bem como em resoluções do Conanda – prever a inclusão da população infantojuvenil nas deliberações públicas que lhes atinjam, não se tem notícias dos resultados práticos destas previsões normativas. Por outro lado, destacam-se movimentos espontâneos de participação de crianças e adolescentes no campo político, os quais tendem a ser objeto de críticas.

Cite-se como exemplo a ocupação realizada em 2016 por estudantes do ensino médio que se contrapunham às alterações curriculares realizadas através da Medida Provisória nº 746 (convertida na Lei nº 13.415, de 2017). Naquela oportunidade, a revista Época veiculou matéria com a seguinte afirmação: "Os estudantes secundaristas encontraram na ocupação das escolas uma forma eficaz de reivindicação [...]. Agora, só falta aprenderem a ouvir". Foi ressaltada, na publicação, a falta de "maturidade para ouvir e refletir sobre opiniões plurais e, a partir delas, ser capaz de um diálogo saudável com quem pensa diferente".[489] Sobre o mesmo evento, o jornalista Fernando Schüler, em artigo intitulado "E quem nos salva da Ana Júlia", questionou "[...] por que diabos nossa sociedade tolera que escolas públicas sejam ocupadas por ativistas adolescentes e virem um campo de guerra?". Ainda, lançou críticas à estudante que inspirou o nome da matéria:

> No fundo vem daí o mal-estar. Do país malandro que, parece, trata o "direito à ideologia" como um valor mais importante do que o direito à

---

[489] A matéria pode ser acessada no seguinte endereço eletrônico: https://epoca.globo.com/educacao/noticia/2016/12/retrospectiva-2016-o-ano-em-que-alunos-tomaram-escolas.html. Acesso em: 22 abr. 2021.

educação. [...] Com a conta indo para os mais pobres, que não têm como se proteger da Ana Júlia e seu desejo de salvar o país da PEC 241.[490]

O que se evidencia, a partir dos exemplos acima, é que a participação de crianças e adolescentes nas instâncias políticas somente é aceita se realizada aos moldes do que os adultos esperam e com a intensidade por eles autorizada. Prevalece o adultocentrismo, uma vez que manifestações espontâneas são encaradas como imaturas e agressivas, a ponto de a atuação de uma adolescente de quinze anos ser motivo de preocupação a um homem adulto.

A efetiva inclusão infantojuvenil na seara pública coloca em tensão a tradição de dominação e de hierarquia da ordem social[491] e, possivelmente por isso, é ao máximo evitada. Em que pese possa ser desconfortável aos adultos ouvir crianças e adolescentes e respeitar suas considerações, é somente através do rompimento da sistemática de exclusão e de silenciamento que será possível a construção de uma sociedade melhor para os sujeitos infantis e para todos. O futuro da democracia, conforme afirma Baratta, depende do reconhecimento das crianças e dos adolescentes como cidadãos.[492]

A participação popular é fator que determina a qualidade de uma democracia. Em verdadeiros regimes democráticos, "o acesso ao governo é aberto a todos os setores. Já em regimes autoritários, somente as demandas colocadas pelos grupos que de fato detêm o poder político passam a fazer parte da agenda".[493] A adoção de mecanismos participativos faz com que os indivíduos não sejam limitados à posição de destinatários das ações estatais, tornando-se eles próprios também governantes. Com isso, dá-se origem a uma cidadania emancipatória, construída a partir da relação entre Estado e sociedade.[494]

---

[490] Esta outra matéria pode ser acessada neste endereço eletrônico: http://www.omorungaba.com.br/noticia/6-opiniao/1775-e-quem-nos-salva-da-ana-julia. Acesso em: 22 abr. 2021.

[491] ALMADA MIRELES, Maria de Lourdes. La mediación familiar y el derecho de niñas, niños y adolescentes a ser escuchados. *Revista del Centro de Investigaciones Jurídicas de la Universidad Autónoma de Ciudad Juárez*, n. 8, p. 78-114, 2021. Disponível em: http://cathi.uacj.mx/bitstream/handle/20.500.11961/18244/Mediacion%20y%20DD%20de%20NNA.pdf?sequence=1&isAllowed=y. Acesso em: 19 mar. 2021.

[492] BARATTA, Alessandro. Infância e democracia. *In*: GARCIA MÉNDEZ, Emilio; BELOFF, Mary (Org.). *Infância, lei e democracia na América Latina*. Blumenau: EDIFURB, 2001. v. 1.

[493] SERAFIM, Milena Pavan; DIAS, Rafael de Brito. Conceitos e ferramentas para análise de política pública. *In*: BENINI, Édi A.; FARIA, Maurício Sardá de; NOVAES, Henrique T.; DAGNINO, Renato (Org.). *Gestão pública e sociedade*: fundamentos e políticas públicas de economia solidária. São Paulo: Outras Expressões, 2011. v. 1. p. 305-337.

[494] HERMANY, Ricardo. Novos paradigmas da gestão pública local e do direito social: a participação popular como requisito para a regularidade dos atos da administração. *In*: REIS,

Ocorre, no entanto, que a condição de crianças e adolescentes como autênticos atores sociais ainda não é plenamente reconhecida, o que faz com que sua participação nas esferas de deliberação pública seja excepcional. O principal aspecto que fundamenta a exclusão de pessoas menores de idade da seara política é a suposta falta de vontade livre, de racionalidade e de sentido em suas ações.[495] Com efeito, uma das principais teorias que aborda os aspectos da democracia deliberativa é de autoria de Rawls, para quem a participação democrática pressupõe o exercício da razão e a igualdade formal entre os participantes. Rawls apresenta uma ideia de justiça contratualista e indica que os princípios de justiça para a estrutura básica da sociedade são os "que pessoas livres e racionais, interessadas em promover seus próprios interesses, aceitariam em uma situação inicial de igualdade como definidoras das condições fundamentais de sua associação" e que vão reger todos os acordos subsequentes.[496]

Sobre isso, Miguel aponta que a democracia deliberativa não pode se restringir a padrões meramente procedimentais, sob pena de perder seu impulso crítico. Nesse sentido, segundo o autor, uma teoria crítica da democracia deve enfrentar de forma concreta um embate com o capitalismo, o sexismo e outras formas de dominação e opressão existentes no seio social, sem se descolar da organização do mundo material e seu impacto no próprio processo político, por trás das ilusões de simetria e igualdade dos participantes e do fim último do consenso.[497] Há que se enfrentar, afinal, a dominação social em relação a crianças e adolescentes, que fundamenta sua exclusão das esferas públicas.

É certo que tal exclusão tem como consequência a invisibilidade de crianças e adolescentes no campo político, de modo que suas demandas sequer são conhecidas e menos ainda consideradas. Tornam-se, então, meras destinatárias de políticas públicas e não sem motivo formam o grupo geracional mais afetado pela pobreza e pela ausência de programas de ação governamental que lhes favoreçam.[498]

Jorge Renato dos; LEAL, Rogério Gesta (Org.). *Direitos sociais e políticas públicas*: desafios contemporâneos. Santa Cruz do Sul: EDUNISC, 2006. t. 6. p. 1731-1743.

[495] SARMENTO, Manuel Jacinto *et al*. Políticas públicas e participação infantil. *Educação, Sociedade & Culturas*, n. 25, 2007, p. 183-206. p. 187. Disponível em: https://www.fpce. up.pt/ciie/revistaesc/ESC25/ManuelJacintoSarmento.pdf. Acesso em: 22 abr. 2021.

[496] RAWLS, John. *Uma teoria da justiça*. 3. ed. São Paulo: Martins Fontes, 2008 [1971]. p. 13-14.

[497] MIGUEL, Luis Felipe. *Democracia e representação*: territórios em disputa. São Paulo: Editora Unesp, 2014. p. 95.

[498] SARMENTO, Manuel Jacinto *et al*. Políticas públicas e participação infantil. *Educação, Sociedade & Culturas*, n. 25, 2007, p. 183-206. p. 185. Disponível em: https://www.fpce. up.pt/ciie/revistaesc/ESC25/ManuelJacintoSarmento.pdf. Acesso em: 22 abr. 2021.

A defesa de participação de crianças e adolescentes nos espaços de deliberação política é respaldado pelo próprio direito que ostentam de participar em todas as questões que lhes atingem, nos termos do art. 12 da Convenção internacional. Concorda-se com Baratta quando afirma que direta ou indiretamente todos os assuntos são de interesse da população infantojuvenil.[499] Não se defende, no entanto, que a participação de crianças e adolescentes no campo político seja equivalente àquela assegurada aos adultos, mas vinculada à sua autonomia progressiva.

Há que se frisar que a participação de menores de dezoito anos nas esferas de deliberação política beneficia, simultaneamente, a própria população infantojuvenil – que ao se inserir nestas instâncias têm a oportunidade de promover suas faculdades, sua autoestima e sua confiança –[500] e também o regime democrático, que se torna mais plural e aberto às demandas dos mais diversos segmentos da sociedade, inclusive daqueles que historicamente estiveram excluídos.

Para tanto, algumas ações parecem ter potencial para promover o respeito à autonomia progressiva de crianças e adolescentes na vida pública. Cite-se, entre elas, a efetivação de políticas que garantam participação aos menores de dezoito anos de acordo com suas possibilidades e a criação de estruturas institucionais por meio das quais possam ser consultados sobre todas as leis e políticas públicas que possam lhes afetar.[501] Faz-se necessário, ainda, que a temática dos direitos de crianças e adolescentes seja inserida no conteúdo programático da educação básica, de modo a capacitar a população infantojuvenil a exercê-los.

Por outro lado, cabe a nós, adultos, a compreensão de que os sujeitos infantis podem contribuir para a construção de um mundo melhor para todos, mas, para isso, é imprescindível aprendermos a escutá-los, a respeitar suas manifestações e a considerá-los como pessoas completas, iguais e titulares de direitos. Cabe também a nós nos afastarmos da tendência protecionista que desrespeita as habilidades e as potencialidades de crianças e adolescentes em vistas ao controle e à dominação. Cabe a nós, afinal, promovermos na máxima medida a autonomia de crianças e adolescentes em todos os setores de suas

---

[499] BARATTA, Alessandro. Infância e democracia. *In*: GARCIA MÉNDEZ, Emilio; BELOFF, Mary (Org.). *Infância, lei e democracia na América Latina*. Blumenau: EDIFURB, 2001. v. 1. p. 48.

[500] LANSDOWN, Gerison. *La evolución de las facultades del niño*. Florencia: Centro de Investigaciones Innocenti, 2005. p. 87.

[501] LANSDOWN, Gerison. *La evolución de las facultades del niño*. Florencia: Centro de Investigaciones Innocenti, 2005. p. 87.

vidas, para que possam defender individualmente seus interesses e, com isso, ter assegurada uma proteção de fato *integral*.

A sistemática adultocêntrica, até o momento, não permitiu melhorias efetivas à condição de crianças e adolescentes, que seguem formando o grupo social que mais sofre com violência e com desigualdades. Enquanto adultos – pais, profissionais da educação e da saúde, juízes, assistentes sociais, representantes políticos e gestores públicos – falarem em nome de crianças e adolescentes e não considerarem seus interesses manifestos, a proteção integral à população infantojuvenil seguirá sendo um projeto não cumprido. É urgente, então, alterarmos essa lógica em prol da promoção de capacidades e do respeito às capacidades de crianças e adolescentes.

APONTAMENTOS CONCLUSIVOS

A presente pesquisa foi norteada pelo seguinte questionamento: é possível que crianças e adolescentes exerçam direitos de modo autônomo no Brasil, a despeito do regime de incapacidades vigente, em vistas à garantia do melhor interesse? A resposta a esta complexa pergunta demandou um resgate sobre as bases em que se assenta o protecionismo jurídico dirigido à infância e os recentes contrapontos emancipatórios a essa lógica.

Como resposta, concluiu-se que o direito brasileiro dispõe de fundamento jurídico para a derrotação das regras de capacidade dispostas nos arts. 3º e 4º do Código Civil. Trata-se do princípio da autonomia progressiva, previsto na Convenção sobre os Direitos da Criança. Concluiu-se, também, que a norma não tem como consequência a *abolição* do regime de incapacidades, mas funciona como alicerce para seu afastamento nos casos concretos.

Dada a necessidade de segurança jurídica, foram propostos parâmetros mínimos para que seja reconhecida a autonomia jurídica de crianças e adolescentes e garantido o exercício autônomo de direitos, de modo que não haja abertura para a excessiva discricionariedade dos decisores. Defendeu-se, neste tocante, que o afastamento das regras de capacidade aplicadas à infância e à adolescência fique condicionada à reunião de dois elementos: (a) capacidade para discernir da pessoa menor de dezoito anos; (b) violação do melhor interesse pela atuação ou não atuação dos representantes ou assistentes.

Há mais de uma década a doutrina civilística tem defendido a possibilidade de crianças e adolescentes exercerem direitos existenciais, pois vinculados ao livre desenvolvimento da personalidade e passíveis de serem afetados pela atuação de representantes e assistentes. Com efeito, nem sempre a satisfação de direitos personalíssimos de menores de dezoito anos será possível quando seu exercício é deslocado para terceiros, notadamente em casos em que pais e filhos adotam perspectivas diferentes sobre a vida.

A partir da análise de três direitos existenciais – direito à morte digna, direito à autodeterminação de gênero e direito à interrupção voluntária de gravidez –, demonstrou-se que a proteção a crianças e adolescentes é reforçada quando lhes é garantida maior autonomia jurídica. Nesse sentido, os direitos argentino, colombiano e espanhol – em que há a aplicação do princípio da autonomia progressiva e a possibilidade de derrotação das regras de capacidade codificadas – apresentam horizontes para o tratamento jurídico à infância no Brasil.

Todavia, a possibilidade de afastamento das regras de capacidade, com fundamento no princípio da autonomia progressiva, não deve ficar restrita aos direitos de natureza existencial. A doutrina do direito civil constitucional – exitosa em denunciar as incongruências da aplicação do regime de incapacidades quando em tela direitos personalíssimos – parte de uma divisão estanque entre esfera jurídica patrimonial e existencial, que deve ser repensada. Na contemporaneidade, *ser* e *ter* estão em relação inextricável, de modo que negócios jurídicos tipicamente patrimoniais podem promover ou afetar o livre desenvolvimento da personalidade da pessoa, da mesma forma que situações jurídicas personalíssimas podem repercutir no campo patrimonial. Concluiu-se, diante disso, que é necessário que em contratações cujo objeto envolva prestação pessoal por crianças e adolescentes seja garantida sua participação, bem como obtido seu consentimento. Ainda, compreendeu-se que a anulabilidade dos negócios jurídicos celebrados por crianças e adolescentes menores de dezesseis anos é uma resposta menos artificial e mais atenta à autonomia progressiva.

O princípio da autonomia progressiva inaugura uma nova relação entre proteção e autonomia, marcada pela complementariedade. Para que crianças e adolescentes possam se tornar sujeitos autônomos, a proteção da família, da sociedade e do Estado é necessária. De outro lado, uma efetiva proteção à população infantojuvenil requer autonomia para que seja possível a defesa de seus próprios interesses. Proteção sem autonomia favorece a dominação; autonomia sem proteção equivale ao descaso.

Crianças cuja infância é marcada pela precariedade se fazem autônomas desde cedo. Crianças e adolescentes pobres e marginalizados, nas palavras de Arroyo e Silva, "são obrigados a ser mais autônomos porque vivem menos protegidos".[502] Não é essa autonomia que se espera às crianças – oriunda do trabalho infantil, de movimentos migratórios sem acompanhamento, da desestruturação familiar, da necessidade de buscar o próprio sustento. Essa autonomia, que é imposta a uma grande parcela da população infantojuvenil, não conduz necessariamente à emancipação, mas tende a encaminhar a uma maior precarização dos corpos e vivências.

A autonomia aqui defendida às crianças e aos adolescentes propicia sua emancipação e a satisfação de seus direitos ao assegurar visibilidade e consideração aos seus interesses próprios. Para emancipar essas pessoas, cuja voz foi silenciada ao longo da história, é necessária uma mudança na relação que Estado, sociedade e famílias estabelecem com a infância. Nesse sentido, impõe-se que crianças e adolescentes possam participar de tudo aquilo que lhes afeta, seja no âmbito privado seja no público. Impõe-se que os tribunais conheçam seus desejos e interesses, bem como os órgãos administrativos. Impõe-se que instituições hospitalares e de saúde em geral, instituições de ensino e entidades religiosas e políticas conheçam seus anseios – individuais e coletivos. Impõe-se que pais e demais cuidadores identifiquem os filhos como pessoas cujos desejos são legítimos e cuja individualidade deve ser respeitada e promovida. Impõe-se, ainda, o compromisso estatal com políticas públicas emancipatórias.

É necessária, então, uma outra epistemologia da infância, ancorada na proteção e na emancipação de crianças e adolescentes, em que aquela não se confunde com paternalismo e com opressão e esta não se camufla na forma de abandono. Ao direito, cabe equilibrar proteção com emancipação, garantindo amparo a quem não pode se proteger sozinho e conferindo instrumentos emancipatórios a quem tem condições de manifestar seus desejos e interesses e de exercer seus direitos de forma autônoma.

---

[502] GONZALEZ ARROYO, Miguel; SILVA, Maurício Roberto da. Introdução. *In*: GONZALEZ ARROYO, Miguel; SILVA, Maurício Roberto da (Org.). *Corpo infância*: exercícios tensos de ser criança; por outras pedagogias dos corpos. Petrópolis: Vozes, 2012. p. 18.

REFERÊNCIAS

ABRAMOWICZ, Arnete; OLIVEIRA, Fabiana de. A sociologia da infância no Brasil: uma área em construção. *Revista do Centro de Educação da UFSM*, Santa Maria, v. 35, n. 1, p. 38-52, jan./abr. 2010.

ADOLESCENTE de 16 anos obtém retificação de nome e de gênero no registro civil após ação da Defensoria Pública. *Defensoria Pública do Estado do Rio Grande do Sul*, 10 nov. 2020. Disponível em: http://www.defensoria.rs.def.br/adolescente-de-16-anos-obtem-retificacao-de-nome-e-de-genero-no-registro-civil-apos-acao-da-defensoria-publica. Acesso em: 5 mar. 2021.

AGAMBEN, Giorgio. *O que é o contemporâneo? e outros ensaios*. Tradução de Vinícius Nicasto Honesko. Chapecó: Argos, 2009.

ALMADA MIRELES, Maria de Lourdes. La mediación familiar y el derecho de niñas, niños y adolescentes a ser escuchados. *Revista del Centro de Investigaciones Jurídicas de la Universidad Autónoma de Ciudad Juárez*, n. 8, p. 78-114, 2021. Disponível em: http://cathi.uacj.mx/bitstream/handle/20.500.11961/18244/Mediacion%20familiar%20y%20DD%20de%20NNA.pdf?sequence=1&isAllowed=y. Acesso em: 19 mar. 2021.

ALONSO, Juan Pablo. *Interpretación de las normas y derecho penal*. Buenos Aires: Editores del Puerto, 2010.

ALVES JUNIOR, Alexandre Guilherme da Cruz; VILAS-BÔAS, Flávio. A educação entre a religião e a política: Conservadorismo cristão e o homeschooling. *Transversos: Revista de História*, Rio de Janeiro, n. 17, p. 36-60, dez. 2019.

AMARAL, Francisco. *Direito civil*: introdução. 8. ed. rev., atual. e aum. Rio de Janeiro: Renovar, 2014.

ANDRADE, Manuel Augusto Domingues de. *Teoria geral da relação jurídica*: sujeitos e objeto. reimpr. Coimbra: Livraria Almedina, 1992. v. 1.

ARANTES, Esther M. M. Direitos das crianças e dos adolescentes: um debate necessário. *Psicologia Clínica*, Rio de Janeiro, v. 24, n. 1, p. 45-56, 2012.

ARANTES, Esther M. M. Duas décadas e meia de vigência da Convenção sobre os direitos da criança: algumas considerações. *In*: BRANDÃO, Eduardo Pontes (Org.). *Atualidades em psicologia jurídica*. Rio de Janeiro: Nau, 2016.

ARAÚJO, Inês Lacerda. *Foucault e a crítica do sujeito*. Curitiba: Ed. da UFPR, 2001.

ARIÈS, Philippe. *História social da criança e da família*. Tradução de Dora Flaksman. 2. ed. Rio de Janeiro: Guanabara, 1986.

ASCENSÃO, José de Oliveira. A dignidade humana e o fundamento dos direitos humanos. *In*: RIBEIRO, G. P. L.; TEIXEIRA, A. C. B. (Coord.). *Bioética e direitos da pessoa humana*. Belo Horizonte: Del Rey, 2011.

ÁVILA SANTAMARÍA, Ramiro. De invisibles a sujetos de derechos: una interpretación desde el principito. *In*: ÁVILA SANTAMARÍA, Ramiro; CORREDORES LEDESMA, María Belén (Ed.). *Derechos y garantías de la niñez y adolescencia*: hacia la consolidación de la doctrina de protección integral. Quito: Unicef, 2010.

AZEVEDO, Noé de. Do pátrio poder. *Doutrinas Essenciais Família e Sucessões*, São Paulo, v. 4, p. 953-958, ago. 2011.

AZEVEDO, Solange. Personagem da semana: Hannah Jones – 'Quero morrer com dignidade'. *Época*, São Paulo, nov. 2008. Disponível em: http://revistaepoca.globo.com/Revista/Epoca/0,,EMI17176-15215,00.html. Acesso em: 5 dez. 2020.

BARATTA, Alessandro. Infância e democracia. *In*: GARCIA MÉNDEZ, Emilio; BELOFF, Mary (Org.). *Infância, lei e democracia na América Latina*. Blumenau: EDIFURB, 2001. v. 1.

BARBOZA, Heloisa Helena. O princípio do melhor interesse da criança e do adolescente. *In*: PEREIRA, Rodrigo da Cunha (Coord.). *Anais do II Congresso Brasileiro de Direito de Família*. Belo Horizonte: Del Rey, 2000.

BARBOZA, Heloisa Helena. Vulnerabilidade e cuidado: aspectos jurídicos. *In*: OLIVEIRA, Guilherme de; PEREIRA, Tânia da Silva (Coord.). *Cuidado & vulnerabilidade*. São Paulo: Atlas, 2009.

BARBOZA, Heloisa Helena; ALMEIDA, Vitor. A tutela das vulnerabilidades na legalidade constitucional. *In*: TEPEDINO, Gustavo; TEIXEIRA, Ana Carolina Brochado; ALMEIDA, Vitor (Org.). *Da dogmática à efetividade do direito civil* – Anais do Congresso Internacional de Direito Civil Constitucional – V Congresso do IBDCivil. Belo Horizonte: Fórum, 2017.

BARROSO, Luís Roberto. *O novo direito constitucional brasileiro*: contribuições para a construção teórica e prática da jurisdição constitucional no Brasil. 5. impr. Belo Horizonte: Fórum, 2018.

BARROSO, Luís Roberto; MARTEL, Letícia de Campos Velho. A morte como ela é: dignidade e autonomia individual no final da vida. *In*: GOZZO, Débora; LIGIERA, Wilson Ricardo (Org.). *Bioética e direitos fundamentais*. São Paulo: Saraiva, 2012.

BAUMAN, Zygmunt. *Legisladores e intérpretes*: sobre modernidade, pós-modernidade e intelectuais. Tradução de Renato Aguiar. Rio de Janeiro: Zahar, 2010.

BAUMAN, Zygmunt. *Vida para consumo*: a transformação das pessoas em mercadorias. Rio de Janeiro: Zahar, 2008.

BEDIN, Gilmar Antonio; BÜRON, Luciane Montagner. A sociedade internacional e a proteção internacional de grupos específicos. *Revista Direito em Debate*, Ijuí, n. 35, p. 33-50, 2011. Disponível em: https://www.revistas.unijui.edu.br/index.php/revistadireitoemdebate/article/view/597/328. Acesso em: 14 jan. 2020.

BELLONI, Maria Luiza. *Crianças e mídia no Brasil*: cenários de mudança. Campinas: Papirus, 2014.

BELLONI, Maria Luiza. Infâncias, mídias e educação: revisitando o conceito de socialização. *Revista Perspectiva*, Florianópolis, v. 25, n. 1, p. 57-82, jan./jun. 2007.

BOBBIO, Norberto. *A era dos direitos*. Tradução de Carlos Nelson Coutinho. Rio de Janeiro: Elsevier, 2004.

REFERÊNCIAS | 217

BOBBIO, Norberto. *Da estrutura à função*: novos estudos de teoria do direito. Tradução de Daniela Beccaccia. Barueri: Manole, 2007.

BOBBIO, Norberto. *O positivismo jurídico*: lições de filosofia do direito. Tradução de Marco Pugliesi. São Paulo: Ícone, 1995.

BRASIL. Constituição [1988]. Constituição da República Federativa do Brasil. *Diário Oficial da União*, Brasília, DF, 5 out. 1988.

BRASIL. Decreto n. 99.710, de 21 de novembro de 1990. Promulga a Convenção sobre os Direitos da Criança. *Diário Oficial da União*, Brasília, DF, 1990.

BRASIL. Lei nº 10.406, de 10 de janeiro de 2002. *Diário Oficial da União*, Poder Executivo, Brasília, DF, 11 jan. 2001.

BRASIL. Lei nº 13.05, de 16 de março de 2015. *Diário Oficial da União*, Poder Executivo, Brasília, DF, 2015.

BRASIL. Lei nº 8.069, de 16 de julho de 1990. *Diário Oficial da União*, Poder Executivo, Brasília, DF, 1990.

BRASIL. Lei nº 9.434, de 04 de fevereiro de 1997. *Diário Oficial da União*, Poder Executivo, Brasília, DF, 1997.

BRASIL. Ministério da Saúde. *Atenção às mulheres com gestação de anencéfalos*: norma técnica. Brasília: Ministério da Saúde, 2014. Disponível em: http://bvsms.saude.gov.br/bvs/publicacoes/atencao_mulheres_gestacao_anencefalos.pdf. Acesso em: 6 mar. 2021.

BRASIL. Ministério da Saúde. Portaria n. 2.282, de 07 de agosto de 2020. *Diário Oficial da União*, Brasília, DF, 2020. Disponível em: https://www.in.gov.br/en/web/dou/-/portaria-n-2.282-de-27-de-agosto-de-2020-274644814l. Acesso em: 6 mar. 2021.

BUSTELLO GRAFFIGNA, Eduardo. Infancia en indefensión. *Salud Coletiva*, v. 1, n. 3, 2005. Disponível em: http://revistas.unla.edu.ar/saludcolectiva/article/view/47. Acesso em: 23 abr. 2021.

CAMPOS, Adriano Leitinho. O defensor da criança e do adolescente como instrumento de autonomia infantojuvenil. *In*: CAMPOS, Adriano Leitinho *et al.* (Org.). *A defesa dos direitos da criança e do adolescente*: uma perspectiva da Defensoria Pública. Rio de Janeiro: Lumen Juris, 2020.

CAMPOY CERVERA, Ignacio. La construcción de un modelo de derechos humanos para los niños, con o sin discapacidad. *Derechos y Libertades*, Madrid, n. 37, p. 131-165, jun. 2017.

CAMPOY CERVERA, Ignacio. *La fundamentación de los derechos de los niños*. Modelos de reconocimiento y protección. Madrid: Dykinson, 2006.

CARBONERA, Silvana Maria. *Guarda de filhos na família constitucionalizada*. Porto Alegre: Sergio Antonio Fabris Editor, 2000.

CASTRO, Lucia Rabello de. A infância e seus destinos contemporâneos. *Psicologia em Revista*, Belo Horizonte, v. 8, n. 11, p. 47-58, jun. 2002.

CHAVES, Denisson Gonçalves; SOUSA, Mônica Teresa Costa. O controle de convencionalidade e a autoanálise do Poder Judiciário brasileiro. *Revista da Faculdade de Direito da Universidade Federal do Paraná*, Curitiba, v. 61, n. 1, p. 87-113, jan./abr. 2016.

CILLERO BRUÑOL, Miguel. Infancia, autonomía y derechos: una cuestíon de principios. *Minoridad y familia, Revista interdisciplinaria sobre la problemática de la niñez – adolescencia y el grupo familiar*, Buenos Aires, n. 10, 1999.

CILLERO BRUÑOL, Miguel. O interesse superior da criança no marco da Convenção Internacional sobre os Direitos da Criança. *In*: GARCIA MÉNDEZ, Emilio; BELOFF, Mary (Org.). *Infância, lei e democracia na América Latina*. Blumenau: EDIFURB, 2001. v. 1.

CLOUTIER, Richard; DRAPEAU, Sylvie. *A psicologia da adolescência*. Tradução de Stephania Matousek. Petrópolis: Vozes, 2012.

COELHO, Wilson Ferreira (Org.). *Psicologia do desenvolvimento*. São Paulo: Pearson Editora do Brasil, 2014.

COMITÊ DOS DIREITOS DA CRIANÇA. *Observação Geral n. 12, de 20 de julho de 2009*. Disponível em: https://www.acnur.Org/fileadmin/Documentos/BDL/2011/7532.pdf. Acesso em: 11 mar. 2021.

COMPARATO, Fábio Konder. Fundamento dos direitos humanos. *Revista Jurídica Consulex*, São Paulo, ano 4, v. I, n. 48, p. 52-61, 2001. Disponível em: http://www.dhnet. Org.br/direitos/anthist/a_pdf/comparato_fundamentos_dh.pdf. Acesso em: 13 abr. 2020.

CONSELHO FEDERAL DE MEDICINA. Código de Ética Médica – CEM, aprovado pela Resolução CFM nº 1.931/2009, de 24 de setembro de 2009, *Diário Oficial da União*, Brasília, DF, 2009. Disponível em: http://www.portalmedico.Org.br/novocodigo/artigos. asp. Acesso em: 10 out. 2020.

CONSELHO FEDERAL DE MEDICINA. Resolução n. 2.26, de 20 de setembro de 2019. *Diário Oficial da União*, Brasília, DF, 2019. Disponível em: https://www.in.gov.br/en/web/ dou/-/resolucao-n-2.265-de-20-de-setembro-de-2019-237203294. Acesso em: 5 mar. 2021.

CONSELHO FEDERAL DE MEDICINA. Resolução nº 1.995, de 31 de agosto de 2012, *Diário Oficial da União*, Brasília, DF, 2012. Disponível em: http://www.portalmedico.Org. br/resolucoes/CFM/2012/1995_2012.pdf. Acesso em: 20 out. 2020.

CONSELHO NACIONAL DA SAÚDE. Resolução nº 466, de 12 de dezembro de 2012. *Diário da Justiça*, Brasília, DF, 2012. Disponível em: http://conselho.saude.gov.br/resolucoes/2012/ Reso466.pdf. Acesso em: 31 jul. 2020.

CONSELHO NACIONAL DE JUSTIÇA. Provimento n. 73, de 28 de junho 2018. *Diário da Justiça*, Brasília, DF, 2018. Disponível em: https://atos.cnj.jus.br/atos/detalhar/2623. Acesso em: 5 mar. 2021.

CONSELHO REGIONAL DE MEDICINA DO ESTADO DO CEARÁ. *Parecer CREMEC nº 16/2005*: O direito do paciente de recusar tratamento. Fortaleza, 26 dez. 2005. Disponível em: https://www.cremec.Org.br/pareceres/2005/par1605.htm. Acesso em: 8 out. 2020.

CONSORCIO LATINOAMERICANO CONTRA EL ABORTO INSEGURO – CLACAI. *Embarazo y maternidad en niñas y adolescentes menores de 15 años*: Aportes de evidencia socio-sanitaria y jurídica en la región. Peru, 2019. Disponível em: https://clacaidigital. info/bitstream/handle/123456789/1273/P1_Embarazo%20y%20maternidad%20en%20 ni%C3%B1as%20y%20adolescentes%20menores%20de%2015%20a%C3%B1os. pdf?sequence=1&isAllowed=y. Acesso em: 11 mar. 2021.

REFERÊNCIAS | 219

COPI, Lygia Maria. *Recusa a tratamento médico por adolescentes pacientes terminais*: do direito à morte com dignidade e autonomia à insuficiência do regime das incapacidades. 2016. Dissertação (Mestrado) – Universidade Federal do Paraná, Curitiba, 2016. Disponível em: http://hdl.handle.net/1884/43196. Acesso em: 19 out. 2020.

COPI, Lygia Maria; GADENZ, Danielli; LIMA, Francielli E. N. Reflexões sobre a (in) adequação do regime de incapacidades a partir de experiências trans e intersexo infanto-juvenis. *In*: QUEIROZ, João Pedro Pereira de; COSTA, Regina Alice Rodrigues A. (Org.). *Gênero, direitos humanos e política social*: debates contemporâneos. Recife: FASA, 2020. v. 1.

CORRÊA, Adriana Espíndola. *Consentimento livre e esclarecido*: o corpo objeto de relações jurídicas. Florianópolis: Conceito, 2010.

CORTE IDH. *Caso Atala Riffo y Niñas vs. Chile*. 2012. Disponível em: http://corteidh.or.cr/docs/casos/articulos/seriec_239_esp.pdf. Acesso em: 13 jan. 2020.

CORTÉS MORALES, Julio. A 100 años de la creación del primer Tribunal de Menores y 10 años de la Convención Internacional de los Derechos del Niño: el desafío pendiente. *Justicia y Derechos del Niño*, Santiago, n. 9, p. 143-158, jan. 2007.

CORTIANO JUNIOR, Eroulths. Alguns apontamentos sobre os chamados direitos da personalidade. *In*: FACHIN, Luiz Edson (Coord.). *Repensando fundamentos do direito civil brasileiro contemporâneo*. Rio de Janeiro: Renovar, 2000.

CORTIANO JUNIOR, Eroulths. Para além das coisas: breve ensaio sobre o direito, a pessoa e o patrimônio mínimo. *In*: BARBOZA, H. H. *et al.* (Org.). *Diálogos sobre direito civil*. Rio de Janeiro: Renovar, 2002.

CORTIANO JUNIOR, Eroulths; MEIRELLES, Jussara Maria Leal de; PAULINI, Umberto. Um estudo sobre o ofuscamento jurídico da realidade: a impossibilidade de proteção de novos valores e fatos a partir de velhos institutos. *In*: CORTIANO JUNIOR, Eroulths; MEIRELLES, Jussara Maria Leal de; FACHIN, Luiz Edson; NALIN, Paulo (Org.). *Apontamentos críticos para o direito civil brasileiro contemporâneo*. Curitiba: Juruá, 2007. v. 1.

CRUZ, Elisa Costa. A vulnerabilidade de crianças na jurisprudência da Corte Interamericana de Direitos Humanos: análise de casos e de formas de incorporação no direito brasileiro. *Revista dos Tribunais*, São Paulo, v. 999, p. 43-65, 2019.

DADALTO, Luciana. Capacidade versus discernimento: quem pode fazer diretivas antecipadas de vontade? *In*: DADALTO, Luciana (Coord.). *Diretivas antecipadas de vontade*: ensaios sobre o direito à autodeterminação. Belo Horizonte: Letramento, 2013.

DADALTO, Luciana. *Testamento vital*. 3. ed. São Paulo: Atlas, 2015.

DANTAS, San Tiago. *Programa de direito civil*: aulas proferidas na Faculdade Nacional de Direito. Rio de Janeiro: Editora Rio-Sociedade Cultural Ltda., 1979.

DIAS, Roberto. *O direito fundamental à morte digna*: uma visão constitucional da eutanásia. Belo Horizonte: Fórum, 2012.

EBERLE, Simone. *A capacidade entre o fato e o direito*. Porto Alegre: Sergio Antonio Fabris Editor, 2006.

ELIAS, Norbert. *La civilización de los padres y otros ensayos*. Bogotá: Editorial Norma S.A., 1998.

FACHIN, Luiz Edson. *Direito civil*: sentidos, transformações e fim. Rio de Janeiro: Renovar, 2015.

FACHIN, Luiz Edson. Parecer sobre o Projeto do Novo Código Civil. *Revista da Faculdade de Direito de Campos*, Campos, n. 3, p. 161-191, 2001-2002.

FACHIN, Luiz Edson. *Teoria crítica do direito civil à luz do Novo Código Civil brasileiro*. 3. ed. Rio de Janeiro: Renovar, 2012.

FANLO CORTÉS, Isabel. "Viejos y "nuevos" derechos del niño. Un enfoque teórico. *Revista de Derecho Privado*, Bogotá, n. 20, p. 105-126, jan./jun. 2011.

FANLO CORTÉS, Isabel. Los derechos de los niños ante las teorías de los derechos: algunas notas introductorias. *In*: FANLO CORTÉS, Isabel. *Derecho de los niños*: una contribución teórica. México, DF: Fontamara, 2004.

FARIAS, Cristiano Chaves de. A família da pós-modernidade: em busca da dignidade perdida da pessoa humana. *Revista de Direito Privado*, v. 19, p. 56-68, 2004.

FERGUSON, Lucinda. The jurisprudence of making decisions affecting children: an argument to prefer duty to children's rights and welfare. *Oxford Legal Studies Research Paper*, n. 6, 2017. Disponível em: https://papers.ssrn.com/sol3/papers.cfm?abstract_id=2339888. Acesso em: 12 ago. 2020.

FERNANDES, Natália; TOMÁS, Catarina. Infância, direitos e risco(s): velhos e novos desafios identificados a partir da análise dos Relatórios da CNPCJR (2000 e 2010). *Fórum Sociológico*, v. 29, p. 21-29.

FERRAJOLI, Luigi. Prefácio. *In*: GARCIA MÉNDEZ, Emilio; BELOFF, Mary (Org.). *Infância, lei e democracia na América Latina*. Blumenau: EDIFURB, 2001. v. 1.

FERREIRA, Paulo Alexandre Milheiro Gaspar. *Audição de crianças e jovens na mediação familiar nos casos de separação e divórcio*. Tese (Doutorado) – Instituto Superior de Ciências Sociais e Políticas, Universidade Técnica de Lisboa, Lisboa, 2013.

FONSECA, Ricardo Marcelo. A cultura jurídica brasileira e a questão da codificação civil no século XIX. *Revista da Faculdade de Direito da Universidade Federal do Paraná*, Curitiba, v. 44, p. 61-76, 2006.

FOUCAULT, Michel. *Estratégias, poder-saber*. Organização e seleção de textos de Manuel Barros da Motta. Tradução de Vera Lúcia Avellar Ribeiro. 2. ed. Rio de Janeiro: Forense Universitária, 2006. Coleção Ditos e Escritos IV.

FOUCAULT, Michel. *História da sexualidade I*: a vontade de saber. Tradução de Maria Thereza da Costa Albuquerque e J. A. Guilhon Albuquerque. Rio de Janeiro: Graal, 1988.

FOUCAULT, Michel. *Microfísica do poder*. 12. ed. Rio de Janeiro: Graal, 1979.

FREEMAN, Michael. Tomándo más en serio los derechos de los niños. *Revista de Derechos del Niño*, Santiago de Chile, n. 3-4, p. 251-279, 2006.

FREEMAN, Michael. Why it remains important to take children's rights seriously. *In*: FREEMAN, Michael (Ed.). *Children's rights*: progress and perspectives – Essays from the International Journal of Children's Rights. Boston: Martinus Nijhoff Publishers, 2011.

FREITAS, Augusto Teixeira de. *Consolidação das leis civis*. 3. ed. Rio de Janeiro: B. L. Ganier, 1876. Disponível em: https://www2.senado.leg.br/bdsf/handle/id/496206. Acesso em: 31 jul. 2020.

GARCÍA MÉNDEZ, Emilio. *Infância e cidadania na América Latina*. Tradução de Angela Maria Tijiwa. São Paulo: Hucitec, 1998.

GARCÍA MÉNDEZ, Emilio. Infância, lei e democracia: uma questão de justiça. *In*: GARCIA MÉNDEZ, Emilio; BELOFF, Mary (Org.). *Infância, lei e democracia na América Latina*. Blumenau: EDIFURB, 2001. v. 1.

GARZÓN VALDÉS, Ernesto. Desde la "modesta propuesta" de J. Swift hasta "Las casas de engorde" – Algunas consideraciones acerca de los derechos de los niños. *In*: FANLO CORTÉS, Isabel. *Derecho de los niños*: una contribución teórica. México, DF: Fontamara, 2004.

GÉLIS, Jacques. A individualização da criança. *In*: ARIÈS, Phillipe; DUBY, Georges (Org.). *História da vida privada*: da Renascença ao Século das Luzes. São Paulo: Companhia das Letras, 2009. v. 3.

GIACCAGLINI, Vicente. Pátrio poder – Do direito natural. *Doutrinas Essenciais Família e Sucessões*, São Paulo, v. 4, p. 947-952, ago. 2011.

GOMES, Orlando. *Introdução ao direito civil*. 9. ed. Rio de Janeiro: Forense, 1987.

GOMES, Orlando. *Raízes históricas e sociológicas do Código Civil brasileiro*. São Paulo: Martins Fontes, 2006.

GONZALEZ ARROYO, Miguel. Corpos precarizados que interrogam nossa ética profissional. *In*: GONZALEZ ARROYO, Miguel; SILVA, Maurício Roberto da (Org.). *Corpo infância*: exercícios tensos de ser criança; por outras pedagogias dos corpos. Petrópolis: Vozes, 2012.

GONZALEZ ARROYO, Miguel; SILVA, Maurício Roberto da. Introdução. *In*: GONZALEZ ARROYO, Miguel; SILVA, Maurício Roberto da (Org.). *Corpo infância*: exercícios tensos de ser criança; por outras pedagogias dos corpos. Petrópolis: Vozes, 2012.

GOTTLIEB, Alma. Para onde foram os bebês? Em busca de uma antropologia de bebês (e de seus cuidadores). *Revista de Psicologia da USP*, São Paulo, v. 20, n. 3, São Paulo, jul./set. 2009. Disponível em: https://www.scielo.br/scielo.php?script=sci_arttext&pid=S0103-65642009000300002. Acesso em: 11 jan. 2021.

GROSSI, Paolo. *A ordem jurídica medieval*. Tradução de Denise Rossato Agostinetti. São Paulo: WMF Martins Fontes, 2014.

GROSSI, Paulo. *Mitologias jurídicas da modernidade*. 2. ed. rev. e atual. Tradução de Arno Dal Ri Júnior. Florianópolis: Fundação Boiteaux, 2007.

HAN, Byung-Chul. *La sociedad de la transparencia*. Tradução de Raúl Gabás. Barcelona: Herder, 2013.

HARRISON, Christine *et al*. Bioethics for clinicians – Involving children in medical decisions. *Canadian Medical Association Journal*, Ottawa, n. 156, p. 825-828, 1997. Disponível em: https://www.ncbi.nlm.nih.gov/pmc/articles/PMC1227047/pdf/cmaj_156_6_825.pdf. Acesso em: 9 mar. 2021.

HERMANY, Ricardo. Novos paradigmas da gestão pública local e do direito social: a participação popular como requisito para a regularidade dos atos da administração. *In*: REIS, Jorge Renato dos; LEAL, Rogério Gesta (Org.). *Direitos sociais e políticas públicas*: desafios contemporâneos. Santa Cruz do Sul: EDUNISC, 2006. t. 6.

HERRERA FLORES, Joaquín. *La reinvención de los derechos humanos*. Sevilla: Atrapasueños, 2007.

HERRERA, Marisa. Ensayo para pensar una relación compleja: sobre el régimen de la capacidad civil y representación legal de niños, niñas y adolescentes desde el principio de autonomía progresiva en el derecho argentino. *Justicia y Derechos del Niño*, Santiago-Chile, n. 11, p. 107-143, 2009.

HESPANHA, António Manuel. *A cultura jurídica europeia*: síntese de um milénio. Coimbra: Almedina, 2012.

HEYWOOD, Colin. *A history of childhood*. 2. ed. Cambridge: Polity Press, 2018.

HILLESHEIM, Betina; GUARESCHI, Neuza Maria de Fátima. De que infância nos fala a psicologia do desenvolvimento? Algumas reflexões. *Psicologia da Educação*, São Paulo, n. 25, p. 77-92, 2007. Disponível em: http://pepsic.bvsalud.Org/scielo.php?script=sci_arttext&pid=S1414-69752007000200005&lng=pt&nrm=iso. Acesso em: 6 fev. 2020.

HOLT, John. *Escape for childhood*: the needs and rights of children. New York: HoltGWS LLC, 2013.

JUSTIÇA de Goiás autoriza mudança de nome de adolescente trans menor de 18 anos. *IBDFam*, 24 jul. 2019. Disponível em: http://www.ibdfam.Org.br/noticias/7007/Justi%C3%A7a+de+Goi%C3%A1s+autoriza+mudan%C3%A7a+de+nome+de+adolescente+trans+menor+de+18+anos. Acesso em: 5 mar. 2021

KANT, Immanuel. *Fundamentação da metafísica dos costumes*. Tradução de Paulo Quintela. Lisboa: Edições 70, 2007.

KELSEN, Hans. *Teoria pura do direito*. 6. ed. São Paulo: Martins Fontes, 1998.

KORCZAK, Janusz. *Como amare il bambino*. Traduzione: Margherita Bacigalupo Elena Broseghini; Ada Zbrzezna. Milano: Luni Editrice, 2005.

KUNZMAN, Robert. Homeschooling and religious fundamentalism. *International Electronic Journal of Elementary Education*, v. 3, n. 1, p. 17-28, 2010.

LANSDOWN, Gerison. *La evolución de las facultades del niño*. Florencia: Centro de Investigaciones Innocenti, 2005.

LEONARDO, Rodrigo Xavier. Sujeito de direito e capacidade: contribuição para uma revisão da teoria geral do direito civil à luz do pensamento de Marcos Bernardes de Mello. *In*: EHRHARDT JUNIOR, Marcos; DIDIER JUNIOR, Fredie (Org.). *Revisitando a teoria do fato jurídico*: homenagem a Marcos Bernardes de Mello. São Paulo: Saraiva, 2010.

LÔBO, Paulo Luiz Netto. Constitucionalização do direito civil. *Revista de Informação Legislativa*, Brasília, n. 141, p. 99-109, jan./mar. 1999.

LÔBO, Paulo. *Direito civil*: famílias. 4. ed. São Paulo: Saraiva, 2011.

LOTUFO, Maria Alice Zaratin. Das pessoas naturais. *In*: LOTUFO, Renan; NANNI, Giovanni Ettore (Coord.). *Teoria geral do direito civil*. São Paulo: Atlas, 2008.

MACCORMICK, Neil. Los derechos de los niños: un test para las teorías de los derechos. *In*: FANLO CORTÉS, Isabel. *Derecho de los niños*: una contribución teórica. México, DF: Fontamara, 2004.

MACCORMICK, Neil. *Retórica e o Estado de direito*. Tradução de Conrado Hübner Mendes. Rio de Janeiro: Elsevier, 2008.

MACHADO, Diego Carvalho. *Capacidade de agir e pessoa humana*: situações subjetivas existenciais sob a ótica civil-constitucional. Curitiba: Juruá, 2013.

MACHADO, Diego Carvalho. Do sujeito de direito à pessoa humana: reflexões sobre subjetividade jurídica, teoria do direito civil e tutela da pessoa. *Revista Jurídica Luso-Brasileira*, Lisboa, v. 2, n. 4, p. 415-475, 2016.

MARTINS-COSTA, Judith. Capacidade para consentir e esterilização de mulheres tornadas incapazes pelo uso de drogas: notas para uma aproximação entre a técnica jurídica e a reflexão bioética. *In*: MARTINS-COSTA, Judith; MÖLLER, Letícia Ludwig (Org.). *Bioética e responsabilidade*. Rio de Janeiro: Forense, 2009.

MATOS, Ana Carla Harmatiuk. *União entre pessoas do mesmo sexo*: aspectos jurídicos e sociais. Belo Horizonte: Del Rey, 2004.

MAZZUOLI, Valerio de Oliveira. Teoria geral do controle de convencionalidade no direito brasileiro. *Revista Direito e Justiça: Reflexões Sociojurídicas*, Santo Ângelo, ano 9, n. 12, p. 235-276, 2009.

MEIRELES, Rose Melo Vencelau. *Autonomia privada e dignidade humana*. Rio de Janeiro: Renovar, 2009.

MELKEVIK, Bjarne. Vulnerabilidade, direito e autonomia – Um ensaio sobre o sujeito de direito. *Revista da Faculdade de Direito da UFMG*, Belo Horizonte, n. 71, p. 641-673, jul./dez. 2017.

MELLO, Marcos Bernardes de. *Teoria do fato jurídico*: plano da validade. 14. ed. São Paulo: Saraiva, 2015.

MENEZES, Joyceane Bezerra de. A capacidade jurídica pela Convenção sobre os Direitos da Pessoa com Deficiência e a insuficiência dos critérios do status, do resultado da conduta e da funcionalidade. *Revista Pensar*, Fortaleza, v. 23, n. 2, p. 1-13, abr./jun. 2018.

MENEZES, Joyceane Bezerra de. A família e o direito de personalidade: a cláusula geral de tutela na promoção da autonomia e da vida privada. *Revista Direito UNIFACS*, Salvador, n. 218, 2018. Disponível em: https://revistas.unifacs.br/index.php/redu/article/view/5456/3462. Acesso em: 3 ago. 2020.

MENEZES, Joyceane Bezerra de; MULTEDO; Renata Vilela. A autonomia ético-existencial do adolescente nas decisões judiciais sobre o próprio corpo e a heteronomia dos pais e do Estado no Brasil. *In*: TEPEDINO, G.; TEIXEIRA, A. C. B.; ALMEIDA, V. (Coord.). *O direito civil entre o sujeito e a pessoa*: estudos em homenagem ao professor Stefano Rodotà. Belo Horizonte: Fórum, 2016.

MENEZES, Joyceane Bezerra; PONTES, Luís Paulo dos Santos. A liberdade religiosa da criança e do adolescente e a tensão com a função educativa do poder familiar. *Revista Brasileira de Direito*, Passo Fundo, v. 11, n. 1, 2015.

MIGUEL, Luis Felipe. *Democracia e representação*: territórios em disputa. São Paulo: Editora Unesp, 2014.

MONTEJO RIVERO, Jetzabel Mireya. Infancia-adolescencia, Estado y derecho: una visión constitucional. *Sociedad e infancias*, Madrid, n. 1, p. 61-80, 2017.

MORAES, Maria Celina Bodin de. A caminho de um direito civil constitucional. *Revista Direito de Direito Civil – Imobiliário, Agrário e Empresarial*, São Paulo, v. 17, n. 65, p. 21-32, 1993.

MORAES, Maria Celina Bodin de. A nova família, de novo: estruturas e função das famílias contemporâneas. *Revista Pensar*, v. 18, n. 2, 2013.

MORAES, Maria Celina Bodin de. Instrumentos para a proteção dos filhos frente aos próprios pais. *Civilística.com*, Rio de Janeiro, v. 7, n. 3. 2018. Disponível em: http://civilistica. com/wp-content/uploads/2019/01/Bodin-de-Moraes-civilistica.com-a.7.n.3.2018.pdf. Acesso em: 10 jun. 2020.

MORAN, Courtenay E. How to regulate homeschooling: Why history supports the theory of parental choice. *University of Illinois Law Review*, n. 3, p. 1061-1094, 2011.

MORUZZI, Andrea Braga. A infância como dispositivo: uma abordagem foucaultiana para pensar a educação. *Conjectura: Filosofia e Educação*, Caxias do Sul, v. 22, n. 2, p. 279-299, 2017.

MOURA, Esmeralda Blanco Bolsonaro de. Crianças operárias na recém-industrializada São Paulo. *In*: DEL PRIORE, M. (Org.). *História das crianças no Brasil*. 7. ed. São Paulo: Contexto, 2010.

NALIN, Paulo. *Do contrato*: conceito pós-moderno. Curitiba: Juruá, 2008.

NASCIMENTO, Fernanda Karla *et al.* Crianças e adolescentes transgêneros brasileiros: atributos associados à qualidade de vida. *Revista Latino-Americana de Enfermagem*, Ribeirão Preto, v. 28, 2020. Disponível em: https://www.scielo.br/scielo.php?script=sci_arttext&pid=S0104-11692020000100424&lng=pt&nrm=iso&tlng=pt. Acesso em: 3 mar. 2021.

NAVES, Bruno Torquato de Oliveira; SÁ, Maria de Fátima Freire de. Da relação jurídica médico-paciente: dignidade da pessoa humana e autonomia privada. *In*: SÁ, Maria de Fátima Freire de (Org.). *Biodireito*. Belo Horizonte: Del Rey, 2002. v. 1.

NEVARES, Ana Luiza Maia; SCHREIBER, Anderson. Do sujeito à pessoa: uma análise da incapacidade civil. *In*: TEPEDINO, G.; TEIXEIRA, A. C. B.; ALMEIDA, V. (Coord.). *O direito civil entre o sujeito e a pessoa*: estudos em homenagem ao professor Stefano Rodotà. Belo Horizonte: Fórum, 2016.

NIETO ALONSO, Antonia. Capacidad del menor de edad en el orden patrimonial civil y alcance de la intervención de sus representantes legales. *Revista de Derecho Civil*, Santiago de Compostela, v. 3, n. 3, p. 1-47, 2016.

NÚCLEO ESPECIALIZADO DA INFÂNCIA E DA JUVENTUDE DA DEFENSORIA PÚBLICA DO ESTADO DE SÃO PAULO. *Parecer de Atendimento 12/19* – Atendimento de crianças e adolescentes na Defensoria Pública. São Paulo: 2020. Disponível em: https://www. defensoria.sp.def.br/dpesp/Repositorio/33/Documentos/Parecer%20Atendimento%20 Criancas%20DPESP_Versao%20Final_Revisado.pdf Acesso em: 14 mar. 2021.

NUSSBAUM, Martha. *Las fronteras de la justicia*: consideraciones sobre la exclusíon. Barcelona: Paidós, 2007.

REFERÊNCIAS | 225

O'NEILL, Onora. Children's rights e children's lives. *Ethics*, Chicago, v. 98, n. 3, p. 445-463, abr. 1988.

OLIVEIRA, Ligia Ziggiotti de. *Cuidado como valor jurídico*: crítica aos direitos da infância a partir do feminismo. Tese (Doutorado) – Programa de Pós-Graduação em Direito, Setor de Ciências Jurídicas, Universidade Federal do Paraná, Curitiba, 2019.

PASSETTI, Edson. Crianças carentes e políticas públicas. *In*: DEL PRIORE, M. (Org.). *História das crianças no Brasil*. 7. ed. São Paulo: Contexto, 2010.

PEREIRA, André Gonçalo Dias. A capacidade para consentir: um novo ramo da capacidade jurídica. *In*: FACULDADE DE DIREITO DA UNIVERSIDADE DE COIMBRA. *Comemorações dos 35 anos do Código Civil e dos 25 anos da Reforma de 1975*: a Parte Geral do Código e a teoria geral do direito civil. Coimbra: Coimbra Editora, 2006. v. II.

PEREIRA, André Ricardo. A criança no Estado Novo: uma leitura na longa duração. *Revista Brasileira de História*, São Paulo, v. 19, n. 38, p. 165-198, 1999. Disponível em: http://www.scielo.br/scielo.php?script=sci_arttext&pid=S0102-01881999000200008&lng=en&nrm=iso. Acesso em: 28 jan. 2020.

PEREIRA, Tânia da Silva; LEAL, Livia Teixeira. *Cuidado, ética, responsabilidade e compromisso*: famílias possíveis. Rio de Janeiro: Freitas Bastos, 2015. v. 10. Coleção Direito UERJ 80 Anos: Criança e Adolescente.

PEREIRA, Tânia Silva. O princípio do melhor interesse da criança: da teoria à prática. *In*: PEREIRA, Rodrigo da Cunha (Coord.). *Anais do II Congresso Brasileiro de Direito de Família*. Belo Horizonte: Del Rey, 2000.

PÉREZ MANRIQUE, Ricardo C. Participación judicial de los niños, niñas y adolescentes. *In*: ÁVILA SANTAMARÍA, Ramiro; CORREDORES LEDESMA, María Belén (Ed.). *Derechos y garantías de la niñez y adolescencia*: hacia la consolidación de la doctrina de protección integral. Quito: Unicef, 2010.

PÉREZ TRIVIÑO, José Luis. *Los presupuestos liberales de la autonomía*. Un análisis crítico. A partir de Álvarez, Silvina: la racionalidad de la moral. Un análisis crítico de los presupuestos morales del comunitarismo. Anuario de Filosofía del Derecho. Madrid: Centro de Estudios Constitucionales, 2002.

PERLINGIERI, Pietro. *O direito civil na legalidade constitucional*. Tradução de Maria Cristina de Cicco. Rio de Janeiro: Renovar, 2008.

PERLINGIERI, Pietro. *Perfis do direito civil*: introdução ao direito civil constitucional. Tradução de Maria Cristina de Cicco. 3. ed. Rio de Janeiro: Renovar, 2007.

PILETTI, Solange Rossato; ROSSATO, Geovanio. *Psicologia do desenvolvimento*. São Paulo: Contexto, 2014.

PINTO, Carlos Alberto Mota. *Teoria geral do direito civil*. 4. ed. Coimbra: Coimbra Editora, 2005.

PINTO, Manuel. A infância como construção social. *In*: PINTO, M.; SARMENTO, M. (Coord.). *As crianças*: contextos e identidades. Braga: Centro de Estudos da Criança da Universidade do Minho, 1997.

PIOVESAN, Flávia. Direitos humanos e diálogo entre jurisdições. *Revista Brasileira de Direito Constitucional – RBDC*, São Paulo, n. 19, p. 67-93, 2012.

POÇAS, Isabel. A participação das crianças na mediação familiar. *Revista da Ordem dos Advogados*, Porto, n. 73, 813-862, 2013. Disponível em: http://repositorio.uportu.pt/handle/11328/793. Acesso em: 19 mar. 2021.

POSTMAN, Neil. *O desaparecimento da infância*. Tradução de Suzana Menescal de A. Carvalho e José Laurenio de Melo. Rio de Janeiro: Graphia, 1999.

PRECIADO, Beatriz. Quem defende a criança queer? *Revista Jangada*, Viçosa, p. 96-99, 2013. Disponível em: https://www.revistajangada.ufv.br/Jangada/article/view/17/2. Acesso em: 8 mar. 2021.

QUINTERO, Jucirema. Sobre a emergência de uma sociologia da infância: contribuições para o debate. *Perspectiva*, Florianópolis, v. 20, p. 137-162, jul./dez. 2002. Número especial.

QVORTRUP, Jens. Nove teses sobre a infância como um fenômeno social. Tradução de Maria Letícia Nascimento. *Pro-Posições*, Campinas, v. 22, n. 1 (64), p. 199-211, jan./abr. 2011.

QVORTRUP, Jens. Visibilidades das crianças e da infância. *Linhas Críticas*, Brasília, v. 20, n. 41, p. 23-42, 2014. Disponível em: https://www.redalyc.Org/pdf/1935/193530606003.pdf. Acesso em: 6 fev. 2020.

RAMOS, André Luiz Arnt. *Segurança jurídica e enunciados normativos deliberadamente indeterminados*: o caso da função social do contrato. Tese (Doutorado) – Programa de Pós-Graduação em Direito, Universidade Federal do Paraná, Curitiba, 2019.

RAWLS, John. *Uma teoria da justiça*. 3. ed. São Paulo: Martins Fontes, 2008 [1971].

REY-GALINDO, Mariana Josephina. El abogado del niño. Representación de una garantía procesal básica. *Revista Latinoamericana de Ciencias Sociales, Niñez y Juventud*, n. 17, p. 35-46, 2018. Disponível em: http://ns520666.ip-158-69-118.net/rlcsnj/index.php/Revista-Latinoamericana/article/view/3719/979. Acesso em: 14 mar. 2021.

RIPOLL-MILLET, Álex. *Mediación familiar*. Barcelona: Paidós, 2000. Disponível em: https://www.avntf-evntf.com/wp-content/uploads/2016/06/Mediaci%C3%B3n-Familiar.-%C3%81lex-Ripoll-Millet.pdf. Acesso em: 22 mar. 2021.

RIZZINI, Irene. Crianças e menores – Do pátrio poder ao pátrio dever. Um histórico da legislação para a infância no Brasil. *In*: RIZZINI, I.; PILOTTI, F. (Org.). *A arte de governar crianças*: a história das políticas sociais, da legislação e da assistência à infância no Brasil. 3. ed. São Paulo: Cortez, 2011.

RIZZINI, Irene; PILOTTI, Francisco. Introdução. *In*: RIZZINI, I.; PILOTTI, F. (Org.). *A arte de governar crianças*: a história das políticas sociais, da legislação e da assistência à infância no Brasil. 3. ed. São Paulo: Cortez, 2011.

RIZZINI, Irma. Meninos desvalidos e menores transviados: a trajetória da assistência pública até a Era Vargas. *In*: RIZZINI, I.; PILOTTI, F. (Org.). *A arte de governar crianças*: a história das políticas sociais, da legislação e da assistência à infância no Brasil. 3. ed. São Paulo: Cortez, 2011.

ROCHA, Olavo Acyr de Lima. O costume no direito privado. *Revista Justitia*, São Paulo, v. 37, n. 90, p. 257-279, jul./set. 1975.

RODOTÀ, Stefano. *Dal soggetto alla persona*. Napoli: Scientifica, 2007.

RODOTÀ, Stefano. *La vita e le regole*: tra diritto e non diritto. Milão: Feltrinelli, 2006.

RODRIGUES, Rafael Garcia. A pessoa e o ser humano no novo Código Civil. *In*: TEPEDINO, G. (Coord.). *A parte geral do Novo Código Civil*: estudos na perspectiva civil-constitucional. Rio de Janeiro: Renovar, 2002.

ROSEMBERG, Fúlvia; MARIANO, Carmem Lúcia Sussel. A Convenção Internacional sobre os Direitos da Criança: debates e tensões. *Cadernos de Pesquisa*, São Paulo, v. 40, n. 141, 2010.

RUZYK, Carlos Eduardo Pianovski. *Institutos fundamentais do direito civil e liberdade(s)*: repensando a dimensão funcional do contrato, da propriedade e da família. Rio de Janeiro: GZ, 2011.

SÁNCHEZ GONZÁLEZ, Miguel Angel. Um novo testamento: testamentos vitais e diretivas antecipadas. Tradução Diaulas Costa Ribeiro. *In*: BASTOS, Elenice Ferreira; LUZ, Antônio Fernandes da (Coord.). *Família e Jurisdição II*. Belo Horizonte: Del Rey, 2005.

SANCHEZ RUBIO, David. *Encantos e desencantos dos direitos humanos*: de emancipações, libertações e dominações. Porto Alegre: Livraria do Advogado, 2014.

SANTOS, Gevanilda. Da Lei do Ventre Livre ao Estatuto da Criança e do Adolescente: uma abordagem de interesse da juventude negra. *Boletim do Instituto de Saúde*, n. 44, p. 15-18, abr. 2008.

SANTOS, João Diógenes Ferreira dos. As diferentes concepções de infância e adolescência na trajetória histórica do Brasil. *Revista HISTEDBR On-line*, Campinas, n. 28, p. 224-238, dez. 2007. Disponível em: http://www.histedbr.fe.unicamp.br/revista/edicoes/28/art15_28.pdf Acesso em: 30 jan. 2020.

SANTOS, Marco Antonio Cabral dos. Criança e criminalidade no início do século XX. *In*: DEL PRIORE, M. (Org.). *História das crianças no Brasil*. 7. ed. São Paulo: Contexto, 2010.

SARLET, Ingo Wolfgang. *Dignidade da pessoa humana e direitos fundamentais na Constituição Federal de 1988*. 7. ed. rev. e atual. Porto Alegre: Livraria do Advogado, 2009.

SARMENTO, Daniel. A normatividade da Constituição e a constitucionalização do direito privado. *Revista da EMERJ*, Rio de Janeiro, v. 6, n. 23, p. 272-297, 2003.

SARMENTO, Manuel Jacinto *et al*. Políticas públicas e participação infantil. *Educação, Sociedade & Culturas*, n. 25, 2007, p. 183-206. Disponível em: https://www.fpce.up.pt/ciie/revistaesc/ESC25/ManuelJacintoSarmento.pdf. Acesso em: 22 abr. 2021.

SARMENTO, Manuel Jacinto. Gerações e alteridade: interrogações a partir da sociologia da infância. *Revista Educação e Sociedade*, Campinas. v. 26, n. 91, p. 361-378, 2005. Disponível em: http://www.scielo.br/scielo.php?pid=S0101-73302005000200003&script=sci_arttext&tlng=pt Acesso em: 30 jan. 2020.

SARMENTO, Manuel Jacinto; PINTO, Manuel. As crianças e a infância: definindo conceitos delimitando o campo. *In*: PINTO, M.; SARMENTO, M. (Coord.). *As crianças*: contextos e identidades. Braga: Centro de Estudos da Criança da Universidade do Minho, 1997.

SCHAUER, Frederick. *Las reglas en juego*: un examen filosófico de la toma de decisiones basada en reglas en el derecho y en la vida cotidiana. Tradução de Claudina Orunesu e Jorge L. Rodríguez. Madrid: Marcial Pons Ediciones Jurídicas y Sociales, 2004.

SCHAUER, Frederick. *Profiles, probabilities, and stereotypes*. Cambridge: Harvard University Press, 2006.

SCHAUER, Frederick. *Thinking like a lawyer*: a new introduction to legal reasoning. Cambridge: Harvard University Press, 2012.

SCHIOCCHET, Taysa; BARBOSA, Amanda Souza. Tutela e efetividade do aborto legal: reflexões jurídicas acerca da autonomia de adolescentes e do direito à objeção de consciência. *In*: MUTIZ, Felipe Asensi; ARÉVALO, Paula Lucia; PINHEIRO, Roseni (Org.). *Direito e saúde* – Enfoques interdisciplinares. Curitiba: Juruá, 2013. v. 1.

SÊCO, Thaís Fernanda Tenório. *A autonomia da criança e do adolescente e suas fronteiras*: capacidade, família e direitos da personalidade. Dissertação (Mestrado) – Universidade do Estado do Rio de Janeiro, Rio de Janeiro, 2013.

SEIBEL, Bruna L. *et al*. The impact of the parental support on risk factors in the process of gender affirmation of transgender and gender diverse people. *Frontiers in Psichology*, Londres, v. 9, 2018. Disponível em: https://www.frontiersin.Org/articles/10.3389/fpsyg.2018.00399/full. Acesso em: 1º mar. 2021.

SERAFIM, Milena Pavan; DIAS, Rafael de Brito. Conceitos e ferramentas para análise de política pública. *In*: BENINI, Édi A.; FARIA, Maurício Sardá de; NOVAES, Henrique T.; DAGNINO, Renato (Org.). *Gestão pública e sociedade*: fundamentos e políticas públicas de economia solidária. São Paulo: Outras Expressões, 2011. v. 1.

SERBENA, Cesar Antonio. Normas jurídicas, inferência e derrotabilidade. *In*: SERBENA, Cesar Antonio (Org.). *Teoria da derrotabilidade*: pressupostos teóricos e aplicações. Curitiba: Juruá, 2012.

SIBILIA, Paula. *O show do eu*: a intimidade como espetáculo. Rio de Janeiro: Nova Fronteira, 2008.

SIMON CAMPAÑA, Farith. Garantías de los derechos de la infancia y adolescencia (de las legislaciones integrales al "Estado constitucional de derechos"). Algunas notas sobre los mecanismos de aplicación. *In*: ÁVILA SANTAMARÍA, Ramiro; CORREDORES LEDESMA, María Belén (Ed.). *Derechos y garantías de la niñez y adolescencia*: hacia la consolidación de la doctrina de protección integral. Quito: Unicef, 2010.

SOUZA, Solange Jobim. Ressignificando a psicologia do desenvolvimento: uma contribuição crítica à pesquisa da infância. *In*: KRAMER, S.; LEITE, M. Isabel. *Infância*: fios e desafios da pesquisa. São Paulo: Papirus, 1996.

STANZIONE, Pasquale. Diritto civile e legalità. *In*: AUTORINO, G.; STANZIONE, P. *Diritto civile e situazioni esistenziali*. Torino: G. Giappichelli Editore, 1998.

STRUNCHINER, Noel; CHRISMANN, Pedro H. V. Aspectos filosóficos e psicológicos das punições: reunindo algumas peças do quebra-cabeça. *Caderno CRH*, Salvador, v. 25, n. 2, p. 133-150, 2012.

SZANIAWSKI, Elimar. *Diálogos com o direito de filiação brasileiro*. Belo Horizonte: Fórum, 2019.

TEIXEIRA, Ana Carolina Brochado. *Família, guarda e autoridade parental*. 2. ed. revista e atualizada de acordo com as leis 11.698/08 e 11.924/09. Rio de Janeiro: Renovar, 2009.

TEIXEIRA, Ana Carolina Brochado. Poder familiar e o aspecto finalístico de promover o desenvolvimento e o bem-estar da pessoa. *In*: MENEZES, Joyceane Bezerra de; MATOS, Ana Carla Harmatiuk (Org.). *Direito das famílias por juristas brasileiras*. São Paulo: Saraiva, 2013.

REFERÊNCIAS | 229

TEIXEIRA, Ana Carolina Brochado. *Saúde, corpo e autonomia privada*. Rio de Janeiro: Renovar, 2010.

TEIXEIRA, Ana Carolina Brochado; RODRIGUES, Renata de Lima. Regime das incapacidades e autoridade parental: qual o legado do Estatuto da Pessoa com Deficiência para o direito infanto-juvenil? *In*: TEIXEIRA, A. C. B; DADALTO, L. (Org.). *Autoridade parental*: dilemas e desafios contemporâneos. Indaiatuba: Foco, 2019.

TELLES, Tiago Santos; SUGUIHIRO, Vera Lucia Tieko; BARROS, Mari Nilza Ferrari de. Os direitos de crianças e adolescentes na perspectiva orçamentária. *Serviço Social e Sociedade*, São Paulo. n. 105, p. 50-66, jan./mar. 2011.

TELLO ESCOBAR, Cristóbal. El defensor del niño: una institución eficaz para la promoción y protección de los derechos de niños y niñas? *Revista de Derechos del Niño*, Santiago, n. 3-4, p. 83-141, 2006.

TEZZARI, Mauren Lúcia. Dispositivos pedagógicos em Janusz Korczak: Aprendizagem e construção da autonomia em uma perspectiva pedagógica. *In*: ANPED SUL – SEMINÁRIO DE PESQUISA EM EDUCAÇÃO DA REGIÃO SUL, IX, 2012. *Anais...* Caxias do Sul: UCS, 2012.

THÉRY, Irene. Nouveaux droits de l'énfant, la potion magique? *Revue Esprit*, Paris, p. 5-30, mar./abr. 1992. Disponível em: https://esprit.presse.fr/article/irene-thery/nouveaux-droits-de-l-enfant-la-potion-magique-11568 Acesso em: 14 jan. 2020.

TOBIN, John. Children's health needs. *In*: FREEMAN, Michael (Ed.). *Children's rights*: progress and perspectives – Essays from the International Journal of Children's Rights. Boston: Martinus Nijhoff Publishers, 2011.

TORRENS, María Claudia. *Autonomía progresiva*: evolución de las facultades de ninãs, niños e adolescentes. Ciudad Autónoma de Buenos Aires: Astrea, 2019.

TRIBUNAL CONSTITUCIONAL ESPAÑOL. Sentencia 99/2019, de 18 de julio de 2019. *BOE*, n. 192, 12 ago. 2019. Disponível em: https://www.boe.es/diario_boe/txt.php?id=BOE-A-2019-11911. Acesso em: 6 mar. 2021.

TRIBUNAL REGIONAL FEDERAL DA 4ª REGIÃO. *Apelação/Remessa Necessária n. 5010492-86.2016.4.04.7200/SC*. Rel. Des. Rogério Favreto, j. 31 jul. 2018. Disponível em: https://www2.trf4.jus.br/trf4/controlador.php?acao=consulta_processual_resultado_pesquisa&txtValor=50104928620164047200&selOrigem=SC&chkMostrarBaixados=1&selForma=NU&hdnRefId=&txtPalavraGerada=. Acesso em: 6 mar. 2021.

VALERO MATAS, Jesús A. La inclusión de los niños en el proceso de mediación familiar: reflexiones desde el caso neozelandês. *Repositorio Institucional da Universidade de Santiago de Compostela*, v. 9, n. 1, p. 89-100, 2010. Disponível em: https://minerva.usc.es/xmlui/bitstream/handle/10347/8390/pg_091-102_rips9-1.pdf?sequence=1&isAllowed=y. Acesso em: 22 mar. 2021.

VARELA CASTRO, Ignacio. El interés del menor como derecho subjetivo. Especial referencia a la capacidad para contratar del menor. *Boletín del Ministerio de Justicia*, Madrid, ano LXX, n. 2188, p. 3-56, 2016.

VELOSO, Zeno. *Invalidade do negócio jurídico*: nulidade e anulabilidade. 2. ed. Belo Horizonte: Del Rey, 2005.

VIANNA, Guaraci de Campos. O Código Mello Mattos e o Estatuto da Criança e do Adolescente: conexões. *Revista da EMERJ*, v. 1, n. 1, 1998. Edição Especial Comemorativa do octogésimo ano do Código de Menores Mello Mattos.

VIEIRA, Tereza Rodrigues. A vulnerabilidade do transexual. *In*: SANCHEZ, M. A.; GUBERT, I. C. *Bioética e vulnerabilidades*. Curitiba: UFPR, 2012.

VOGEL, Arno. Do Estado ao Estatuto: propostas e vicissitudes da política de atendimento à infância e à adolescência no Brasil contemporâneo. *In*: RIZZINI, I.; PILOTTI, F. (Org.). *A arte de governar crianças*: a história das políticas sociais, da legislação e da assistência à infância no Brasil. 3. ed. São Paulo: Cortez, 2011.

WADSWORTH, James E. Moncorvo Filho e o problema da infância: modelos institucionais e ideológicos da assistência à infância no Brasil. *Revista Brasileira de História*, São Paulo, v. 19, n. 37, p. 103-124, 1999. Disponível em: http://www.scielo.br/scielo. php?pid=S010201881999000100006&script=sci_arttext Acesso em: 28 jan. 2020.

WOODFIELD, Andrew. Racionalidade nas crianças: os primeiros passos. *Trans/Form/Ação*, São Paulo, v. 14, p. 53-72, 1991.

WORLD HEALTH ORGANIZATION; WORLDWIDE PALLIATIVE CARE ALLIANCE. *Global Atlas of Palliative Care at the End of Life*. 2. ed. [s.l.]: [s.n.], jan. 2014. Disponível em: http://www.thewhpca.Org/resources/global-atlas-on-end-of-life-care. Acesso em: 4 dez. 2020.